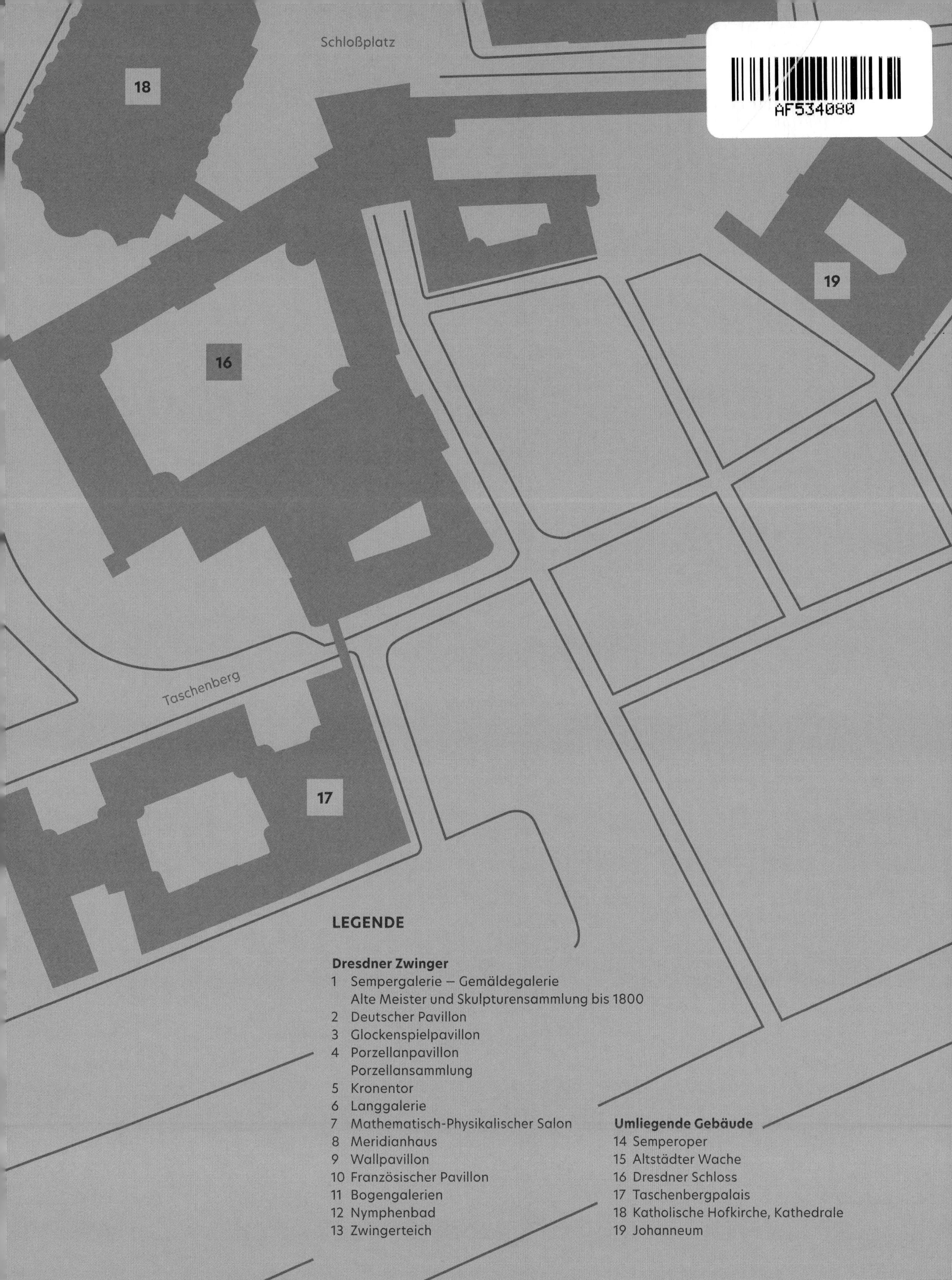

LEGENDE

Dresdner Zwinger

1 Sempergalerie – Gemäldegalerie
Alte Meister und Skulpturensammlung bis 1800
2 Deutscher Pavillon
3 Glockenspielpavillon
4 Porzellanpavillon
Porzellansammlung
5 Kronentor
6 Langgalerie
7 Mathematisch-Physikalischer Salon
8 Meridianhaus
9 Wallpavillon
10 Französischer Pavillon
11 Bogengalerien
12 Nymphenbad
13 Zwingerteich

Umliegende Gebäude

14 Semperoper
15 Altstädter Wache
16 Dresdner Schloss
17 Taschenbergpalais
18 Katholische Hofkirche, Kathedrale
19 Johanneum

Eckhard Bahr

DER DRESDNER ZWINGER UND SEINE SCHÄTZE

Eckhard Bahr

DER DRESDNER ZWINGER UND SEINE SCHÄTZE

GESCHICHTE . ARCHITEKTUR . MEISTERWERKE

E. A. SEEMANN

I GESCHICHTE UND ARCHITEKTUR

II BAUWERKE, FUNKTIONEN UND RAUMBEZIEHUNGEN

III DIE SAMMLUNGEN

ANHANG

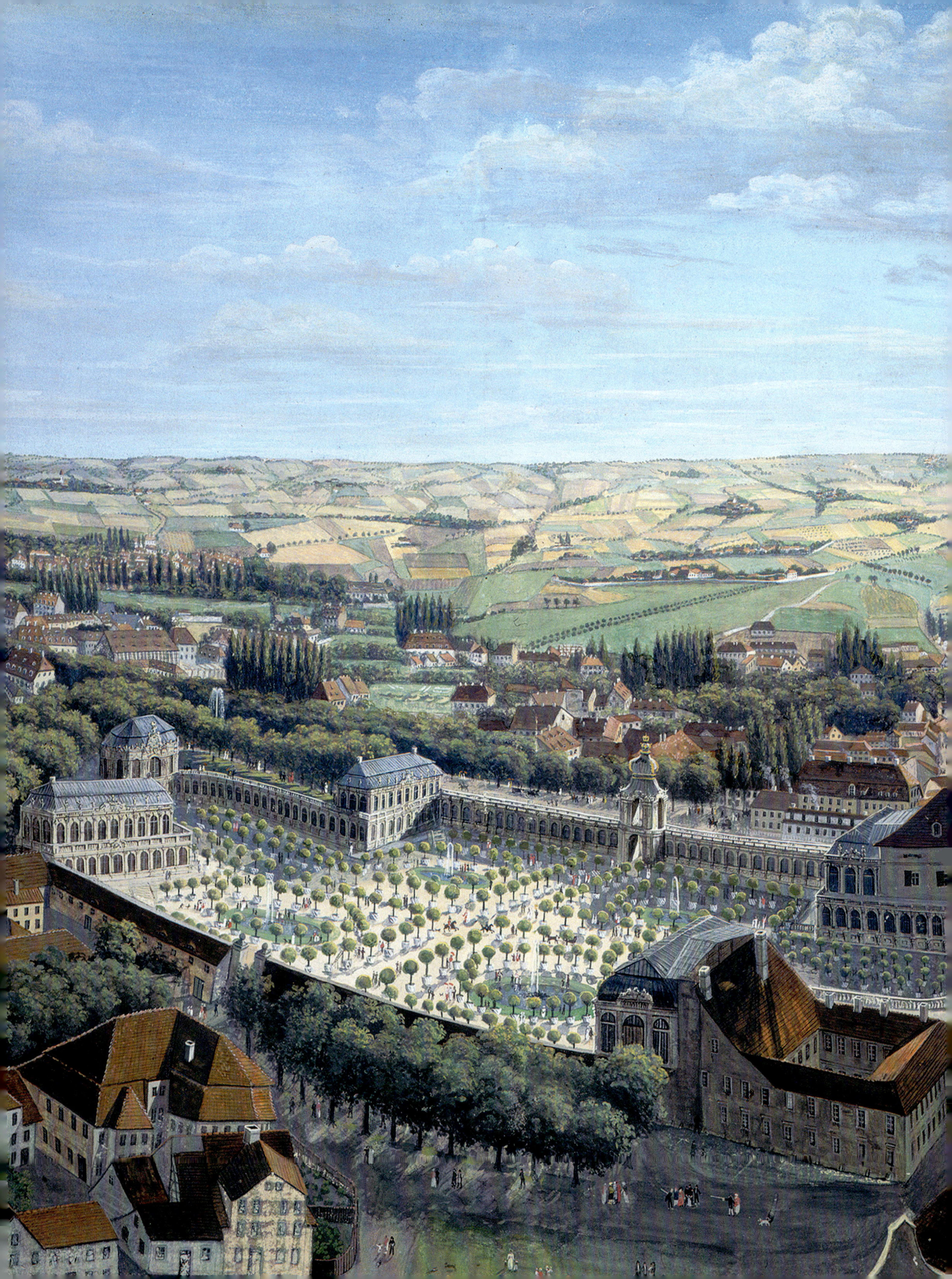

GESCHICHTE UND ARCHITEKTUR

Von der Stadtbefestigung zum Musentempel

Der Dresdner Zwinger hat nicht nur eine ungewöhnliche Baugeschichte, sondern auch einen für einen Ort der Festlichkeiten überraschenden Namen. Das hängt mit dem besonderen Platz zusammen, auf dem er errichtet wurde: In der Festungsbaukunst bezeichnet man den Bereich zwischen äußerer und innerer Festungsmauer als Zwinger, weil dort mögliche Angreifer bezwungen werden sollen. Reste der Festungsmauer sieht man heute noch deutlich am Zwingergraben. Und gerade dort entstand eine spektakuläre Architektur für grandiose Feiern.

Festung und Festplatz – wie geht das zusammen? Der Dresdner Zwinger war ursprünglich ein „Garten der Hesperiden" – ein Hain der Orangenbäume, die im Winter in den Pavillons und Galerien dem Frühling entgegenfieberten. Heute sind hier drei Museen von Weltrang vereint.

Begeben wir uns auf einen Spaziergang durch die Geschichte, der mit einem gartenbegeisterten Ehepaar beginnt. Kurfürst August von Sachsen hatte noch auf Wunsch seines früh verstorbenen Bruders, Kurfürst Moritz, an den kaiserlichen Höfen in Prag und Wien eine garten- und landbauliche Ausbildung erhalten. Dort gab es damals schon größere Gärten und eine Verbindung in den sonnigen und blühfreudigen „welschen" Süden, nach Italien und Frankreich.

Verheiratet mit Anna von Dänemark, die sich besonders für Medizinalpflanzen interessierte und einen ausgesprochen grünen Daumen hatte, bepflanzte August die Festungswerke vor seinen Wohnräumen im Schloss mit zahlreichen Obstbäumen. Damals so exotische Neuheiten wie „türkisch Korn" (Mais) und „welsche Kirschen" (Süßkirschen) ergrünten auf der Seetorbastion. Sonnenblumen gerieten Gärtner Wingert in einem Fall „höher als der Kurfürst". Die „Scharfe Ecke" der Festung am heutigen Zwingerteich wurde „nur die Baumschul" genannt; „Bäume erkletterten die Festungswerke".

Karl Georg Enslen, **Blick vom Schlossturm auf den Zwinger**, um 1820 ←

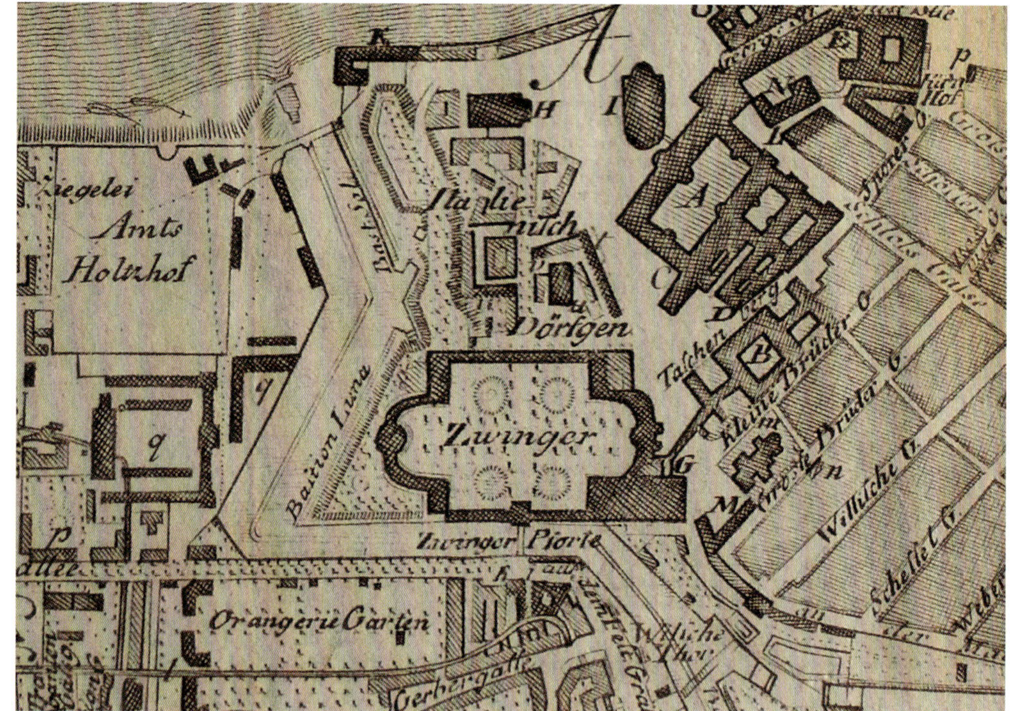

Graf Lynar, **Bastion Luna mit Scharfer Ecke und Bastion Sol**, Plan: Georg Lehmann, 1572

- A Schloss
- B Taschenbergpalais
- C Ballhaus
- G Hoftheater mit Gang zum Taschenbergpalais (1849 zerstört)
- H Kleines Hoftheater (abgebrochen 1667)
- I Hofkirche (erbaut 1739–55)

Das Pflanzgut kam meist aus Böhmen, Österreich oder Süddeutschland. Obstbaumkulturen prägen bis heute die Landschaften des Elbtals um Dresden – wie auch den frühen Dresdner Zwinger, dessen Name dadurch eine neue Bedeutung erhielt. Aus einer Festung wurde ein gärtnerisch genutzter Hof. Die neuen Gärten um das Prager Belvedere unter Kaiser Ferdinand I. lieferten nicht nur gärtnerische Vorbilder, sondern auch unzählige Pflanzen. 1542 erreichten Dresden die ersten in den deutschsprachigen Raum eingeführten Pomeranzen. Sie wurden „in die breiten zwinger" gepflanzt.

Das Franziskanerkloster gleich neben dem Schloss mit seinen Baum- und Klostergärten, wo die ersten Feigenbäume Mitteleuropas gediehen, war zunächst Bestandteil dieser gärtnerischen Neuordnung am Dresdner Schloss. In der Nordwestecke des Klosters, im ehemaligen Konventsgebäude, wohnte später der Hofgärtner.

Moritz ließ im Schloss sein Grünes Gewölbe als ebenerdigen Saal auf die Gärten am Rand der Stadtummauerung ausrichten. Durch die leuchtend grüne Ausgestaltung mit fruktualen Stuckaturen und Blütenrosetten war ein Gartensaal entstanden, der den kurfürstlichen Blick über die bis heute erhaltene doppelläufige Treppe in ein eher begrenztes Gärtlein zwischen wachsenden Festungswerken leitete. Bei dessen Planung 1549 hatte Moritz wohl den Garten am Prager Belvedere, der mitten in die Festungszwinger angelegt war, vor Augen. Im Herbst bestellte er beim Prager Schlosshauptmann Ulrich von Duba für den Lustgarten im Zwinger Obstbäume, „Birnen, ungarische Pflaumen, Quitten, Maulbeerbäume, welsche Kirschen", und beauftragte seinen Gärtner Nickel Fuchs, diese in Prag abzuholen, damit sie zum nächsten Frühjahr eingepflanzt werden konnten.

Aus den sumpfigen Altarmen der Elbe im Auenwald, der dem slawischen Fischerdorf Drazdane einst den Namen gegeben hatte, ließ er „den Schlamm und die gute Erde ... zur Verbesserung des Bodens im Zwingergarten und Baumgarten ... des vesten Baus schaffen". Nach seinem allzu frühen Tod in der Schlacht bei Sievershausen führten sein Bruder Kurfürst August von Sachsen und dessen Gemahlin Anna diese Ideen fort und gelten – gemeinsam mit Moritz – nicht nur als Begründer des sächsischen Gartenbaus im Allgemeinen, sondern auch des Dresdner Zwingers in seinem nicht mehr festungsbaulichen Sinn.

Das Schloss nahm erst in Moritz' Todesjahr 1553 Gestalt an, jedoch sind gepflanzte Bäume in späteren Plänen direkt in den Zwingergärten „nicht weit vom grienen gewelbe" eingezeichnet, wo Moritz' Bruder, Kurfürst August, selbst 125 Apfelreiser pfropfte. Im nach der Reformation dem Schlossbesitz zugeschlagenen Klostergarten und auf den Festungswerken wurden ab Mitte des 16. Jahrhunderts weitere Obstbäume gesetzt. Ende des Jahrhunderts nahmen Annas Kräuterbeete zunehmend den Charakter eines botanischen Gartens an – wurden grünes Äquivalent zur Kunst- und Wunderkammer des Kurfürsten, der munter mit- und vorgärtnerte und sogar seiner Kunstkammer Gartengeräte einverleibte.

Wenn August und Anna immer mehr Bäume und selbst Erdbeeren auf die weiter ausgebauten Festungswerke pflanzten, ging es ihnen keineswegs nur um ihre eigene Schlosswirtschaft oder die von Anna geschätzten Medizinalpflanzen. Es galt, die „Landeskinder", Bergleute, Soldaten und Städtebürger, besser zu nähren und gesund zu halten. Bis heute ist Sachsen ein Land der Apfelbäume und Kirsch-, später Schrebergärten, aber auch der Fischteiche, Streuobstwiesen, begrünter Dachterrassen und Vor- und Fenstergärtlein. Der Blick zur Festung hat so millionenfaches Anpflanzen befeuert.

Vor den Festungszwingern, auf einer Insel im Mündungsdelta der Weißeritz in die Elbe, betrieb das Kurfürstenpaar das „Vorwerk im Ostragehege" als Mustergut („Ostra" leitet sich ab vom slawischen „ostrow" für Insel). Das Hegereiterhaus gleich daneben als frühes Forstamt sorgte für jagd- und fischereiwirtschaftliche Nutzung der unmittelbaren Garten- und Stadtumgebung des Schlosses.

Menageriegärten für Geflügel, vor allem Gänse, Bienenhaltung und Kerzendreherei in noch heute hinter dem Zwinger in der Friedrichstadt vorhandenen Gebäuden sowie Versuchsfelder und Tierzuchten schlossen sich an die Festungswerke an. Die dortigen Bauern wurden, soweit sie weiter eigene Wirtschaften betreiben wollten, großzügig mit Neuland ausgestattet und nach Leubnitz-Neuostra umquartiert. Südlich des Festungsgrabens, heute vor dem Kronentor des Zwingers wiedererstanden, wuchs Stück um Stück der Herzogin Garten, damals „Baumgarten Klein-Ostra", später Orangeriegarten, mit der größten Gartenbausammlung der Welt.

Der geografischen Entdeckung der Welt folgte die botanische, wodurch immer mehr exotische Pflanzen nach Mitteleuropa kamen: Anna ließ ein Herbarium anlegen und ein Pflanzenbuch ausstatten. Kurfürst August schrieb ein eigenes Gartenbuch, das mehrmals aufgelegt wurde.

In seiner Kunstkammer lagerten nicht nur prunkvolle Waffen und Rüstungen, sondern auch ein Sortiment von 80 Gartengeräten wie Spaten, Harken, Freilandzirkel, Propfmesser, Sägen und Baumscheren, Kirschsetzer und Kernleger. Damals der letzte Schrei – heute Bestandteil der Ausstellung „Weltsicht und Wissen um 1600" im Schloss. 1587 verzeichnet das Kunstkammerinventar einen zusammenfaltbaren Pfropfstuhl – Bücken tut weh.

Carl Heinrich Beichling, **Neues (Pöppelmannsches) Opernhaus am Zwinger**, 1850 →

Graf Rochus zu Lynar, Denkmal vor Schloss Lübbenau

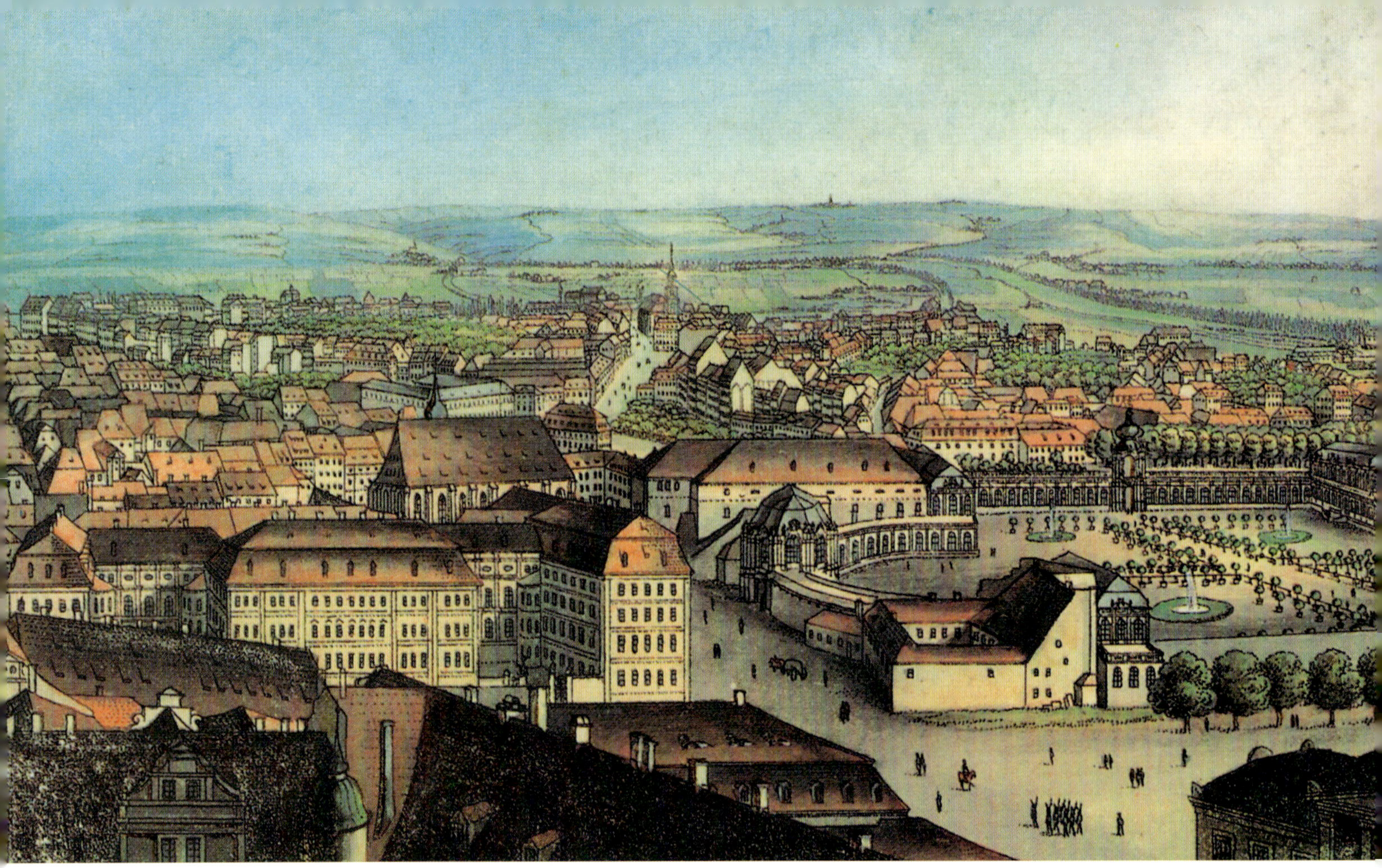

Rochus Lynar legt das Zwingerfundament

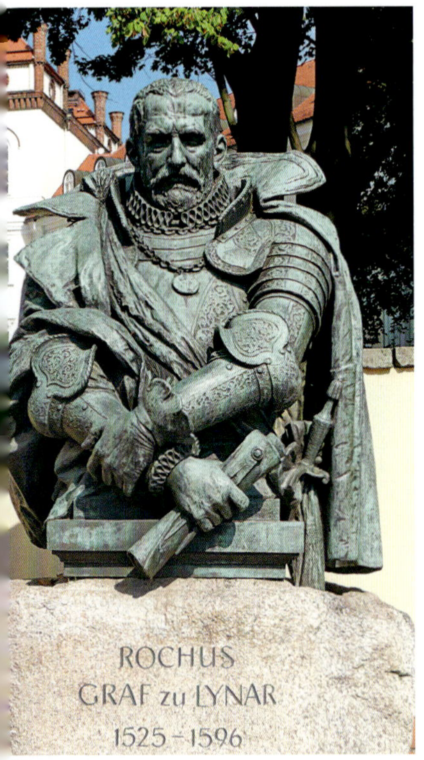

Die Wurzeln des Dresdner Zwingers liegen im Renaissancegeist des 16. Jahrhunderts begründet. Fundamente waren die westlich und südlich des Klosters und der herzoglichen Gärten erweiterten Festungswerke. Kurfürst August, der seine aufblühende Stadt auch schützen wollte, beschäftigte dazu den genialen italienischen Festungsbaumeister und Militärstrategen Rocco Guerrini Conte di Linari – für deutsche Zungen besser auszusprechen: Rochus Quirinus Graf zu Lynar. Er stammte aus dem kleinen, seit der Römerzeit umkämpften und daher urig befestigten Apenninenort Marradi und war von daher mit Festungswerken sehr vertraut.

Lynar verschlug es nach Florenz, wo er dem letzten Medici aus der älteren Linie, Alessandro il Moro, diente und wo er in vollen Zügen die dortige Renaissancebaukunst, Wissenschaft und Lebensart aufnahm. Da die Lage unsicher war, trat er beim Dauphin, dem Prinzen, in französische Dienste. Lynar machte militärische Karriere. Im umkämpften Metz wurde sein Festungsbautalent entdeckt.

In deutschen Diensten beriet er die fränkischen Markgrafen und kam so fast im selben Jahr wie die neuen Hofgärtner von Nürnberg nach Dresden, wo er die Schwächen der Stadtbefestigung rasch erkannte und kurzerhand die Festungswerke ins vorstädtische Gelände ausdehnte. Lynar schob Zwinger und Festungsgraben Richtung Weißeritz vor, deren südlicher Arm störte. Fester Baugrund war nötig. Also wurde der Fluss verlegt. Lynar ersetzte die dort liegenden drei kleinen Bastionen durch zwei größere nach neuer italienischer Bauart mit kühnen Kurtinen, Orillons und Sägezahnbastionen. Während August Kastanien keimen ließ, baute Lynar den neuen Zwinger. Die Bastionen Luna und Sol entstanden, befestigter Grund, auf dem später die Semperoper, der gesamte heutige

Theaterplatz und auch August des Starken „heiteres Colosseum" mit den Orangerien, Pavillons und Galerien, der barocke Zwinger, entstehen sollten. Lynar war im Grunde sein Schöpfer.

Zeugmeister Paul Buchner und Zeugwart Andreas Hesse wurden durch ihn zu Festungsbaumeistern. Sie setzten Lynars geniale und effiziente Pläne 1573 um (als er auch das Zeughaus baute, das heutige Albertinum). August und Anna wichen mit ihren Projekten ins Ostragehege aus, in den späteren Herzogin Garten und mehr und mehr nach Annaburg bei Torgau. In den neuen Zwingern blieb Raum für Gärten und Pflanzarbeiten, unter den Wettiner Barockfürsten zunehmend für exotische Gewächse, aber auch „Lustbarkeiten" wie Tanz, Oper, Umzüge und Turniere.

Der Zwinger wird barock

Zum Ende der Renaissancezeit und mit dem Übergang zum Barock spielte neben der Nützlichkeit der Pflanzen zunehmend ihr Schauwert eine Rolle. Besondere Varietäten oder ausgefallene Erscheinungsformen waren gefragt. Züchtungen unterstützten diese Entwicklung: Aus einfachen wurden gefüllte oder mehrblütige, besonders duftende oder augenfällige Pflanzen; Riesenwuchs und Monstrositäten hatten denselben Rang wie Jagdtrophäen und Kunstobjekte. Exotika waren en vogue.

Im Unterschied zum Nutzgarten dominierten Repräsentations- und Genussfunktionen. Bereits früh wurde der von einer Mauer umgebene Lustgarten mit typischen Gestaltungselementen wie Lauben, Pergolen, Brunnen, Grotten, Rasen, erhöhten Beeten und Steinbänken versehen. Später kamen Skulpturen hinzu. So entstanden neben und anstelle der mittelalterlichen Klosteranlagen südlich des Schlosses noch im 16. Jahrhundert ein Ballhaus, ein Komödienhaus, ein Badehaus mit Pavillon und Schaubrunnen, ein Vogelhaus und Fischbehälter. 1589 kam ein Badehaus für Kurfürstin Sophie von Brandenburg hinzu; der dort befindliche gedeckte Gang wurde aufgegeben und später durch eine Verbindung zwischen Taschenbergpalais und neuem Opernhaus sowie zum 1597 erbauten Ballhaus ersetzt. 1592 wurde die Kleine Schlossküche in Betrieb genommen, in deren Gewölben heute die Buchhandlung König zu finden ist. Hofapotheke, Backhaus, Mälzerei, Brauhaus und seit 1560 ein Destillierhaus bestanden schon, wurden aber zum Teil erweitert und erneuert.

Ein festes Orangeriegebäude wurde unter Kurfürst Christian I. und seiner Gemahlin Sophie auch in dem ihr speziell gewidmeten Herzogin Garten errichtet, für Feigen, Pomeranzen und andere Exotika, die eines repräsentativen winterlichen Schutzes bedurften. Die durch Christians frühen Tod lange verwitwete Kurfürstin begeisterte ihre Enkelin Prinzessin Marie Elisabeth für die Zwingergärten. Mit dem Neubau von Lustgartengebäuden wie Komödien- und Ballhaus wandelte sich die Funktion der Zwingergärten zu einer höfischen Fest- und Repräsentationsanlage.

So wundert es nicht, dass Johann Georg II. Teile der erweiterten und wenig bebauten Festungswerke westlich des Schlosses 1678 für seine „Durchlauchtigste Zusammenkunft" nutzte: ein festlich inszeniertes Treffen mit seinen Verwandten, verbunden mit Turnieren, Gardeparaden, aber auch Ballett- und Opernaufführungen. Ein Geschehen, das bei seinem Enkel August dem Starken einen bleibenden Eindruck hinterließ; zugleich ein großes Opening des Dresdner Barock. Bei einem höfischen „Comödienspiel" trat der junge August als Diener eines Gärtners auf. Die Zwingergärten wurden sein Lieblingsplatz.

Barock

Barocco, „schiefrund" oder „aus der Art geschlagen" nannten portugiesische Händler unregelmäßig geformte Perlen. Im 17. Jahrhundert wurden sie Mode. Und verkauften sich gut. Der Begriff ging auf eine ganze Epoche über.
Im Französischen „entlarvte" *baroque* zunächst Kunstformen, die nicht dem gewohnten klassischen Bild entsprachen. 1855 wurde der Begriff erstmals von Jacob Burckhardt, einem Schweizer Kulturhistoriker, in seinem dreibändigen Werk über Italien in positivem Sinn für die Kunst- und Architekturentwicklungen des 17. und 18. Jahrhunderts verwendet. Die Geburtsstunde der Epoche schlug, als am 18. November 1593 das vergoldete Kuppelkreuz Giacomo della Portas auf dem Petersdom in Rom aufgerichtet wurde. Gliederung und Bewegung flossen zu einer künstlerischen Einheit zusammen. Niemals in der Kunstgeschichte war die Idee des Gesamtkunstwerks der Verwirklichung so nah. Architektur, Bildhauerei, Malerei, Kunsthandwerk dienten alle einer Aufgabe. Insofern ist Pöppelmanns barocke Zwingerbebauung ein Musterbeispiel. Sein Bau ruht nicht mehr in sich selbst wie der Schlossbau der Renaissance, sondern wird zu einem lebendigen Organismus. Volutengiebel, schwingende Fassaden, spielerisches, ja tänzerisches Vor- und Zurückschreiten, Risalite und Nischen, Hell- und Dunkeltöne bestimmen die Architektur – wie niemals zuvor zugleich Ausdruck ihrer Zeit: Sie dient dem Genuss, ihrem Auftrag, dem Herrscher und seiner Entourage.

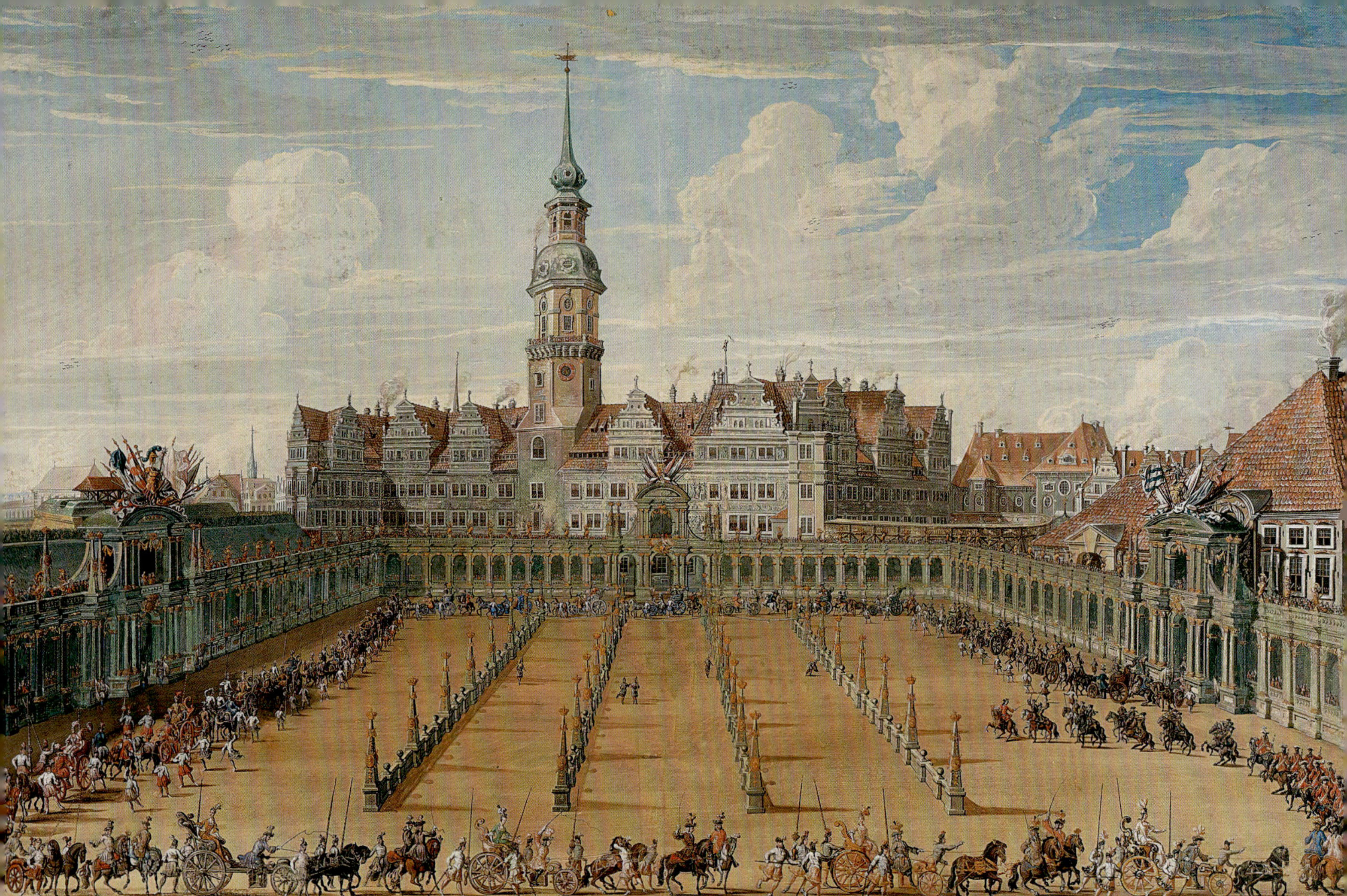

Georg Christian Fritsche, **Aufzug der Wagen und Reiter zum Damenfest am 6. Juni 1709**, 1710. Es zeigt die überwiegend in Holz und Pappmaché ausgeführte Festkulisse anlässlich des Besuchs des dänischen Königs Friedrich IV.

Johann Georg III., Augusts Vater, engagierte den kurfürstlichen Obergärtner Johann Friedrich Karcher und verlagerte das gartenbauliche Geschehen zunächst außerhalb der Festungswerke, wo an der Plauenschen Gasse bereits weitere Gärten, wie der Türckische Garten mit Lusthaus, entstanden waren. Mit dem noch etwas weiter südöstlich in einem Jagdgebiet angelegten Großen Garten, sozusagen Dresdens Versailles en miniature, begann die Blütezeit des sächsischen Barockgartens. Den entscheidenden Impuls, der den Zwinger zu einem Begriff und einer eigenständigen Architektur von Weltgeltung machte, setzte August der Starke.

Der alte Zwingergarten schien zu Beginn des 18. Jahrhunderts nicht mehr zeitgemäß. 1701 brannte das Residenzschloss weitgehend ab. Ein neues Schloss mit Gärten und Ehrenhof sollte gebaut, aber auch die Orangerien für einen stetig anwachsenden Bestand exotischer Pflanzen umgestaltet und erweitert werden.

August der Starke, durch den frühen Tod seines älteren Bruders Johann Georg IV. ab 1694 Kurfürst von Sachsen, ließ dem Zwinger zunächst mit Stuck verkleidete hölzerne Einbauten für Feste und Spiele angedeihen, ihn später zum „heiteren Colosseum" barocker Festlichkeiten ausbauen. Dazu gehörten Orangerien, Galerien, Pavillons und der Mathematisch-Physikalische Salon, eine erste naturwissenschaftlich-technische Präsentation mit angeschlossenen wissenschaftlichen Sammlungen, Forschungs- und Beobachtungsstationen. Weitere Pavillons wurden mit einem Opern- und einem Redoutenhaus (für Konzerte und Bälle) verbunden. Friedrich August hatte auf einer dreijährigen Prinzenreise Versailles kennengelernt, die italienischen Höfe, die Bauwerke und Gärten von Rom, Florenz, Turin, Madrid mit dem El Escorial, Lissabon, Wien und Prag. Vor allem Venedig hatte ihn begeistert. Selbst Schlüters Stadtschloss in Berlin war damals repräsentativer als Dresdens lädierter Renaissancepalast mit seinem Durcheinander von Gärten und Höfen.

Ab 1701 wurden an eine Verdopplung des Areals, Aufstockung und Ausbau der Türme, den Umbau der Festungszwinger zu Schlossgärten und Festkolosseum gedacht. Der älteste dazu erhaltene Plan von Hofarchitekt Marcus Conrad Dietze stammt von 1703. Darin ist ein Lustgarten an der Bastei „zur scharfen Ecke", der ehemaligen Befestigungsanlage mit „Baumschul", verzeichnet. Feste wie die Krönungsfeierlichkeiten Augusts des Starken als König von Polen, der Besuch seines Cousins Friedrich IV. von Dänemark sowie zehn Jahre darauf die Jahrhunderthochzeit des eigenen Sohnes mit Kaisertochter Maria Josepha von Österreich schufen Tatsachen. 1709 wurde erstmals eine hölzerne, stuckverkleidete Festkulisse von Matthäus Daniel Pöppelmann, noch gemeinsam mit Oberlandbaumeister und Gartengestalter Johann Friedrich Karcher, erschaffen.

Bereits 1692 war anlässlich der Hochzeitsfeierlichkeiten des älteren Bruders Augusts des Starken, Johann Georg IV. mit Eleonore Erdmuthe Louise von Brandenburg-Ansbach der Altmarkt als Festplatz im Stil eines „Colosseum" hergerichtet worden. 1697, anlässlich der Krönungsfeierlichkeiten Augusts des Starken als König von Polen, entstand dort ein hölzernes Amphitheater unter anderem für „Türkengefechte", der damaligen Mode folgend und in Anspielung auf Sachsens glorreiche Teilnahme bei der Entsatzung von Wien 1683 an der Seite des polnischen Königs Johann III. Sobieski. Architekt war Pöppelmanns Vorgänger Markus Conrad Dietze, der erste Entwürfe für den Zwingerausbau unter der Ägide von Oberlandbaumeister Johann Friedrich Karcher geschaffen hatte.

1709 erfolgte Pöppelmanns barocker, noch immer wetteranfälliger Holzausbau des Festungsareals, der bis 1714 erhalten blieb und das Gesicht des hochbarocken Zwingers schon erahnen ließ. Die Arbeiten an den Bogengalerien, dem Nymphenbad und dem Gebäudetrakt des späteren Mathematisch-Physikalischen Salons begannen 1711. Mit diesem anspruchsvollen Vorhaben war neben Land- und Zwingerbaumeister Pöppelmann der Bildhauer Balthasar Permoser beauftragt, der bereits mit Kunstwerken im Grünen Gewölbe hervorgetreten war, später auch mit sakralen Figuren und der Kanzel der Hofkirche brillierte. Unter seiner Leitung versammelten sich Bildhauer europäischen Formats wie Johann Benjamin Thomae, Johann Christian Kirchner und Paul Heermann, um den Zwinger auszugestalten.

Friedrich August hatte auf seiner Prinzenreise durch Europa zahlreiche Inspirationen erhalten. Daher sandte er 20 Jahre später auch – nach dem tragischen Tod Dietzes bei einer Brandkatastrophe – den neuen Stararchitekten nach Prag, Wien, Florenz, Rom und Neapel. Natürlich traf Pöppelmann andere Architekten als sein Auftraggeber – in Prag war Dientzenhofers Barock erblüht, Johann Bernhard Fischer von Erlach hatte in Wien Schönbrunn noch einmal neu überdacht, Johann Lucas von Hildebrandt zeigte sein Oberes Belvedere und erste Entwürfe zu Palais Schönborn. In Tivoli sprudelten Brunnen wie später im Zwinger.

August der Starke hatte während seiner Prinzenreise natürlich auch Versailles besucht, wo er den Abbruch des Trianon de porcelaine erlebt hatte, als Jules Hardouin-Mansart auf Wunsch Ludwig XIV. das neue Palais Trianon de marbre erbaute. Friedrich August

Matthäus Daniel Pöppelmann

Acht Jahre älter als August der Starke, wurde Matthäus Daniel Pöppelmann 1662 in Herford in Ostwestfalen geboren und trat schon mit 18 Jahren in das Oberbauamt von Dresden ein, nachdem seine einst wohlhabende Familie verarmt war. Jahrelang arbeitete er als unbezahlter Praktikant. Pöppelmann war Mädchen für alles, sich für nichts zu schade und diente sich hoch. 1686, nach sechs Jahren, bekam er sein erstes Geld im Amt, befördert zum Baukondukteur. Bis dahin nahm er alle Nebenjobs an und baute günstig Häuser für zuziehende Bürger. Schließlich durfte er dem großen Chef zuarbeiten, Oberlandbaumeister Wolf Caspar von Klengel, Begründer des Dresdner Barock, der den Schlossturm 100 Meter hoch aufgezogen und neu überkuppelt hatte; der dem Sohn des Kurfürsten Zeichenunterricht gab und ihn in die Architektur einführte. Zweiter Mann war Johann Georg Starcke, der das erste komplett barocke Palais im Großen Garten baute. 1705 wurde Pöppelmann zum Landbaumeister befördert. Nach Dietzes schrecklichem Tod bei einem Großbrand in Polen durfte Pöppelmann dessen Pläne für das Schloss und die Zwingergärten vollenden. 1718 wurde Pöppelmann Oberlandbaumeister. Den Zwinger konnte er nicht fertigstellen. Aber er führte Dresden in das Rokoko und hinterließ unsterbliche Bauten. Ab 1730 zog August ihm den Franzosen Zacharias Longuelune vor. Pöppelmann hatte 1730 die Matthäuskirche mit eigener Gruft fertiggebaut. Da konnte er jetzt hinein: am 17. Januar 1736, drei Jahre nach Augusts Tod.

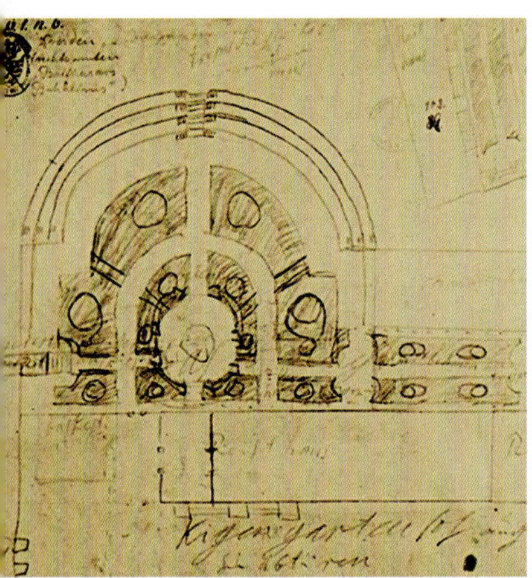

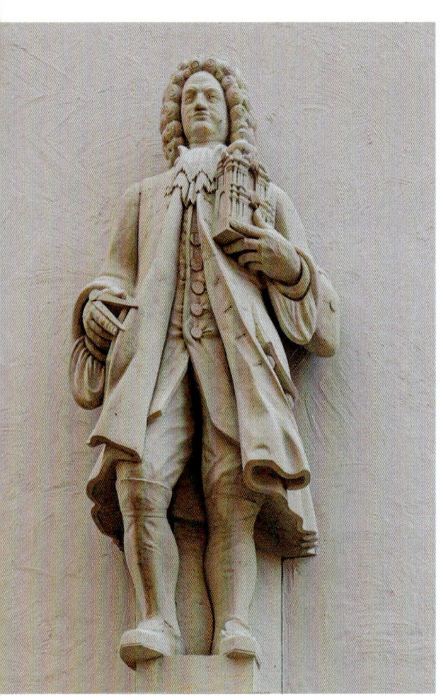

August der Starke, **Plan zur Orangerie**, 1709

Matthäus Daniel Pöppelmann mit Modell des Zwingers am wiederaufgebauten Frauenmutterhaus in der Schlossgasse

hatte den Porzellan-Trianon skizziert, der ihn zu ersten Ideen für den Wallpavillon im Dresdner Zwinger inspirierte. Als Pöppelmann ein Vierteljahrhundert nach Friedrich August Versailles besuchte, war es nicht wiederzuerkennen. Hardouin-Mansart hatte ganze Arbeit geleistet. Pöppelmann interessierten besonders die Wasserspiele, die Mansart nicht nur in Versailles, sondern auch in Marly-le-Roi geschaffen hatte. Und die Fontänen von Saint-Cloud von André le Nôtre, der die Gärten von Versailles und so vielen anderen Schlössern gestaltet und beeinflusst hatte – die größte Autorität in der Gartengestaltung seiner Zeit. Pöppelmann plante schon an einer Erweiterung des Zwingers bis hinab zur Elbe und abwärts entlang des Flusses, die nie verwirklicht wurde.

Von Versailles reiste Pöppelmann durch die Niederlande, besuchte Rotterdam, Delft, Leiden, Haarlem, Amsterdam und Schloss und Park Het Loo bei Apeldoorn, das lange Flügel und pavillonähnliche Eckgebäude aufwies – ähnlich dem Dresdner Zwinger. Die Projektierung des Wallpavillons, dessen endgültige Gestalt mehrere weitere Gebäude beeinflusste, schloss der Architekt in jenem Jahr ab. 1717 trieb Friedrich August zur Eile, denn die Hochzeit seines Sohnes war auf einer Schlittenfahrt mit Kaiser Karl VI. unter Dach und Fach gebracht worden.

Große Anstrengungen wurden unternommen, um den Wallpavillon mit verschiedenen Sälen, Bädern, Grotten und anschließenden Galerien bis September 1719 baulich zu vollenden. Unvollendete Teile wurden mit temporären Verkleidungen und Dekorationen versehen. Am 15. September 1719 feierte der kurfürstliche Hof im Rahmen der Jahrhunderthochzeit das „Fest der Vier Elemente“ im Zwinger.

Neben den Inspirationen, die August der Starke auf seiner Grand Tour sammelte, spielten auch die Apelschen Gärten in Leipzig eine gewisse Rolle für seine Zwingerpläne – er hatte sie durch seine Verbindung zum Geschäftsmann Andreas Dietrich Apel kennen- und schätzen gelernt. Apel hatte von seinem Schwiegervater die vor der Leipziger Thomaspforte liegenden Bieringschen Gärten geerbt.

1701 – als Friedrich August nach dem Schlossbrand in Dresden neu zu planen begann – erweiterte Apel in Leipzig seine Gartenanlagen durch den Kauf der gegenüber der Pleißenburg liegenden Schlosswiesen. So wurden die Apelschen Gärten zu Studienobjekten für August den Starken, der bei seinen Besuchen in Leipzig häufig bei Apel weilte.

Der Landesherr schenkte Apel ein weiteres Grundstück in Leipzig, auf dem er barocke Gärten, Manufakturen und Werkstätten zur Herstellung von Gold- und Silbergespinsten, Kattun sowie Samt-, Seiden-, Damast- und Atlasstoffen errichtete, wie sie August der Starke zur Ausstattung seiner Paraderäume im Schloss benötigte.

August, einerseits von Apels Geschäftstüchtigkeit und Gastfreundschaft beeindruckt, andererseits von dessen Gartenkreationen begeistert, beauftragte dessen Gärtner mit der Betreuung der Orangerien in Dresden. Bis 1710 mussten Dresdner Orangenbäume sogar winters in Apels Orangerie nach Leipzig umziehen, da in Dresden nicht genügend Unterbringungsmöglichkeiten für die wertvollen Exoten bestanden.

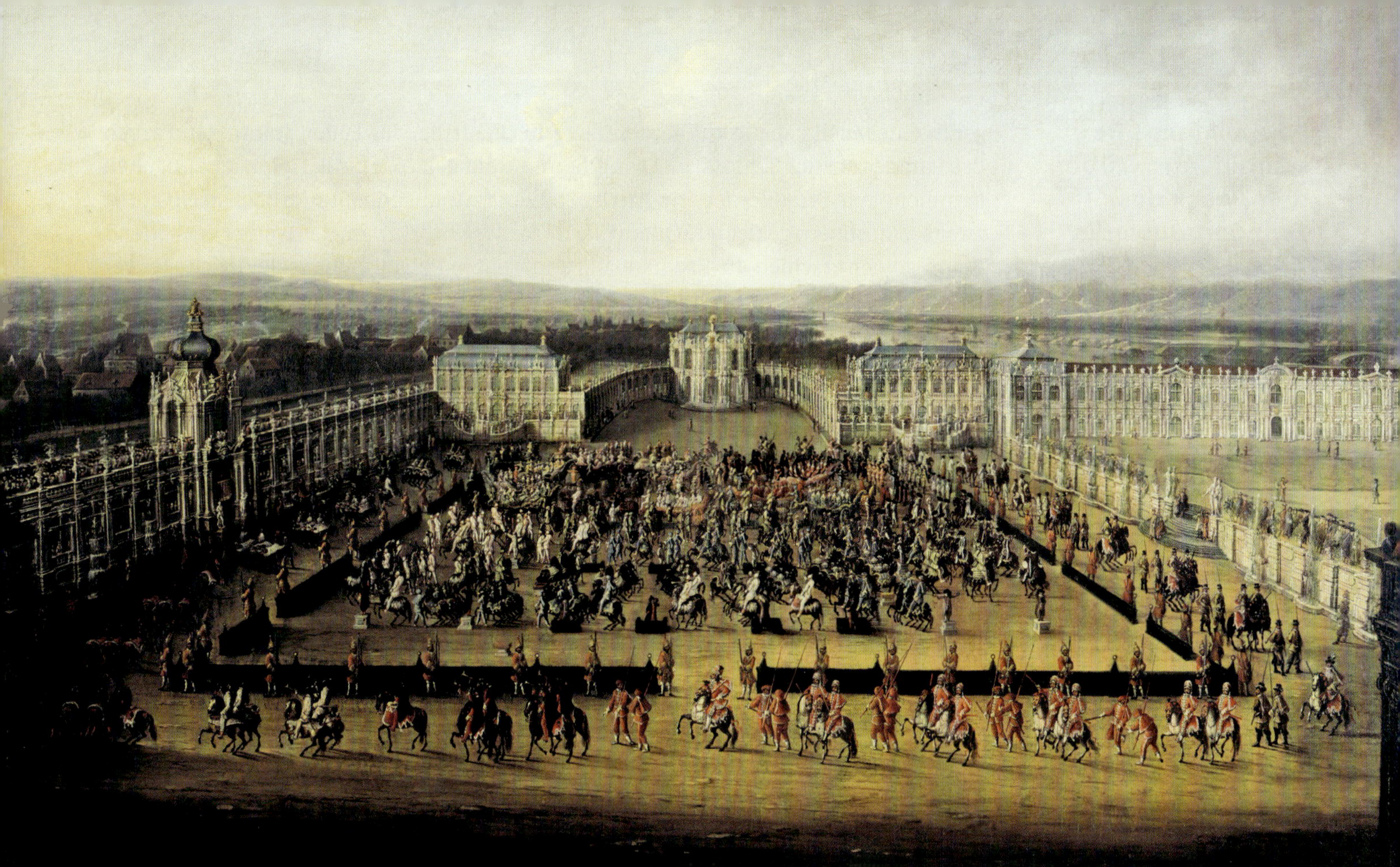

Johann Alexander Thiele, **Caroussel Comique – Aufzug im Zwinger**, 1722

Jahrhunderthochzeit im Dresdner Zwinger

Wie der barocke Zwinger funktionierte, zeigten eindrucksvoll die Feierlichkeiten anlässlich der Jahrhunderthochzeit von Augusts Sohn, Kronprinz Friedrich August, mit seiner habsburgischen Gemahlin Maria Josepha. Am 2. September 1719 vollzog sich der feierliche Abschluss der „Einholung der Braut". Der prächtige Empfang Maria Josephas an der Elbe eröffnete einen vierwöchigen, unter den Schutz der sieben Planetengötter gestellten, fantasievollen Festtagsreigen.

Am Sonntag, den 3. September, besuchte die Hofgesellschaft ein feierliches Te Deum mit Musik des Hoftrompetencorps in der Katholischen Hofkapelle. Am Abend folgte der Besuch von Antonio Lottis Opera seria pastorale *Giove und Argo* im neuen Pöppelmannschen Opernhaus direkt am Zwinger, ausgestattet und betrieben von den florentinischen Gebrüdern Mauro. Das Dreirangtheater fasste bis zu 2000 Besucher und war damit eines der größten europäischen Theater seiner Zeit.

Täglich ereigneten sich während der Hochzeitsfeierlichkeiten Aufführungen, Konzerte, Jagden, Spiele, Ballette und als roter Faden durchwirkten sieben Planetenfeste den ganzen Monat.

Am 15. September war der Zwinger Schauplatz des „Festes der Vier Elemente" unter dem Schutz Jupiters. Feuer, Wasser, Luft und Erde wurden dargestellt von vier Reiterquadrillen, die erstmals nach dem Vorbild der Wiener Hofreitschule als „Ross-Ballet" in wechselnden Gangarten einritten. Am Kronentor hatten die Gebrüder Mauro, die auch die Theatermaschinerie betrieben, eine „Chaos-Mühle" aufgestellt, in der Jupiter die vier Elemente in fortwährender Bewegung präsentierte. Die Reitertrupps kamen vom Ostravorwerk über die hölzerne Wallgrabenbrücke in den Festzwinger eingeritten,

Pöppelmanns Beschreibung „… über den Zweck des Zwingerbauwerks

… lässt zugleich einen Einblick in die zeitgenössischen Bestrebungen des Hofes zu: Vorstellung und Beschreibung des von Sr. Königl. Majestät in Pohlen und Churfürstl. Durchlaucht zu Sachsen erbauten sogenannten Zwinger-Gartens-Gebäudes oder der Königl. Orangerie zu Dresden … gleichwie die alten Römer unter ihren andern erstaunenswerthen Bauanstalten auch dermaassen grosse Staats-, Pracht- und Lustgebäude aufzurichten pflegten, dass dieselben einen weiten Umkreis machten etc., ebenso ist auch dieses Gebäude des kgl. Zwingergartens dermaassen kunstreich angelegt, dass es alles Dasjenige in sich begreift, was in jenen römischen Erfindungen Prächtiges oder Nützliches vorgekommen, denn ausser den verschiedenen grossen Speise-, Spiel- und Tanzsälen, kleineren Zimmern, Bädern, Grotten, Bogenstellungen, Lust- oder Spaziergängen, Baum- und Säulenreihen, Gras- und Blumenbeeten, Wasserfällen, Lustplätzen und dem anstossenden prächtigen Opern- und Komödienhause, beschliesst das ganze Gebäude zusammen einen so ansehnlich länglich runden Platz, dass in demselben nicht nur die fast unzählbaren, des Winters in den Galerien verwahrten Bäume zur Sommerzeit bequemlich in schönster Ordnung ausgesetzt, sondern auch alle Arten öffentlicher Ritterspiele, Gepränge und andere Lustbarkeiten des Hofes angestellet werden."

voran eine Musikkapelle zu Pferde. Die erste Quadrille, das Feuer, war in den Farben des Paradesaals im Schloss, ganz in Rot und Gold gekleidet. Als Helmzier züngelten flammend rote Straußenfedern. An der Spitze ritt August der Starke höchstselbst. Die zweite, blausilbern gekleidete Quadrille führte der Kurprinz an, das Wasser vorstellend. Braun-golden erschien die Erdquadrille und weiß in Flügeltracht gekleidete Reiter verkörperten die Lüfte. Fußtrabanten in großer Zahl folgten entsprechend eingekleidet den Reitern, die sich bald zu Fechtübungen und Ringstechen formierten. Dafür waren im Zwingerhof 16 Pyramiden aufgestellt, zwischen denen die Ringe hingen. Weitere Feste in der Zwingerkulisse waren das „Karussell der Vier Jahreszeiten", immer wieder Aufführungen im Opernhaus, aber auch Serenaden im Schlossgarten vor dem Zwinger und in den wechselnden Kulissen der Schlosshöfe, Ballsäle und auf der Elbe.

Am 20. September fand das Merkurfest statt, das einen festlichen Umzug, die Aufführung einer italienischen Kantate, einen großen „Jahrmarkt der Nationen", eine Messe und eine Lotterie im Zwinger umfasste – die Braut wurde in einem prächtigen Muschelwagen in den Zwingerhof eingefahren.

Das Venusfest fand am 23. September im Großen Garten statt, bei dem über 100 Angehörige des Hofes im extra aufgerichteten Venustempel neben dem Palais tanzten und zu dem Georg Friedrich Händel aus London und Georg Philipp Telemann aus Frankfurt angereist waren, um anschließend im Opernhaus am Zwinger zu gastieren.

Die Feierlichkeiten fanden mit weiteren Aufführungen von Lottis Oper *Ascanio* am 24. und 29. September in Opernhaus und Komödie am Zwinger ein Ende. August gab ein aufwendiges Buch mit Kupferstichen von diesem Fest heraus, das erstmals auch die Zwingerarchitektur bekannt machte.

Später wurde der Zwinger Kulisse für zahlreiche als Wirtschaft bezeichnete Maskeraden. Es erschienen die höheren Stände nach entsprechender Themenvorgabe in Rollen verschiedener Berufe. Alle Festteilnehmer begaben sich somit auf dasselbe Niveau. Natürlich wahrten alle dennoch die Etikette.

Bei einer Wirtschaft 1725 war August als Schäfer erschienen, jedoch hob er sich von den übrigen Teilnehmern standesgemäß ab. Sein Schäferhabit bestand nicht nur aus wertvollen Stoffen mit Edelsteinstickerei und Edelsteinbesatz, es kam auch ein wenig Hermelinfell hinzu. Bei jedem dieser Feste wurden sächsische und polnische Produkte präsentiert. So waren sie, abgesehen davon, dass auch immer Politik gemacht und Macht in Szene gesetzt wurden, immer ein wenig Mustermesse. Der Diplomat und Schriftsteller Freiherr Johann Michael von Loën, Goethes Großonkel, erlebte eine der Dresdner Zwingerwirtschaften und befand: „Die Stadt Dresden scheinet gleichsam nur ein bloses Lustgebäude zu sein … Hier gibt es immer Maskeraden, Jagden, Schützen- und Schäferspiele, Kriegs- und Friedensaufzüge, Ceremonien – kurz: alles spielet."

Pöppelmanns Zwingerarchitektur zeichnet sich durch Genialität und Klarheit einer geradezu palladianisch-symmetrischen Anlage aus, gleichzeitig mit einer wahrhaft barocken Fülle der Einzelformen, Gestalten und Schmuckelemente. Freiherr von Loën schwärmte: „Man kann nicht leicht etwas Schöneres … sehen als den neuen Zwinger … Dieses Gebäude würde etwas Vollkommenes sein, wenn es nach dem Plan des Königs sollte ausgeführt und der neue Schloßbau beigefügt werden, wie ich davon bei dem Oberlandbaumeister Pöppelmann die bewunderungswürdigsten Risse gesehen habe." Leider kam es nicht dazu. Der Dresdner Zwinger blieb – wie so manch weltberühmtes Bauensemble – unvollendet.

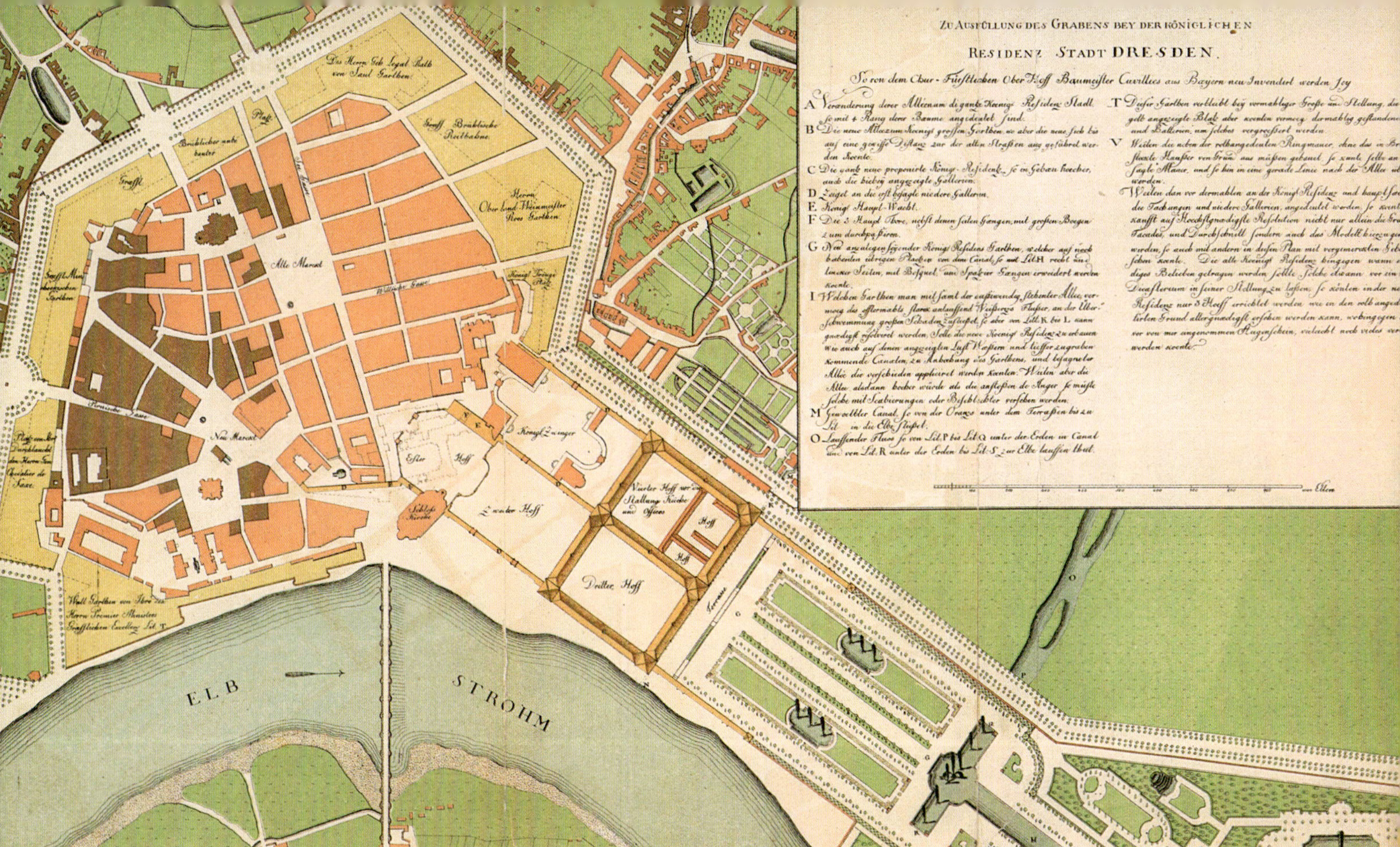

François de Cuvilliés, Erweiterungsplan für den Zwinger, um 1759

Zwingerperspektiven

Die Pavillons und Galerien auf der Wallseite mit der Langgalerie am Kronentor dienten zunächst als Orangerien und waren zugleich Kulisse eines barocken Festkolosseums. Parallel zur Elbe sollte das spiegelbildliche Gegenstück des Kronentors entstehen, lange Galerien und weitere Gärten, deren Entwürfe Freiherr von Loën so begeistert hatten.

Die Planungen für den Schlossneubau genügten August dem Starken nie – am liebsten hätte er Versailles übertroffen, konnte aber noch nicht einmal Dresden bezahlen. Pöppelmanns Entwürfe wurden immer uferloser, je mehr sie sich der Elbe näherten. Zuletzt plante er eine Folge von nicht weniger als sieben geräumigen Schlosshöfen, den Zwinger als Vorhof einer der Seitenachsen. Glücklicherweise blieb es beim Machbaren.

1722 spiegelten die Bauten der Ostseite mehr oder minder den Wallpavillon mit seinen Bogengalerien und angrenzenden seitlichen Pavillons. Es wurde gebaut bis 1728. Die Nordseite blieb offen, solange Friedrich August die Erweiterung mit zusätzlichen Höfen und ein neues Schloss an der Elbe plante. Um diese Seite vorläufig zu schließen, entstand im Sommer 1722 eine arkadenartige Kulissenwand als Interim. 125 Jahre später fand dort die Sempergalerie mit den Gemälden Alter Meister und Antiken ihren Platz und der Theaterplatz setzte die Idee mindestens eines weiteren Hofes im Stil des 19. Jahrhunderts zur Elbe hin fort.

Mit Zacharias Longuelune tauchte um 1730 ein neuer Stern am Dresdner Architektenhimmel auf – aus Paris. Man sagte, er habe in Versailles sein Handwerk gelernt. Er kam über Berlin. Mit 20 war er dort Mitarbeiter eines anderen Franzosen, des Zeughausbaumeisters Jean de Bodt, der später auch nach Dresden kam. Longuelune wurde Oberlandbaumeister und überzeugte mit manchem Entwurf und seinem französischen Charme.

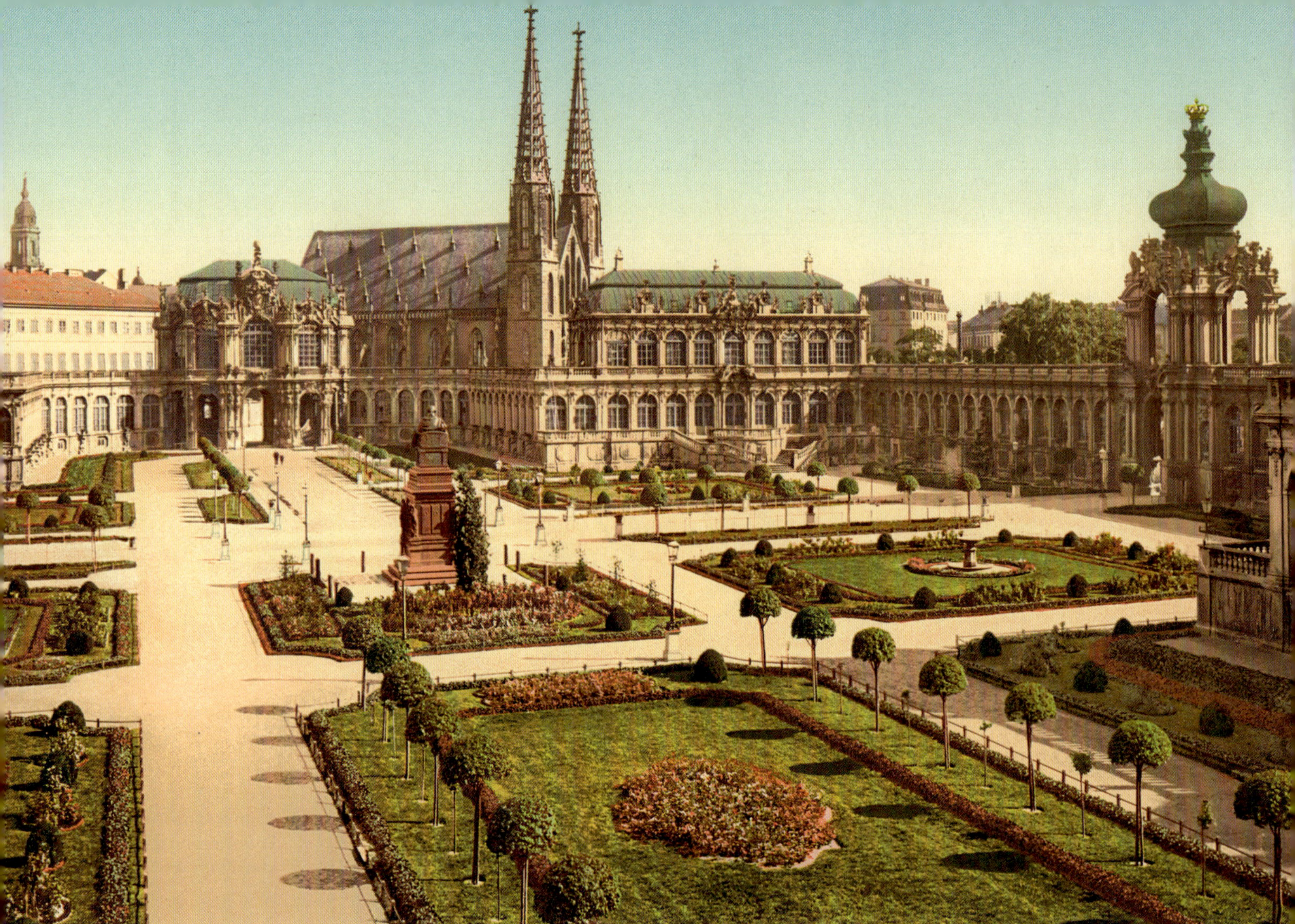

Der **Zwingergarten** nach seiner Umgestaltung unter König Friedrich August I.

Friedrich August II. wollte Zwinger und Schloss noch einmal vereinen, ließ Longuelune eine große Reitanlage entwerfen. Aber ab 1738 wurde der Bau der Hofkirche immer dringender, worauf auch Maria Josepha drängte, der große Feste nicht wirklich wichtig waren – sie kümmerte sich eher um ihre 14 Kinder und baute am Ostravorwerk ein Hospiz für Arme und Alte.

Schloss Moritzburg, Hubertusburg, Zabeltitz, das Japanische Palais, so vieles war wichtig – mit dem aufkommenden Klassizismus (und neuen Niederlagen in den Schlesischen Kriegen) wurde der Barock zunehmend in Frage gestellt. Während des Siebenjährigen Krieges missbrauchten die preußischen Militärs den Zwinger als Holzstapelplatz und Proviantmagazin. Mit der endgültigen Niederlage im Krieg 1763 – als Friedrich August II. und auch der große Kunst- und „Staatsintendant" Graf Heinrich von Brühl kurz darauf starben – stellten sich neue Aufgaben. Schulden und Kriegsabgaben an Preußen waren zu zahlen. Dresden lag zerstört darnieder, noch als Mozart 1789 der königlichen Familie vorspielte.

Bezeichnend für den rasanten Bedeutungsverlust des Zwingers war die Tatsache, dass 1746 der Musikunternehmer Pietro Mingotti mitten im Zwingerhof eine hölzerne Opernspielstätte errichten durfte, deren Fundamente erst im Zuge der Zwinger-Sanierung 1929/30 entfernt wurden.

François de Cuvilliés aus dem einstmals wittelsbachischen Hennegau (heute Belgien) war 1708 in die Dienste des Kurfürsten Max' II. Emanuel von Bayern eingetreten. Nach Reisen durch Frankreich begleitete ihn Cuvilliés auch nach München und wurde sein Baumeister. Das Residenztheater ist bis heute mit seinem Namen verbunden, wie auch verschiedene Schlossanlagen.

In Dresden, wo ab Friedrich Christian die Kurfürsten und späteren Könige von Sachsen bayerisch verheiratet waren, bat man ihn um Rat für den Zwinger. Cuvilliés folgte Pöppelmanns und Longuelunes Idee, das Schloss abzureißen. Es sollte, in eine neue Phalanx von erweiterten Zwingergärten eingebettet, bis weit in das Ostragehege, umgeben von Parks und Wasserspielen, ausgedehnt werden – den Zeitumständen entsprechend wieder ohne Erfolg.

Ausgehend von der Idee August des Starken, 1724 im Eckpavillon zwischen der Langgalerie des Kronentors und dem Wallpavillon ein „Königliches Cabinet der mathematischen und physikalischen Instrumente" als Technikschau, Museum und wissenschaftliche Messwarte einzurichten, gewann die Idee an Charme, in die ehemaligen Orangerien und Vergnügungssalons weitere kurfürstliche Sammlungen einziehen zu lassen.

Wieder war es ein Italiener, Camillo Graf Marcolini-Ferretti aus Fano (Marken), der Friedrich August III. diente, Generalintendant der Künste und Sammlungen wurde und sich nun des Dresdner Zwingers annahm. Zugleich war er begeisterter Direktor der Meißner Porzellanmanufaktur, verheiratet mit einer Nachfahrin Jacobs II. von England, Baroness Mary Ann O'Kelly.

Mit ihr teilte er die Gartenlust, war in der Friedrichstadt Besitzer großer Garten- und Schlossanlagen, so auch in Moritzburg und am Waldschlösschen oberhalb Dresdens. Der Zwinger lag in unmittelbarer Nachbarschaft seines Friedrichstädter Palais, mit dem er ihn über die Gärten um das Palais Chiaveri zu verbinden suchte. Leider wanderten dabei Figuren, Steinvasen und ganze Brunnenbecken an neue Standorte außerhalb des Zwingers ab.

Neben einem ausgeprägten Kunstsinn hatte Marcolini den in Dresden so geschätzten grünen Daumen. Bedauerlicherweise fehlte bei der dringenden Reparatur des viele Jahre vernachlässigten und stellenweise unvollendet gebliebenen Zwingers das Geld. Die Verwendung von Hartstuck und Ölfarbe bei der Ausbesserung natürlicher Sandsteinauswitterung hatte verheerende Folgen. Weitere Schäden traten während der napoleonischen Kriege auf.

Hofbaumeister Gottlob Friedrich Thormeyer ließ 1812 gar den Graben vor dem Kronentor zuschütten und die berühmte hölzerne Brücke abbrechen. Das Verständnis für die einmalige barocke Festanlage war verloren gegangen – hätte man die Mittel und Kapazitäten besessen, man hätte wohl die barocken Gebäude abgerissen und klassizistisch neu gebaut.

Der Zwingerhof wurde zu einer Gartenanlage umgestaltet mit Denkmal für König Friedrich August dem Gerechten in der Mitte (heute auf dem Schlossplatz). Während der Amtszeit des gütigen Königs Anton (1827–36) und seines kunstsinnigen Ministers Bernhard von Lindenau blieb es erst einmal bei dieser Lösung. Immerhin kam es zu einigen Ankäufen für die Sammlungen, die an bestimmten Tagen eintrittsfrei der Allgemeinheit offenstanden.

Was der Zwinger einst gekostet hat

Rechnungen aus der Bauzeit sind kaum erhalten, daher kann man die Baukosten nur schätzen. Eine Million Taler? Heute eine unvorstellbare Summe. In dieser Zeit konnte ein Taler der Wochenlohn eines Meisters sein. Die Inflation betrug schon damals etwa zwei Prozent. Alltägliche Produkte und Arbeitskraft waren günstig, hochqualifizierte Arbeit und Luxusartikel hingegen unbezahlbar teuer. Insofern ist die Umrechnung einer vagen Bausumme in heutige Maßstäbe schwierig. Vielleicht wären es etwa 500 Millionen Euro gewesen. Es lag aber nicht allein am Geld, dass es ab 1729 bis zum Tod Augusts des Starken 1733 immer langsamer vorwärts ging mit den Zwingerbauten.

Was war der Taler wert?

Damals war ein Gulden etwa 50 Euro wert. Ein Meister hätte dafür 2-3 Tage (à 13 ½ Stunden!), ein Geselle etwa 2 ½-5 Tage, ein Taglöhner eine ganze Woche an den herrschaftlichen Bauten arbeiten müssen. Gulden kommt von „gülden", goldhaltig. Sein Goldgehalt entsprach aber damals schon längst nicht mehr einer Unze, dem Goldgehalt des einst in Florenz erfundenen Florentiner. Der Taler – die Silberwährung, die dem Gulden entsprechen sollte – wurde in Joachimsthal und Sachsens silberreichem Erzgebirge geprägt.
2020 betrug der Materialwert für einen Florentiner von 3,54 Gramm reinen Goldes etwa 180, für einen Taler etwa 75-80 Euro. Aber Arbeit kostete viel weniger als heute. Und auch Lebensmittel waren günstiger: Ein Bier kostete 2, ein Pfund Fleisch 4, ein lebendes Huhn 8 Pfennige.

Erst 1847–54 wurde die Elbseite des Zwingers durch die von Gottfried Semper begonnene und nach seiner Flucht 1849 von Karl Moritz Haenel leicht verändert ausgeführte Gemäldegalerie abgeschlossen. Es entstanden zwei Höfe, verbunden durch eine dreibogige Toranlage, inspiriert vom Konstantinsbogen in Rom, die die Sempergalerie durchtunnelt. Wenn man hindurchgeht, zieht es wie Hechtsuppe, sagen die Dresdner.

Karl Friedrich Schinkel, der Entwürfe für die Altstädter Wache geliefert hatte, und auch der Gartengestalter Peter Joseph Lenné, der 1859 Pläne für die Bürgerwiese und den Großen Garten entwarf, hatten den eigenwilligen Hamburger Bauforscher und Architekten Gottfried Semper als Architekt nach Dresden empfohlen. Semper erhielt 1834 eine Professur an der Königlichen Akademie der bildenden Künste zu Dresden und als erstes die Aufgabe, den Zwinger aus seinem Dornröschenschlaf zu wecken. Er entwickelte den sogenannten Forumsplan und griff – wie einst Longuelune und Cuvilliés – Pöppelmanns Achsenkonzept auf: Am Französischen und am Deutschen Pavillon sollten einander gegenüberliegende Flügelgalerien in Richtung Elbe führen und anstatt neuem Schloss ein Theatergebäude eingefügt werden. Es lag in der Mitte des späteren Theaterplatzes, der geplanten Fortsetzung des Zwingers harrend. Der Theaterplatz – damals noch recht dörflich – wäre Hauptteil eines formal gestalteten Gartens geworden.

Der Theaterbau in den Formen der von Semper geliebten italienischen Frührenaissance wurde gerühmt als eine der schönsten europäischen Spielstätten. Doch nun standen zwei Theater am Platz. Nach dem 13. April 1841, als Sempers Bühne nach nur dreijähriger Bauzeit mit Goethes Schauspiel *Torquato Tasso* und Carl Maria von Webers *Jubel-Ouvertüre* eingeweiht worden war und sich auch akustisch bestens bewährt hatte, wurde das Morettische Opernhaus abgerissen. Eine Gartenanlage aber war nicht mehr gefragt.

1847 erhielt Semper den Auftrag, die Baulücke zum Zwinger nicht nur zu schließen, sondern auch die als unzeitgemäß empfundene Barockarchitektur möglichst zu verstecken. Gefordert war eine Galerie nach dem Vorbild Leo von Klenzes Alter Pinakothek in München im Stil der Neorenaissance. Semper plante anders als in München keinen lapidar zweigeschossigen überlängten Tempelbau, sondern auflockernde Risalite und wenigstens eine große Kuppel, die mit dem Kronentor des Zwingers korrespondieren sollte. Doch musste er durch seine Beteiligung am Maiaufstand 1849, bei dem das Pöppelmannsche Opernhaus den Flammen zum Opfer fiel und auch der Stadtpavillon und die botanische Sammlung abbrannten, fliehen, um nicht, wie Musikdirektor Röckle und andere Beteiligte, in Festungshaft auf den Königstein zu kommen.

Sein Student, Landbaumeister Bernhard Krüger, und Oberlandbaumeister Karl Moritz Haenel sollten die Sempergalerie in seiner Abwesenheit vollenden. Von der Kuppel blieb nur ein „Salzstreuer", wie Semper aus Zürich verlauten ließ. Die Ikonografie der Skulpturen, die Gottfried Semper für die Galerie wie für die Oper selbst entworfen hatte, wurde wie gewünscht ausgeführt.

Für den Wiederaufbau der durch die Luftangriffe im Februar 1945 zerstörten Gebäude des Zwingers sollte sich seine Renovierung in der ersten Hälfte des 20. Jahrhunderts als wichtig erweisen. Ab 1911 ging man daran, die Sandsteinarchitekturen schonend und ohne Portlandzement und Ölfarbe wiederherzustellen. Auch der Zwingergraben wurde wieder freigelegt und die alte Holzbrücke zum Kronentor neu errichtet. Verlorene Sandsteinfiguren und -elemente wurden unter Georg Wrba ergänzt oder – soweit nie vollendet – nach alten Entwürfen neu, bisweilen in anderen Sandsteinqualitäten, erschaffen.

Endlich kam – im Zuge des Neobarock– auch die Architektur des 18. Jahrhunderts wieder zu Ehren, und die zunehmende Bedeutung des Denkmalschutzes leitete in Dresden Entwicklungen ein, die sich bis in den Wiederaufbau nach dem Zweiten Weltkrieg hinein als fruchtbar erwiesen.

Die Renovierung der Zwingerarchitektur, vor allem der hinreißenden Sandsteinskulpturen, war aber in den ersten Jahrzehnten des 20. Jahrhunderts auch dringend geboten. Dazu wurde 1924 die Zwingerbauhütte gegründet, im Geiste bewusst an frühneuzeitliche Bauhüttentraditionen anknüpfend. Ihr Leiter war Hubert Georg Ermisch, unterstützt von Bildhauer Georg Wrba aus München, dem Permoser des 20. Jahrhunderts, der mehr als 3000 plastische Objekte herausragender Qualität an fast 50 Orten schuf. Bis zu seinem Tod im Jahr 1951 lebte und wirkte Hubert Ermisch für den Erhalt und Wiederaufbau des Dresdner Zwingers.

Die Kriegszerstörungen durch Bombensplitter, Hitze und Druck waren immens, Gebäude und Dächer ausgebrannt. In den Tagen unmittelbar nach der Zerstörung sicherte Hubert Ermisch mit einigen Getreuen erhaltungsfähige Architekturteile. Die erste Schadensaufnahme ergab, dass von 850 Einzelobjekten wie Figuren, Vasen und Schmuckelementen etwa 300 zu restaurieren oder neu zu fertigen waren.

Die Mauerschäfte des Wallpavillons waren aus dem Lot geraten. Auch die Sempergalerie trug erhebliche Schäden davon. Im Sommer 1945 bewilligte die Sächsische Landesverwaltung erste Mittel für den Wiederaufbau. Die sowjetische Besatzungsmacht gab Bauholz frei und unterstützte das Vorhaben. Noch zu Lebzeiten Hubert Ermischs war ein Teil des Innenhofs wieder für Besucher zugänglich. Im Juli 1951 war das Kronentor wiederaufgebaut und der Zwingergraben wurde mit dem romantischen Teich zu einer Wasserfläche verbunden. Bis 1963 dauerten die Aufbauarbeiten. Über 20 Jahre vor der Oper, 40 vor der Frauenkirche und viele Jahrzehnte vor dem Schloss hatte Dresden seinen Zwinger wieder komplett. Doch die Restaurierungsarbeiten werden nicht enden.

Sempergalerie, von der entworfenen Kuppel blieb „nur ein Salzstreuer"

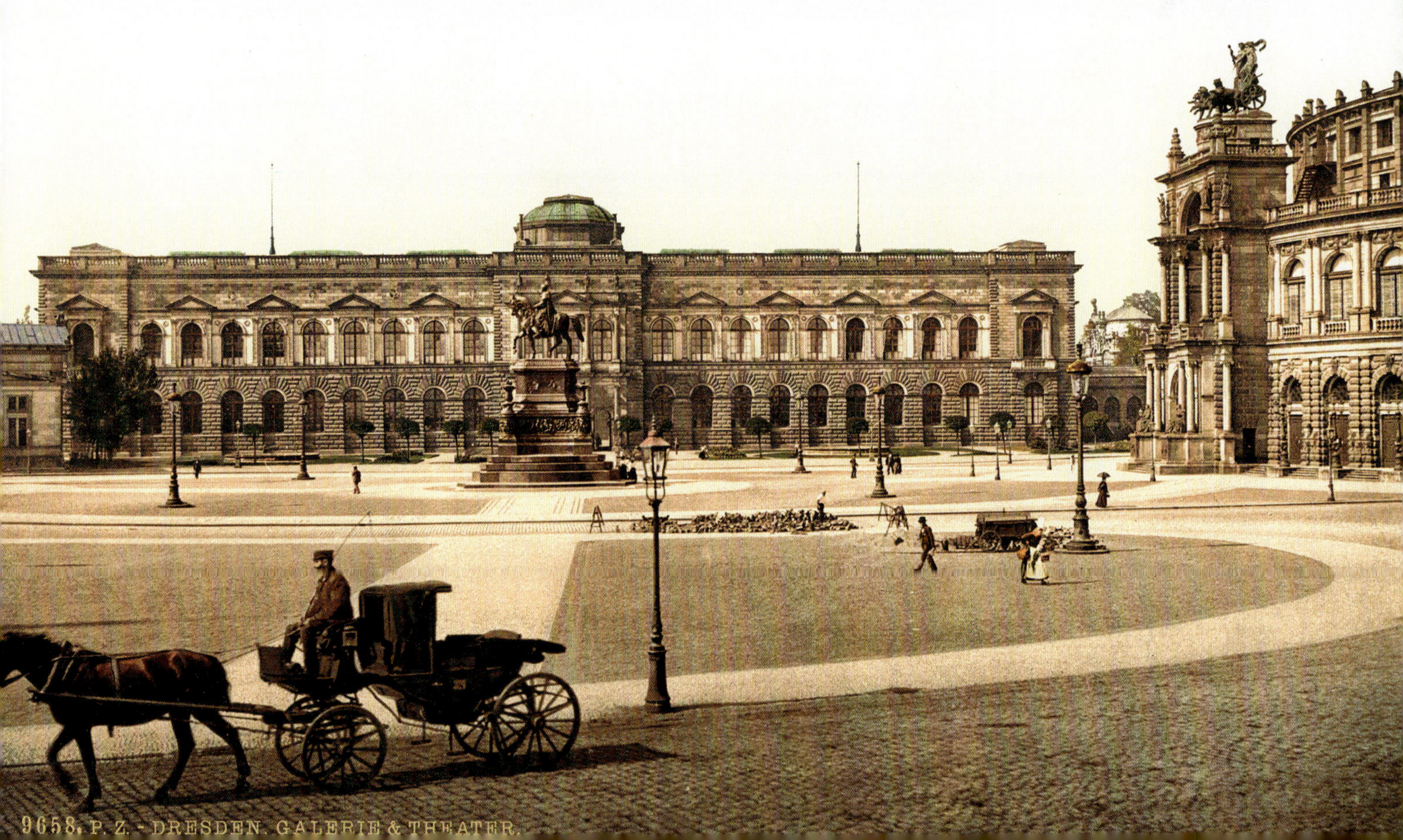

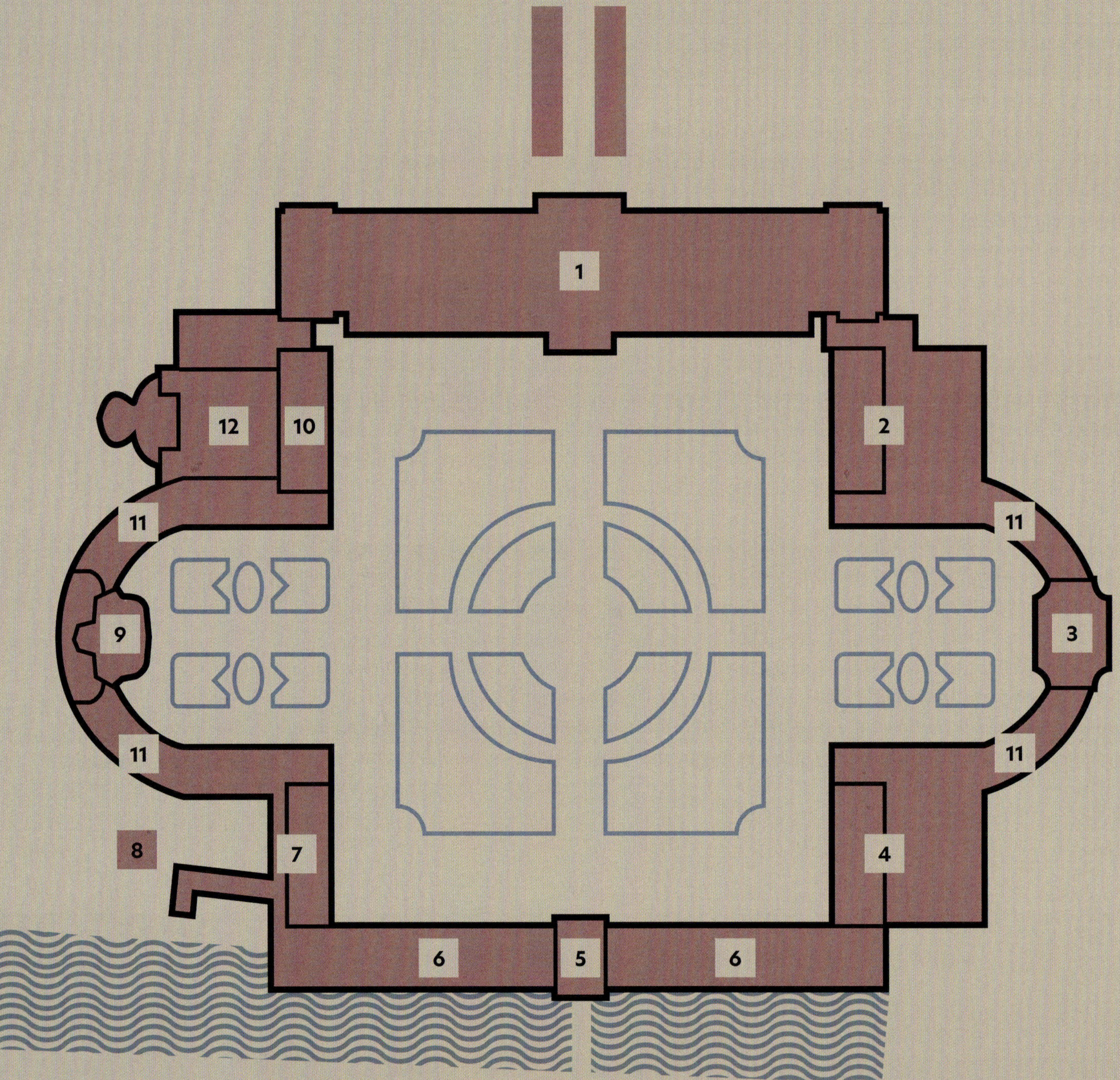

LEGENDE

1 Sempergalerie – Gemäldegalerie Alte Meister und Skulpturen bis 1800
2 Deutscher Pavillon (mit Anbau) – Gemäldegalerie Alte Meister und Skulpturen bis 1800
3 Glockenspielpavillon
4 Porzellanpavillon (mit Anbau) – Porzellansammlung
5 Kronentor
6 Langgalerie
7 Mathematisch-Physikalischer Salon (mit unterirdischem Anbau)
8 Meridianhaus
9 Wallpavillon
10 Französischer Pavillon – Zwinger Xperience
11 Bogengalerien
12 Nymphenbad

BAUWERKE, FUNKTIONEN UND RAUMBEZIEHUNGEN

Zwingerhof

Wenn man vom Theaterplatz durch den dreifachen Arkadenbogen der Semperschen Gemäldegalerie in die weite Anlage des Dresdner Zwingers eintritt, stockt einem unwillkürlich der Atem! Genialität und Klarheit einer Barockanlage vereinen sich in ganz eigener Prägung. Der Westfale Matthäus Daniel Pöppelmann als Architekt schuf gemeinsam mit dem Oberbayern Balthasar Permoser als Bildhauer dieses Meisterwerk des Dresdner Barock, eine Bühne für das Leben, das Feiern, die Künste. Unter August dem Starken hatten die Festivitäten auch einen repräsentativen Charakter, verfeinert im Sinne des höfischen Barock, besonders als 1719 die Hochzeit seines einzigen ehelichen Sohns Friedrich August mit der habsburger Kaisertochter Maria Josepha aus Wien im dafür neu bebauten Zwinger gefeiert wurde. Schon als junger Mann hatte August der Starke, der selbst Architekturzeichnungen anfertigte, Anregungen unter anderem aus Versailles aufgenommen und erste Ideen zu Papier gebracht. Die Zwingerbaumeister Dietze, Pöppelmann und Longuelune mussten sie umsetzen. Balthasar Permoser versammelte ein Bildhauerteam um sich und schuf das einzigartige Zusammenspiel von Skulptur und Architektur aus Elbsandstein.

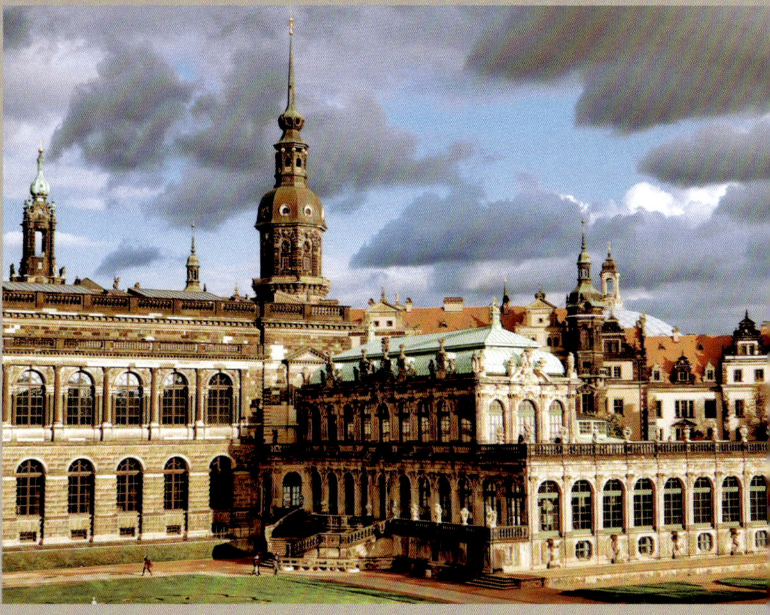

Blick vom Zwingerhof auf die **Sempergalerie** und den **Deutschen Pavillon**

Der Zwingerhof mit seiner Grundfläche von 204 × 116 Metern ist heute geprägt von vier Brunnenbecken mit Fontänen und Rasenflächen. Sie entsprechen den Planungen Pöppelmanns, wurden jedoch erst bei der Wiederherstellung des Zwingerhofs unter Hubert Ermisch in der ersten Hälfte des 20. Jahrhunderts angelegt, weil die Flächen 200 Jahre zuvor für höfische Spiele und Turniere benötigt wurden. Es gab damals weder

Der **Innenhof** mit Fontäne →

Elbsandstein
Das meistverwendete klassische Baumaterial in Dresden ist Sandstein aus den Steinbrüchen elbaufwärts. Chemisch handelt es sich um Kalziumsilikat. Geologisch um Kalksandstein. Er besteht vor allem aus Calcit und Quarz, bei mindestens 50 Prozent Quarzanteil. Entstehungsgeschichtlich sind es verfestigte Sedimente von Quarzsanden – Ablagerungen verwitterten Materials aus den herzynischen Urgebirgen im Kreidemeer vor 88 bis 95 Millionen Jahren. Sie bilden hauptsächlich südöstlich von Dresden eine bis zu 500 Meter starke Folge aus mehreren Schichten. Über die Jahrmillionen verdichteten sie sich zu Quarzsandstein. Seit Jahrhunderten werden um Dresden Sandsteinquader als Werkstein abgebaut – Zwinger und Frauenkirche sind nur zwei Beispiele dafür. Sandsteinabbau in der Sächsischen Schweiz und deren Nachbarschaft hat eine lange Tradition. Heute sind nur noch wenige Brüche in Betrieb. Sie lieferten die Sandsteine für den Wiederaufbau der Frauenkirche und für das Reparatur- und Restaurierungsprogramm von Zwinger bis Hofkirche. Insgesamt lassen sich verschiedene Sandsteinarten unterscheiden, wie der sehr feinkörnige, mit Einlagerungen versetzte Cottaer- oder Bildhauersandstein, der darüber liegende Reinhardsdorfer Sandstein für Reparaturzwecke oder der jüngste, sehr grobkörnige Postaer Stein. Typisch für die meisten Sorten des Elbsandsteins ist die Patinierung – durch Anreicherung von Mangan, Eisen, Nickel und anderen Metallen an seiner Oberfläche oxidiert er unter Einwirkung von Wasser schwarz oder grau bis rötlich. Anders als →

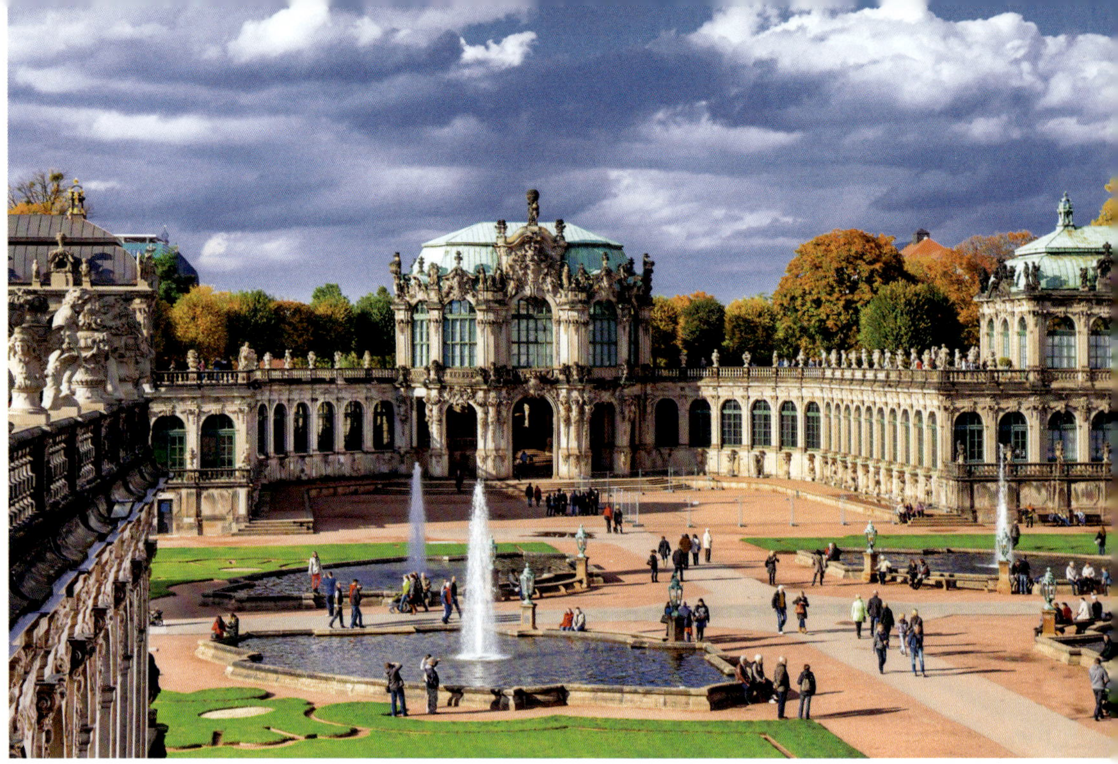

Blumenrabatten noch Brunnen. Nur die Orangenbäume wurden – wie heute wieder – im Sommerhalbjahr aufgestellt.

Pöppelmann hatte vier *Parterre d'eau*, flache, randlose Becken oder „Wasserlichte“, wie er sie nannte, vorgesehen. Die erhöhten Beckenränder der Brunnen sind eine Zutat der Moderne. Zwischen den Becken verlaufen Wege, die Sichtachsen und Blickbeziehungen betonen. Der Zwingerhof dient heute vor allem dem Flanieren. Man durchschreitet ihn auf dem Weg zwischen den Museen. Von ihrem Gesamtentwurf bis ins kleinste Detail spiegelt die Anlage vollendete Harmonie wider. Es wechseln eingeschossige Galerien und zweigeschossige Pavillons, die beinahe unmerklich miteinander verbunden sind.

Am 3. Juli 1928 veranstaltete der Dresdner Mozart-Verein im Andenken an den zweimaligen Aufenthalt des Komponisten 1789 in Dresden im Zwingerhof die erste Zwingerserenade. Konzerte, Chor- und Ballettaufführungen finden in den Sommermonaten meist vor dem Wallpavillon, bei schlechtem Wetter auch im dortigen Salon statt. In der Mitte des Zwingers spielte 1746 bis 1748 in einem hölzernen Opernbau die Mingottische Gesellschaft.

Bereits 1719 war anlässlich der Hochzeitsfeierlichkeiten die mit dem ursprünglichen Stadtpavillon (später Glockenspielpavillon) verbundene große Hofoper quasi Bestandteil des Zwingers. An diese Traditionen knüpfen die Aufführungen von heute an.

Das Kronentor symbolisiert die polnische Königskrone, getragen von vier vergoldeten Adlern, dem polnischen Wappentier. Da die erwogene Erweiterung der Zwingerhöfe Richtung Elbe nicht umgesetzt wurde, steht dem filigranen Kronentor – fast 150 Jahre später entworfen – mit der Sempergalerie die Architekturauffassung des 19. Jahrhunderts gegenüber.

Wunderbar symmetrisch antworten einander in der Längsachse Wallpavillon und Glockenspielpavillon sowie die vier Eckpavillons mit Namen, die zum Teil auf ihre Nutzung hinweisen: Porzellanpavillon und Mathematisch-Physikalischer Salon im Süden und Deutscher und Französischer Pavillon im Norden. Hinter letzterem verbirgt sich das verwunschene Nymphenbad.

Durch die westlich und östlich gelegenen Hauptpavillons kann man jeweils nach oben auf die Galerien hinaufsteigen und das barocke Ensemble überblicken, wobei sich Türme wie die des benachbarten Schlosses und der Hofkirche zu immer neuen Blickkombinationen fügen und mit den Bauformen des Zwingers harmonieren. Selbst dem etwas entfernteren Rathausturm hat man eine neobarocke Haube aufgesetzt. Die Eckpavillons sind durch einstöckige Bogengalerien mit dem Glockenspiel- und dem Wallpavillon verbunden. Im Südwesten schließt dort die Langgalerie mit dem Kronentor direkt an. Die Sempergalerie auf der gegenüberliegenden Seite ist jedoch nur innen begehbar.

Zehn Wandbrunnen an der Langgalerie, zwei persönlich geschaffen im Zusammenspiel zwischen Zwingerbaumeister Pöppelmann und Bildhauer Balthasar Permoser, werden ergänzt durch weitere Wandbrunnen am Aufgang zum Wallpavillon, von denen zwei erst 1925 wiederentdeckt und restauriert wurden.

Zwei Brunnen auf der Wallterrasse, wovon der eine die große Wasserkaskade des Nymphenbads speist und der andere sich ursprünglich im nicht mehr vorhandenen Westpavillon befand, sowie zwei Nischenbrunnen außen ergänzen das Brunnenspektakel. Vom Zwingerwall erblickt man eine weitere Fontäne im Zwingerteich. Folgt man dem sanft abfallenden Weg hinunter zu Teich und Oper, entdeckt man rechts, hinter dem Denkmal für Carl Maria von Weber, zwei weitere Springbrunnen vor der Sempergalerie auf dem Theaterplatz.

Nymphenbad

Den Höhepunkt der Wasserspiele im Dresdner Zwinger bildet das Nymphenbad mit Wasserkaskade und üppigem Figurenschmuck. Sogar ein Wasservorhang aus Sandstein stimmt auf die Welt Neptuns und seiner Getreuen ein. Die Große Kaskade vom Wall zum Bad ist als fantastische Schauwand gestaltet. Flankiert von wasserspeienden Tritonen Johann Benjamin Thomaes rinnt das kühle Nass vom Wallbrunnen in das untere Becken mit zwei Quelljungfern, links und rechts von Delfinen begleitet.

Die oberen Balustraden sind mit maritimen mythologischen Figuren besetzt, Neptun, Amphitrite, deren Sohn Triton und eine Nereide von Johann Christian Kirchner. Daneben stehen kleine Nymphen paarweise zur Begrüßung bereit, begleitet jeweils von einem Wassertier, Delfin, Fischotter, Hecht, aber auch Attributen wie Angelrute, Fischreuse, ein Netz voller Fische oder Seerosen im Haar. Sie stammen von unterschiedlichen Meistern meist aus dem Kreis um Georg Wrba. Zwei geschwungene Treppenläufe überwinden den Höhenunterschied, flankiert von Brunnen mit wasserspeienden Delphinen.

Steigt man vom Zwingerwall eine der Bogentreppen hinab, verliert man für eine Weile das wasserspeiende Tritonengefolge aus dem Blick. Der diensthabende Grottierer konnte, während die Damen die Treppe hinunterschritten, den Druck vom kupfernen Wasserbehälter, und so den Zustrom des Wassers, auf dem „Wilschen Thorturm" durch Ziehen eines Schiebers erhöhen. Das traf damit in flacherem Winkel genau auf der untersten Stufe die nichtsahnend herabkommenden Damen – gewiss nicht ohne einen kleinen Aufschrei. Die Kavaliere machten sich einen Spaß daraus, trockene Gewänder zu reichen, während die Damen damit zu tun hatten, die nassen Kleider loszuwerden und sich mühten, nicht unversehens zum Ebenbild der mit nur wenigen Tüchern bekleideten Nymphenskulpturen zu werden, die dem grazilen Spaßbad am Fuß des Französischen Pavillons den Namen gaben.

→ Steinkrusten befinden sich die metallhaltigen Substanzen (Limonite, Brauneisenstein) in Poren unter der Steinoberfläche und bilden dort eine millimeterdicke schützende Schicht. Würde man sie abstrahlen oder wegätzen, wie oft angeraten, um den Stein „sauber" zu machen, verliefe die natürliche Auswitterung durch schweflige Säuren und Salze und die Verwitterung (Erosion) rascher als ohnehin. Ein weiteres Phänomen ist die Gipsbildung. All dies ist im Gebirge ebenso zu beobachten wie am Zwinger, wo die Restauratoren täglich damit zu tun haben. Einige Skulpturen des Dresdner Zwingers hat man in den vergangenen Jahren mit einer hauchdünnen wasserabweisenden, aber luftdurchlässigen Acrylatfarbe gestrichen, so dass sie heller erscheinen. Andere Figurengruppen belässt man vorläufig ohne Farbanstrich unter dem natürlichen Schutz ihrer dunklen Patina, die jedoch Salzausblühungen und andere Schäden nicht ganz verhindern kann. Von Bauwerk zu Bauwerk wird entschieden, welche Figuren und Ornamente einen Acrylatanstrich erhalten und welche nicht.

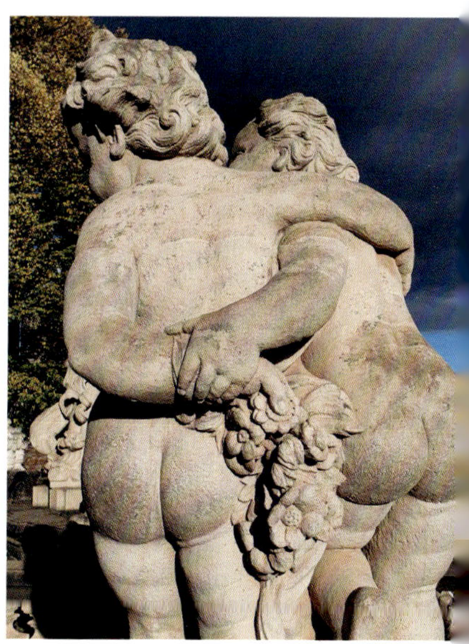

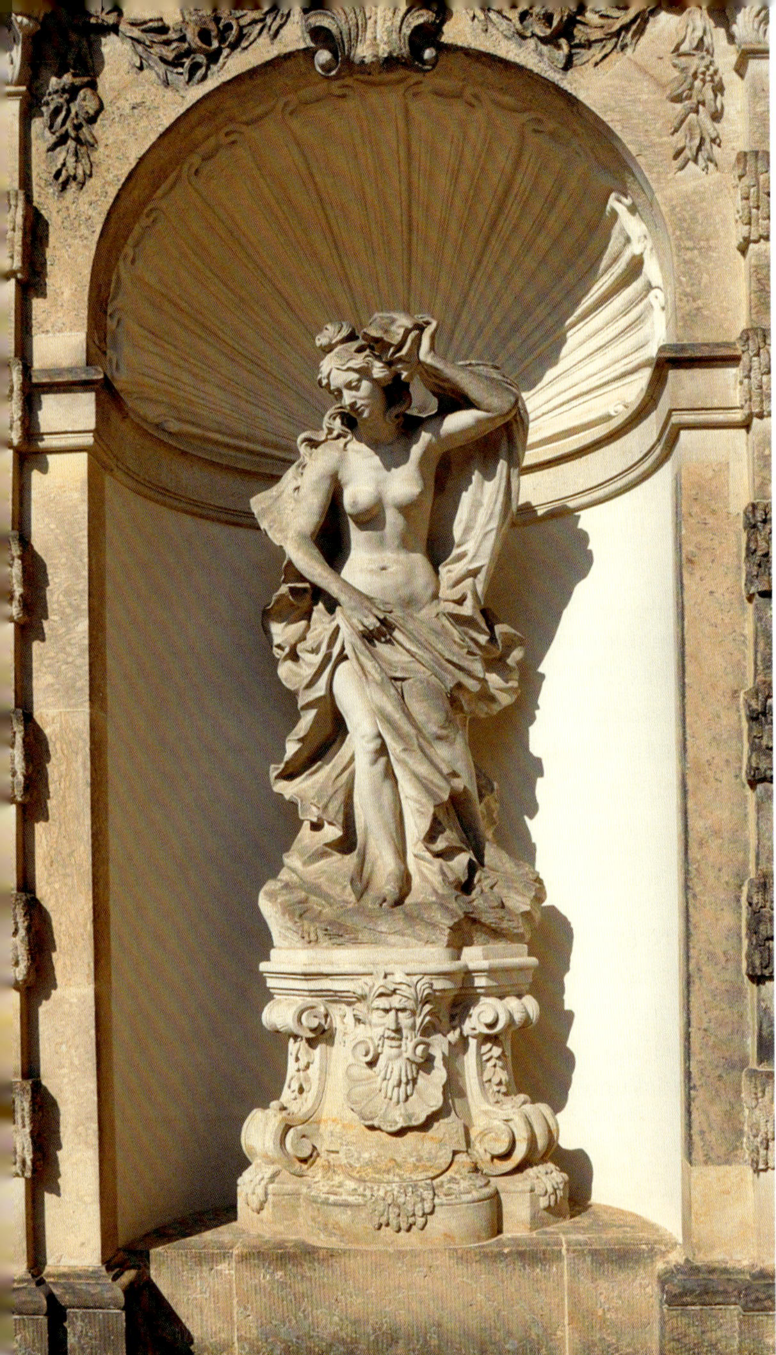

Quellymphe im **Nymphenbad**

Jede der von Balthasar Permoser und den Hofbildhauern geschaffenen Nymphen war ein erlesenes Kunstwerk. Von Neulingen verlangte Permoser einige Details als Gesellenproben. Ganze Figuren waren Meisterstücke von Egell, Heermann, Thomae, Kirchner, Kretzschmar, Kändler, die ihre Schöpfer verraten – wie übrigens auch die als Metopenfries oberhalb der Grotte umlaufenden Neptungesichter –, die alle mehr oder minder Permosers Züge tragen, jedes in anderer Handschrift ausgeführt.

Da auch das Nymphenbad einst unvollendet geblieben war, zumal einige Figuren während der Kriege des 18. und 19. Jahrhunderts beziehungsweise unter der Chemie des Sandsteins gelitten hatten, restaurierten und ergänzten die Bildhauer der Zwingerbauhütte um Wrba, Polte und Höfer. 2006 bis 2008 wurden die meisten Skulpturen bei der neuerlichen Restaurierung durch originalgetreue Kopien ersetzt. Alle 16 Quelljungfrauen stehen auf genau 99 Zentimeter hohen Postamenten und messen übermannsgroße 2,50 Meter.

Als Originale aus Permosers Hand gelten auf der Wandseite zum Zwingerhof noch die *Nymphe mit der Muschelschale*, vom Pavillon gezählt die zweite, und die *Nymphe, die vom Bade kommt* wie auch die *Nymphe, die zum Bade geht*. Untergemischt hat sich Leda mit dem Schwan. Eine Figur ist eine Kopie von Permosers *Frühling* aus dem Grünen Gewölbe. Alle anderen Meerelfen haben Attribute wie Kirchners reizende *Nymphe mit dem Blumenstrauß* oder sind durch eine Bewegung gekennzeichnet wie Thomaes *Nymphe, die ihr Gewand über die Schulter hebt* und Egells *spielende Nymphe.*

Am Wallpavillon setzen wir nun unseren Weg mit schönem Ausblick über den Zwingerteich Richtung Kronentor fort. Auf dem Zwingerwall steht in der Nähe des Mathematisch-Physikalischen Salons das nur wenige Quadratmeter große Meridianhaus. Das einstöckige Gebäude liegt auf der von Wilhelm Gotthelf Lohrmann vermessenen Mittagslinie Dresdens. Es wurde 1957 zur Aufstellung eines Mittagsrohrs zur Längen- und Zeitmessung erneuert. Bevor es Atomuhren gab, wurden alle Uhren Sachsens auf die genauen Instrumente des Mathematisch-Physikalischen Salons geeicht. Lohrmann errichtete an dieser Stelle auch ein Observatorium, das jedoch dem Luftangriff von 1945 zum Opfer fiel. Exakt nördlich steht in Dresden-Rähnitz noch immer eine Meridiansäule des Forschers und Vermessers.

← Ein Blick ins **Nymphenbad** mit seinen Putti

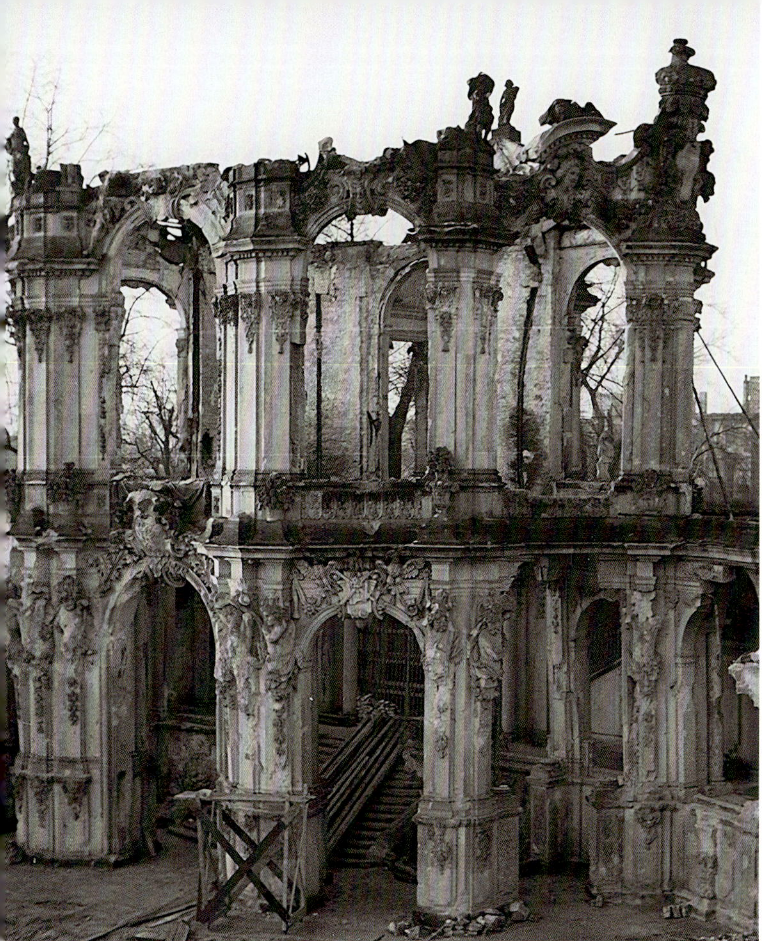

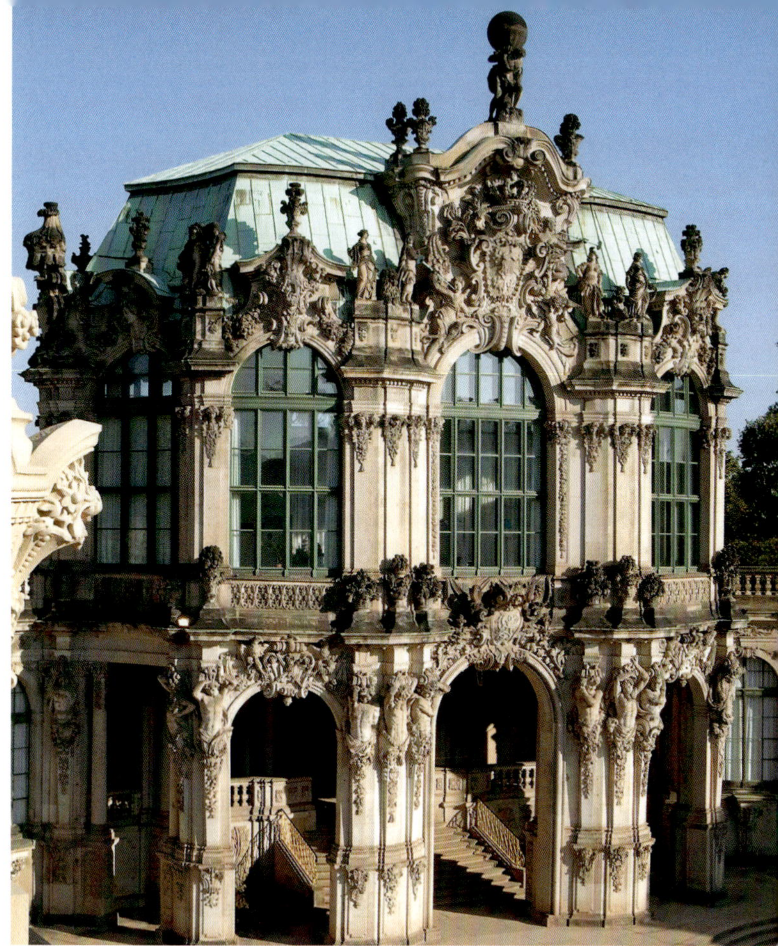

Wallpavillon und nördliche Bogengalerie, im Krieg schwer zerstört

Der Wallpavillon, der wohl nobelste Bau des Barock im Dresdner Zwinger. Architektur und Skulpturen verschmelzen kongenial. Über allem steht der **Hercules Saxonicus** von Balthasar Permoser

Wallpavillon

Anstelle des Wallpavillons sollte nach einer Skizze August des Starken zunächst eine Wasserkaskade rauschen. Pöppelmann überzeugte ihn jedoch von einer Treppenanlage. Teils verborgen in einem Pavillon, führen die kunstvoll konzipierten Stufen durch eine Grotte hinauf auf die Wallterrasse. Der Pavillon ist inspiriert vom Trianon de porcelaine, den der Kurfürst von seiner Prinzenreise kannte. Das ist Dresdner Barock in Reinkultur, feinsinnig und ausgeklügelt. Pöppelmann mischte nach seiner eigenen von August finanzierten Studienreise eine kräftige Prise Palais Schönborn hinzu, dessen Entwürfe ihm Hildebrandt in Wien gezeigt hatte. Auch in Prag fand er Anregungen.

Stufe für Stufe entstand das Meisterwerk. 1711 schon war die Bogengalerie fertig, die die entstehende Treppe unmittelbar flankierte. Der Salon im Wallpavillon, in dem heute Kammerkonzerte gegeben werden, heißt denn auch „der Saal über der großen Treppe“. Durch seine bewegte Figurenplastik ist der Wallpavillon unerreicht, der wohl nobelste Bau des Barock im Dresdner Zwinger. 1715 war er so gut wie fertiggestellt. Die Verschmelzung von Architektur und Skulptur gelang noch stärker als beim Kronentor.

Ausdrucksstarke Figuren bestimmen die Außenansicht: Über dem Giebelaufsatz mit dem von posaunenden Genien flankierten sächsisch-polnischen Wappen und den Insignien A. R. (Augustus Rex = König August), bekrönt ein die Erdkugel tragender Herkules den Bau. Der *Hercules Saxonicus* ist als einzige Skulptur des Zwingers persönlich vom Schöpfer Balthasar Permoser signiert. Der Halbgott ist eine Anspielung auf August den Starken, der sich gern als solchen sah. Dem Mythos nach nahm Atlas, der sonst die Weltkugel tragen musste, Herkules im Gegenzug für dessen Unterstützung beim Tragen seiner Bürde die Erfüllung einer der „zwölf Arbeiten“ ab, nämlich die goldenen Äpfel aus dem Garten der Hesperiden zu erlangen. Atlas als Vater der Hesperiden war

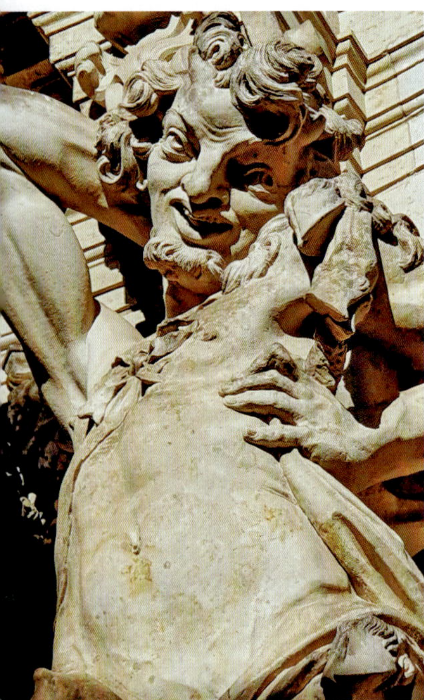

Die untere Bildebene des **Wallpavillon** ist geprägt von Satyrhermen und Bacchanten von Balthasar Permoser, Paul Heermann und Paul Egell

für diese Aufgabe besser geeignet als Herkules. In dieser Zeit musste Herkules das Himmelsgewölbe übernehmen.

Die Geschichte bezieht sich direkt auf das Jahr des Baubeginns, 1711, als August der Starke nach dem Tod Kaiser Josephs das Amt des Reichsvikars, des kaiserlichen Statthalters, antrat. Zum Kaiser gekrönt wurde aber Josephs Bruder Karl VI. August blieb in Lauerstellung – würde seinen Sohn die bereits angestrebte Eheschließung mit der Tochter Joseph I., Maria Josepha, in kaiserliche Würden führen? Lange blieb das Kronentor als Symbol der polnischen Königswürde ohne Gegenüber – ein deutsches Kaisertor wurde nie gebaut. Augusts und seines Sohnes Krone blieb die Gemälde- und Skulpturensammlung, die im dem Kronentor gegenüberliegenden Semperbau brilliert – die Kunst als wahre Krone sächsischer Herrschaft.

Clou der schönen Geschichte war aber, dass der Zwinger – ein Hort der Orangen – selbst als Garten der Hesperiden verstanden wurde – der italienische Botaniker Giovanni Baptista Ferrarius hatte den Früchten gerade den wissenschaftlichen Namen *Hesperides* gegeben. Der schwedische Naturwissenschaftler Carl von Linné nahm die Bezeichnung 1735, gerade als der Zwinger erblüht war, mit diesem Namen in sein Buch *Systema Naturae* offiziell auf.

Unterhalb der polnisch-sächsischen Wappenkartusche und der polnischen Krone hat Paul Heermann die Sage vom Urteil des Paris neu interpretiert: Der jugendliche August hält als lorbeerbekränzter Hirte Paris statt eines Apfels die polnische Königskrone entgegen. Er wendet sich Aphrodite zu, während auf der gegenüberliegenden Seite die verschmähten Hera und Athene stehen – hier gedeutet als Entscheidung Augusts des Starken, Aphrodite in Gestalt seiner Mätresse Anna Constantia Reichsgräfin von Cosel anstatt seiner Ehefrau Christiane Eberhardine respective Hera zu folgen. Letztere war pikanterweise bei Hoffesten als Athene aufgetreten – also doppelt abgewählt. Die *Vier Winde* steuerte Bildhauer Johann Christian Kirchner bei, die Götter Juno und Jupiter Johann Benjamin Thomae. Die Sandsteinfiguren sind heute durch originalgetreue Kopien ersetzt.

Im Erdgeschoss des Pavillons verkörpern Satyrhermen und Bacchanten dionysische Naturkulte, eine Anspielung auf das Festgeschehen im Zwinger, der wahren Bestimmung des sich „hespiridisch" als Orangengarten gebärdenden Architekturkunstwerks. Der urige Erzgebirgler Paul Heermann schuf das nördliche Hermenpaar, dem Württemberger Paul Egell wird das westliche zugeschrieben, mindestens eine der plastischen Figuren dürfte von Balthasar Permoser stammen.

Die Allegorien der vier Winde verkünden, von Götterfiguren begleitet, das Geschehen und den Ruhm des *Herkules Saxonicus* in alle Richtungen. Dargestellt sind genau eingenordet Notos, der Südwind, mit Iris, der Götterbotin; Euros, der Ostwind, mit Eos, der Mutter der Winde; Zephir, der Westwind, mit Chloris, der Blütenbringerin, und Boreas, der kalte Nordwind, mit der von ihm entführten Nymphe Oreithyia.

→ **Mathematisch-Physikalischer Salon**, 1711–14, erbaut als Grottenpavillon mit marmorgetäfeltem Salon im Obergeschoss

Balustern und Pfeiler, geschmückt mit Steinvasen, Statuetten und Putti mit fantasievollen Attributen

Leider nahm der Wallpavillon während der Bombenabwürfe vom 13. bis 15. Februar 1945 schweren Schaden. Er wurde bis auf die aus dem Lot geratenen Mauerschäfte zerstört. Die südwestliche Bogengalerie war in der Tiefe um 22 Zentimeter verformt. Sie musste beim Wiederaufbau im Sommer 1947 mit Flaschenzügen angehoben werden. Ringanker aus Stahlbeton halten seitdem das Obergeschoss.

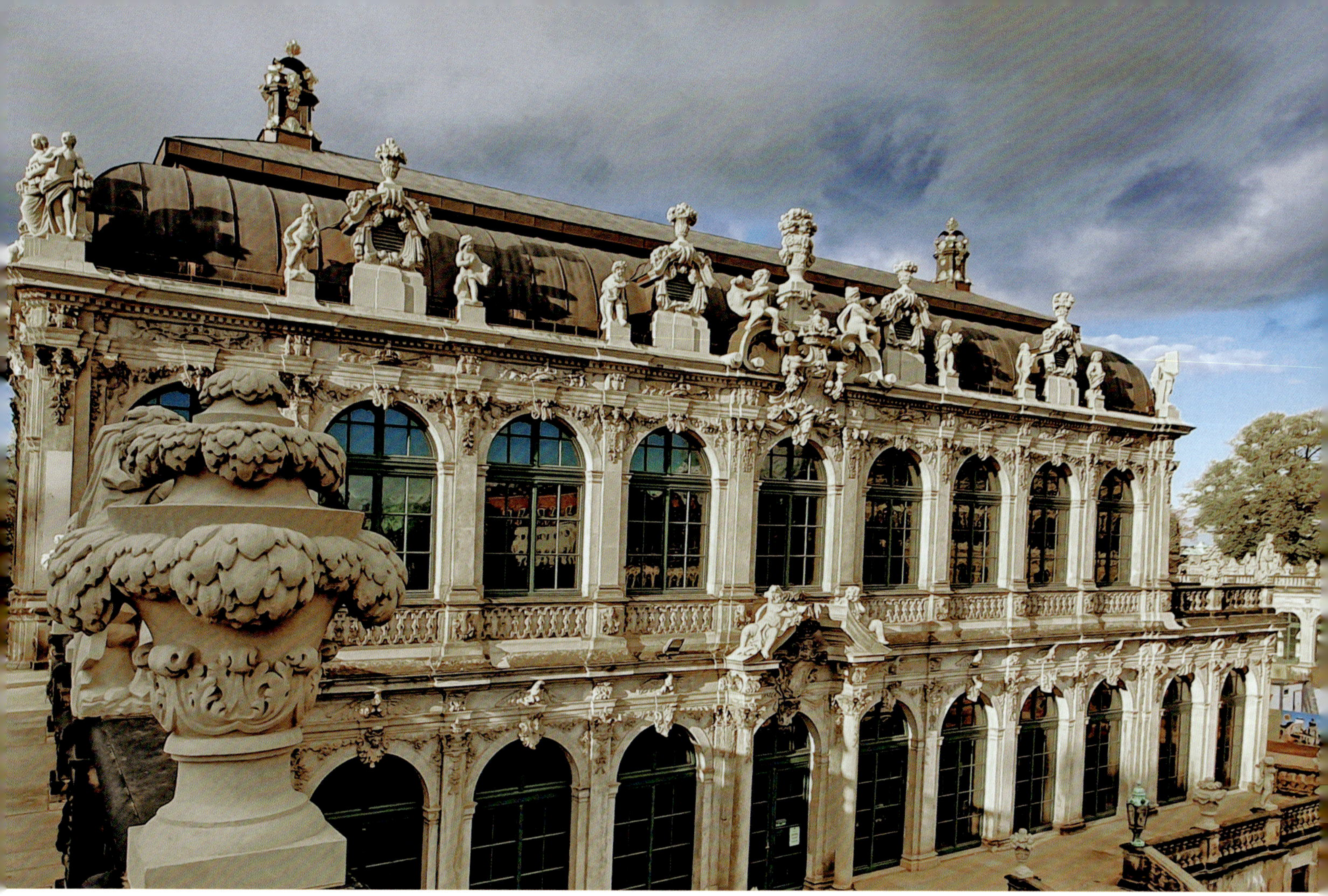

Die Eckpavillons

Allen Eckpavillons ist eine Terrasse vorgelagert, von der jeweils eine Freitreppe mit zwei Schwüngen in den Zwingerhof führt. Ein weiteres gemeinsames Merkmal ist die ununterbrochene Fortführung der Galerie im Erdgeschoss, hier vom Wallpavillon zur Bogengalerie und weiter zur anschließenden Langgalerie. Insgesamt vier einstöckige Bogengalerien bestehen aus je 16 Bögen, zehn in der Geraden und sechs im Viertelrund. Bis zur Umsiedlung der Orangerien in der Herzogin Garten waren auch sie zur Überwinterung subtropischer Gewächse vorgesehen.

Auf einem Sockel der Bogengalerien sind unterhalb der Mitte der Bogenfenster Faunenkonsolen zum Aufstellen von Orangenbäumen im Sommer angebracht. Wie die einstöckigen Langgalerien zu beiden Seiten des Kronentors schließen die Bogengalerien nach oben hin in Attiken ab, gegliedert von Balustern und Pfeilern, geschmückt mit Vasen und Putti mit zum Teil fantasievollen Attributen.

Zehn Brunnen schmücken die Langgalerien zum Zwingerhof hin. Etwa in der Mitte, vom Kronentor aus unter dem siebenten der 15 Bogenfenster, bekrönt ein wasserspeiender Triton die jeweils größte Wasserkaskade, die sich in reich mit Seegetier und Hippokampen, halb Pferd, halb Wasserschnecke, verzierte Becken ergießt.

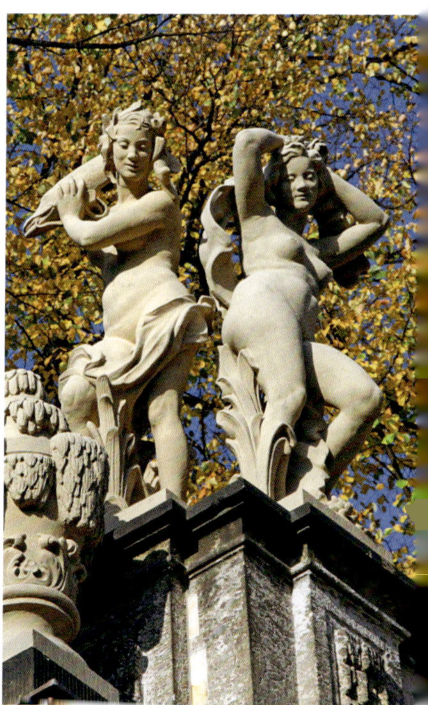

Pavillon des Mathematisch-Physikalischen Salons

1711 bis 1714 wurde neben und noch vor dem gestalterisch heiß umrungenen Wallpavillon in Richtung Kronentor ein Eckpavillon mit Grotte im Untergeschoss und marmorgetäfeltem Salon im Obergeschoss als „Speiss-, Spiel- und Tantz-Saal“ errichtet. Im Unterschied zu den später fertiggestellten Eckpavillons ziert den Fries des Mathematisch-Physikalischen Salons neben dem Jahr seiner Fertigstellung 1712 noch der doppelköpfige Reichsadler: Symbol kaiserlicher Machtbefugnisse. War doch August der Starke 1705 und 1711 selbst Reichsvikar, hatte mit der Kaiserkrone geliebäugelt, sich dann aber dem Herrschaftswillen Karls VI. beugen müssen, der immerhin der Hochzeit von Augusts Sohn mit seiner Nichte Maria Josepha zustimmte.

Johann Benjamin Thomae schuf die königlichen Insignien in den Giebeln der Schmalseiten. Die Figurengruppe des *Apollo mit Begleiterin* auf der Wallseite des Salons ist ein Werk Paul Heermanns. Johann Christian Kirchner modellierte die Köpfe der Schlusssteine und meißelte dekorative Rahmungen von Fenstern und Architraven.

Der im Untergeschoss liegende Grottensaal mit Vexierwasserspielen und Brunnen behielt seine ursprüngliche Funktion auch nach Einrichtung einer ersten Schau höfischer Instrumentenkunst nach einer Idee August des Starken, die von 1746 an offiziell den Namen Mathematisch-Physikalischer Salon führte, der auf den gesamten Eckpavillon überging.

Ähnlich wie im Nymphenbad trafen feine Wasserstrahlen die in den muschelverzierten Raum eintretenden Personen und stimmten sie auf Neptuns Abgründe ein. In zwei Nischen begrüßten die Marmorstatuen *Apoll* und *Minerva* mit Zügen Augusts des Starken als Beschirmer von Recht, Frieden und Muse und seiner Gemahlin Christiane Eberhardine, gerüstet mit Helm und Schuppenpanzer, als Beschützerin von Staat und Weisheit, die Besucher – wie heute wieder in den Sammlungen der „Alten Meister“. Sie gehören zu den ersten Arbeiten Permosers – der damals schon 64 Jahre alt war, die Figuren jedoch mit dem dynamischen Impetus Gian Lorenzo Berninis ausführte, den er in Rom schätzen gelernt hatte.

Louis de Silvestre malte 1717 das Deckenfresko *Die Erhebung der Psyche in den Olymp.* 1723 fertiggestellt, zierte es bis zur Zerstörung des oberen Saales im Februar 1945 den Bau. Infolge des Beschusses während der napoleonischen Kriege stürzte 1813 die Decke des Grottensaals ein. Zwei Jahre darauf wieder aufgebaut, wurden Gewölbe eingezogen und der Raum für die Sammlungen des Mathematisch-Physikalischen Salons präpariert.

Zu den frühesten Nutzungsformen gehörte seit 1728 neben höfischen Festen die Verwahrung der „Königlichen Naturalien-Galerien und Curiositäten-Cabinete“. Sie waren in eigenen Räumen innerhalb des Mathematisch-Physikalischen Pavillons untergebracht.

→ Kuppelaufsatz des **Kronentors**: Vier Adler tragen die polnische Königskrone

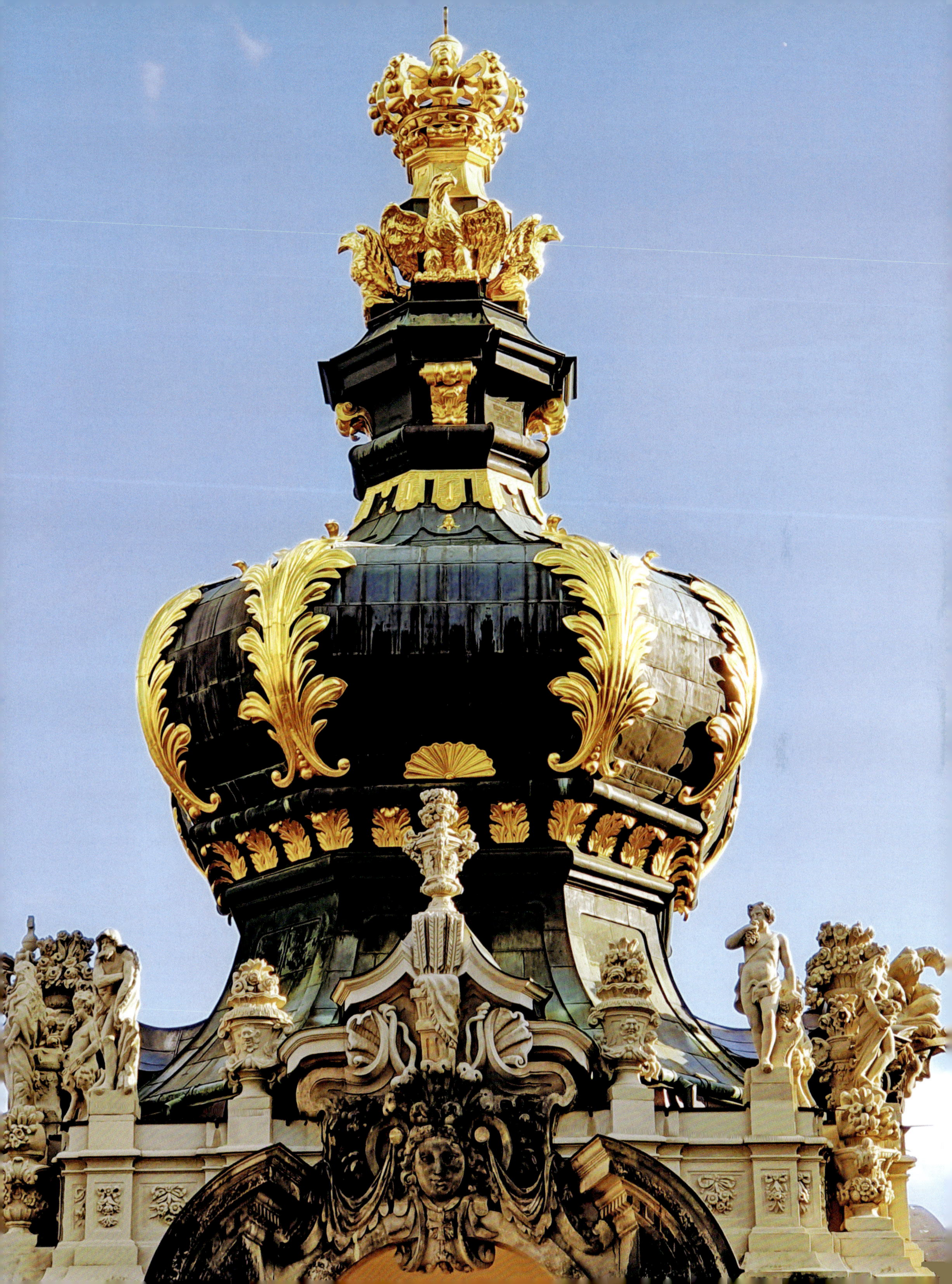

Der **Vorentwurf des Kronentors** von Matthäus Daniel Pöppelmann weist es schon als Portalpavillon aus, 1712 und 1713

Der **zweite Entwurf des Kronentors** von Matthäus Daniel Pöppelmann zeigt es mit einem **Hercules Saxonicus**, 1714

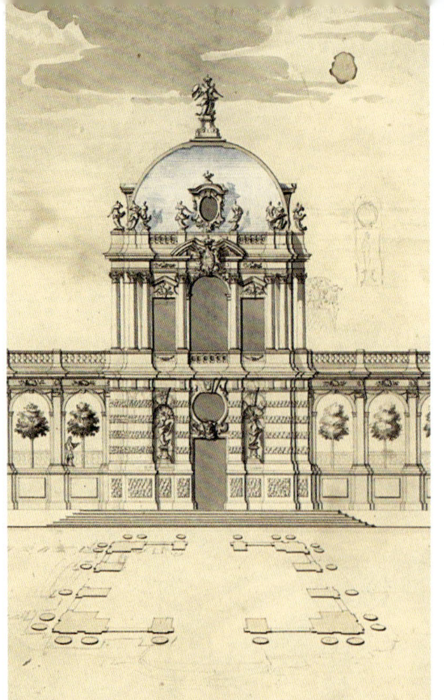

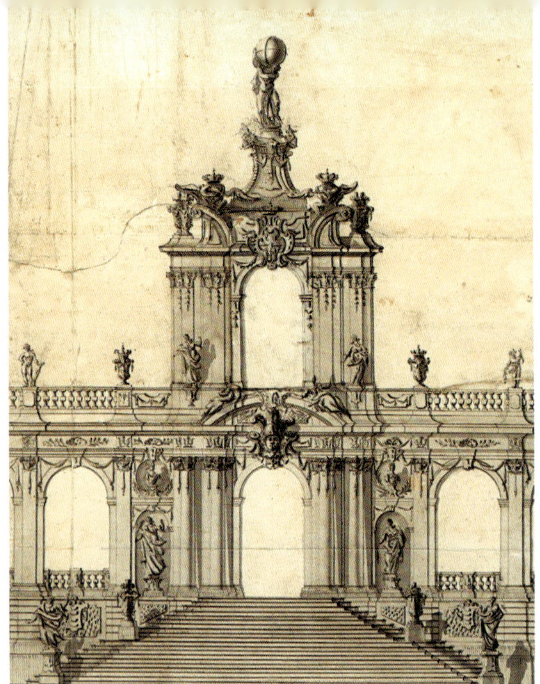

Kronentor

Nach Fertigstellung der westlichen Eckpavillons und des Wallpavillons mit seinen Bogengalerien wurden die Zwingerbauten ab 1714 durch eine Langgalerie mit bekrönendem, mittigem Torbau erweitert. Parallel zur Elbe sollte das spiegelbildliche Gegenstück entstehen. Doch zunächst war das Kronentor am Wallgraben im Fokus – die Apotheose der polnischen Königskrone, auf die August der Starke zu Recht stolz war.

Schon seit geraumer Zeit bestand von der Ostraallee mit ihren Gärten über die hölzerne Wallgrabenbrücke eine Verbindung von außerhalb der ummauerten Stadt in die Zwinger. Wie bei ihrer großen berühmten Schwester, der steinernen Elbbrücke, begann alles mit einem Steg. Mit dem barocken Ausbau des Zwingers unter Matthäus Daniel Pöppelmann sollte nun auch eine repräsentative Steinbrücke diesen Zugang ermöglichen und angemessen inszenieren. Das passte jedoch dem für Bauten zuständigen Minister und Generalintendanten August Christoph Graf von Wackerbarth nicht. Er hätte lieber intakte Festungswerke zur Verteidigung der Stadt bewahrt – die in den späteren Schlesischen Kriegen dann auch bitter vermisst wurden. Also einigte man sich auf eine etwas breitere, mit Kutschen befahrbare, aber im Verteidigungsfall schnell abbaubare Holzbrücke. 1718 fertiggestellt, wurde die neue Wallgrabenbrücke von einem extra am Taschenbergpalais dafür abgestellten Posten bewacht.

Gut 40 Jahre später wurde die Brücke abgebrochen, als Friedrich der Große ante portas stand, jedoch auch ohne die Brücke keine große Mühe hatte, Dresden einzunehmen. Von da an konnte man die heute wieder so romantisch wirkende hölzerne Brücke zum Kronentor mit einer gewissen Berechtigung Klappbrücke nennen – sieben Mal wurde sie insgesamt ab- und aufgebaut. Über 100 Jahre lang gab es gar keine Brücke mehr an dieser Stelle.

Hubert Ermisch, der dem barocken Zwinger und seiner Historie mit der großen Restaurierung in den ersten Jahrzehnten des 20. Jahrhunderts Gerechtigkeit widerfahren ließ, errichtete sie neu, schon um die Schwingungen des wachsenden Verkehrs vor den historischen Zwingerbauten auszubremsen. Dazu wurden Teile des Stadtgrabens wieder ausgehoben und die Brücke – etwas verkürzt – erneuert.

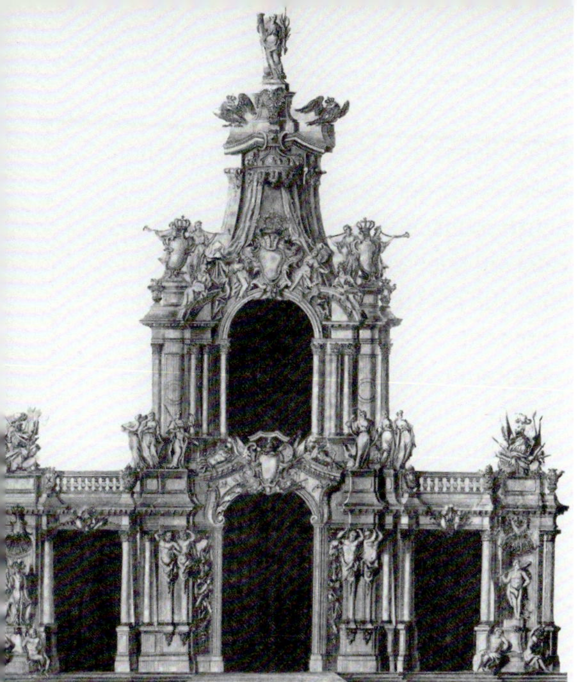

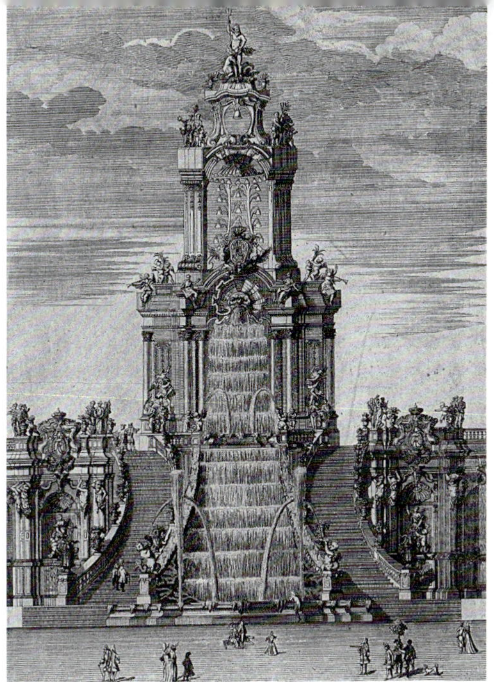

Ein weiterer Entwurf zeigt das **Kronentor als Portalpavillon mit Königsloge**, 1729

Entwurf des **Kronentors als Kaskadenturm**, 1729

1945 versank sie im Bombenhagel. Hubert Ermisch konnte sie im Juni 1951, wenige Monate vor seinem Tod, mit einweihen. Ein Kunstgriff neuer Romantik: Der Wallgraben wurde mit dem Zwingerteich vereint. Inzwischen mehrfach repariert und mit Stahlpfeilern verstärkt, steht eine Rekonstruktion der Zwingerbrücke an. Sozusagen über sieben Brücken musst du geh'n, um das Wahrzeichen des Zwingers, vor dem Wiederaufbau von Semperoper und Frauenkirche *das* Wahrzeichen Dresdens, zu sehen! Das Kronentor.

Bis es zu seinem wahrlich genialen Bauentwurf kam, wurde – ähnlich wie beim Wallpavillon – mehrere Jahre um seine bauliche Gestalt gerungen. Ein Vorentwurf als Portalpavillon zeigt ein dreiachsiges Gebäude mit Arkaden und kräftiger Rustika im Erdgeschoss. Freistehende Säulen mit Kuppel waren Bestandteil und architektonische Vorwegnahme von Pöppelmanns Entwurf eines Schlossneubaus.

Doch 1714, als die Zwingerarchitektur schon auf das noch ungebaute Portal zuwuchs, verabschiedeten sich Bauherr und Architekten von ihrem Projekt von Zwinger und Schloss aus einem Guss. Pöppelmann und Permoser brachten wie schon am Wallpavillon den *Hercules Saxonicus* ins Spiel. Pöppelmann neigte zu einem eher monumentalen Entwurf. Permoser setzte auf Leichtigkeit und Eleganz. Als Bildhauer bevorzugte er Hermen anstatt Säulen. Dazu einen leichten Baldachin. Und: nicht schon wieder Treppen!

Im Zusammenspiel entstand eine neue Bauform: ein sich „allseitig öffnender Körper"; die Verschmelzung von Bildwerk und Architektur. Das war es! Nun wurde das Kronentor errichtet – ein Portalpavillon, der durch seine doppelte Bekrönung zum Triumphbogen gesteigert wurde. Der Durchgang wird von zwei Säulenpaaren flankiert, in deren Nischen lebensgroße Götterfiguren zugleich als die vier Jahreszeiten zu interpretieren sind.

Vulcanus, der Gott des Feuers, der Schmiede, Bronzegießer und Münzschläger, steht links am Wallgraben. Permosers Werk kann hier als Selbstbildnis bei der Arbeit gelesen werden, im Alter eines Mittsechzigers, oder als Winter. Rechts gegenüber steht Bacchus, der Gott des Weines, des Rausches, der Feste. Er ist von Johann Joachim Kretzschmar

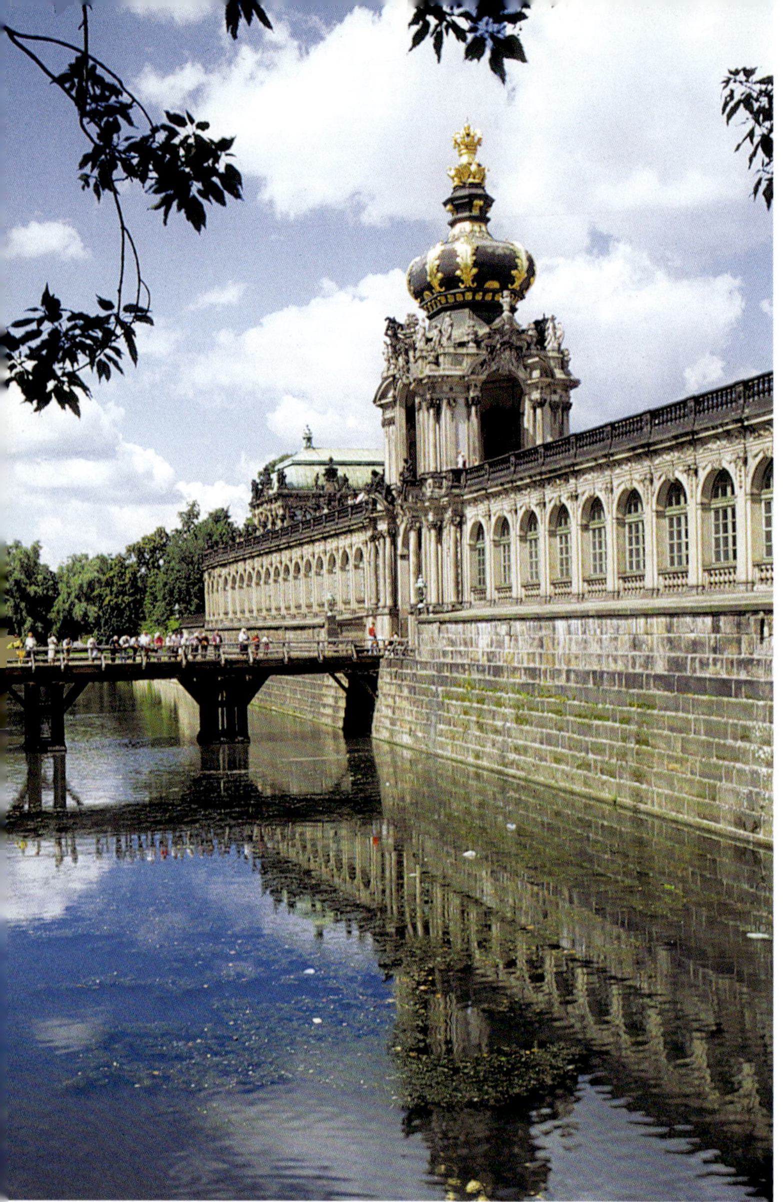

Das **Kronentor** des Zwingers, Wahrzeichen der gesamten Anlage wie zugleich der Stadt

geschaffen und symbolisiert den Herbst. Im Zwingerhof steht links Permosers Figur der Ceres, Göttin des Ackerbaus und der Fruchtbarkeit. Sie steht für den Sommer. Rechts dann die von Paul Egell geschaffene Pomona, Göttin der Baumfrüchte, die als Herrin im Pomeranzengarten den Frühling darstellt.

Unter der Kronenhaube lächelt über einer Wappenkartusche das behelmte Haupt Minervas als Beschirmerin von Staat, Weisheit und Wissenschaft. Figuren eines Flöten- oder Schalmeienbläsers von Paul Heermann und der Tamburinschläger von Johann Joachim Kretzschmar flankieren das Portal zur Hofseite unten, Venus und Amor im Obergeschoss, wo auch die vier Tugenden zu finden sind.

Beiderseits des Kronentors erstrecken sich auf der alten Festungsmauer der Stadt Langgalerien mit jeweils 18 Fensterachsen. Das Obergeschoss des Portalpavillons ist eine nach vier Seiten offene Halle, die dem Gebäude die von Permoser gewünschte grazile Leichtigkeit verleiht. Vorbei an weiblichen Allegorien der christlichen Tugenden kann man entlang von Steinvasen und Putti durch das Kronentor hindurch auf den Langgalerien wandeln.

Die Attika präsentiert zwölf Figuren aus den Sagen um Herkules, die vier Jahreszeiten, das sächsisch-polnische Wappen und die polnische Krone. Das Bildprogramm rührt von jenem Entwurf her, der das Kronentor Herkules widmen wollte. Daher auch die beiden Herkulesfiguren, eine mit Löwenfell und ein ruhender Herkules, sowie ein Merkur mit Stab, eine Allegorie des Winters und ein Bacchant. Die Figuren beleben die zwiebelförmige Kuppel, auf der vier Adler die polnische Königskrone tragen. Diese im sächsischen Grün-Gold erstrahlende Turmzwiebel verleiht dem Kronentor seine unverwechselbare Gestalt. Geschaffen wurde das Werk unter der Ägide von Permosers prominentestem Schüler Johann Benjamin Thomae.

Aus dem Durchgang des Kronentors führt jeweils eine kurze Treppe zu Fenstern, durch die man ins Innere der Langgalerien blicken und so einen Vorgeschmack sowohl auf den Besuch der Porzellansammlung in der südöstlichen Langgalerie als auch den Mathematisch-Physikalischen Salon direkt gegenüber gewinnen kann.

Glockenspielpavillon und Porzellanpavillon

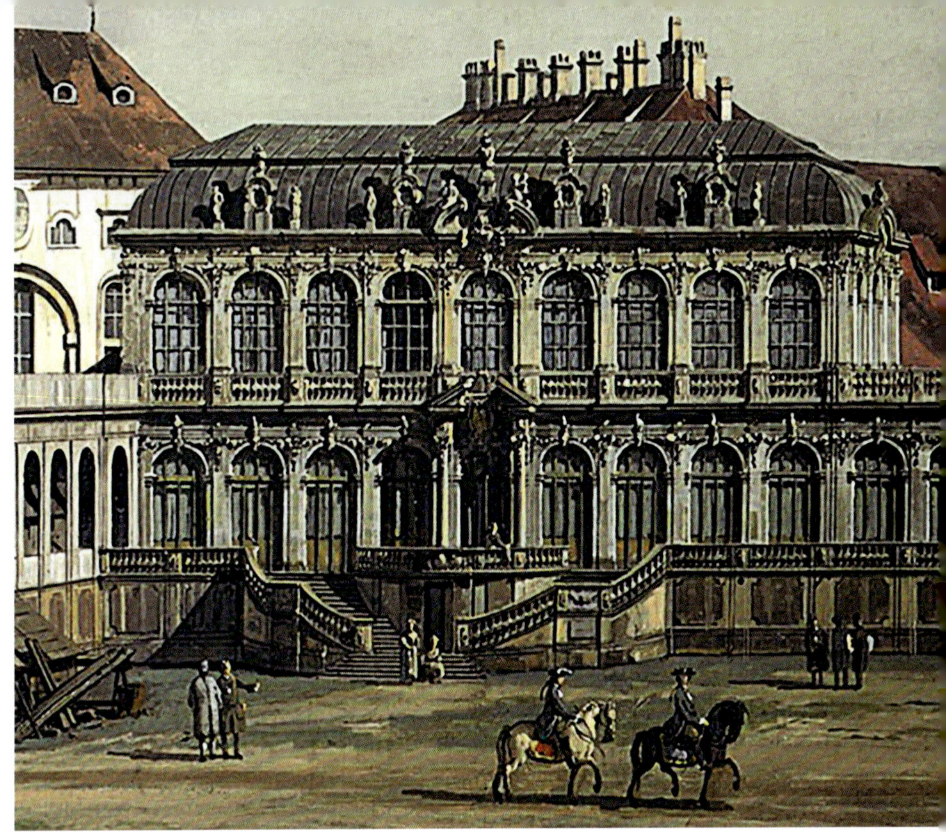

Canaletto, **Der Zwingerhof**. Der Ausschnitt zeigt den heutigen Porzellanpavillon und im Anschnitt das Pöppelmannsche Opernhaus

Vom Kronentor gelangen wir oberhalb der Langgalerie vorüber an einer Parade herziger Putti mit fantasievollen Begleitmotiven und kunstvollen Steinvasen zum Porzellanpavillon – Spiegelbild der anderen Eckpavillons. Mit Blick über den Wallgraben zum Schauspielhaus und zu den Türmen von Schloss und Hofkirche gehen wir weiter zum so genannten Glockenspielpavillon, dem Gegenüber des Wallpavillons.

Ursprünglich wurde das Bauwerk Stadtpavillon genannt und war der Hauptzugang zum Zwinger-Areal. Nach dem Bau des Pöppelmannschen Opernhauses 1718 konnte man – wie noch heute zum Café der Porzellansammlung – über zwei geschwungene Treppen in seinem Inneren auf Höhe der Bogengalerien hindurch ins Foyer der Oper gelangen; daher wurde er auch als Opernpavillon bezeichnet.

Der Glockenspielpavillon beherbergt nach dem Rathaus von Lüneburg das zweitgrößte Glockenspiel aus Meißner Porzellan. Es erklingt – außer bei starkem Frost und von Heilige Drei Könige bis Gründonnerstag – zu jeder Viertelstunde. Dreimal am Tag spielt es länger. Nachdem es möglich war, „Meissener" zu stimmen, war der genau 200 Jahre zuvor geäußerte Wunsch August des Starken nach einem Glockenspiel aus Porzellan 1929 verwirklicht worden. Nach Anbringen des später auf 40 Porzellanglocken erweiterten Instruments heißt der Stadtpavillon nun Glockenspielpavillon. Nach wie vor dient er als ebenerdige Passage zur Stadt.

Heute ist der Glockenspielpavillon stilvoller Eingang zur Dresdner Porzellansammlung, eine der reichsten Keramiksammlungen der Welt mit über 20 000 Stücken vor allem chinesischen, japanischen und Meißner Porzellans sowie dem berühmten Porzellanblumenstrauß von Vincennes.

1715 von August dem Starken begründet, war für sie eigens das Japanische Palais am gegenüberliegenden Elbufer eingerichtet worden. Die Sammlung zog jedoch 1733, im Jahr seiner Fertigstellung, dort nicht ein. Einige Stücke schmückten zuvor das Porzellankabinett im Turmzimmer des Residenzschlosses, bevor der Zwinger Heimstatt der Porzellansammlung wurde. Seit 2006 ist die Ausstellung im Porzellanpavillon und der anschließenden Lang- und Bogengalerie ergänzt durch die Ostasien-Galerie im Design des New Yorker Star-Architekten Peter Marino, der die Bogengalerie zum Deutschen Pavillon und später auch andere Bereiche der Sammlung neu gestaltete.

Porzellan- und Glockenspielpavillon wurden 1719 zu den Vermählungsfeierlichkeiten Kronprinz Friedrich Augusts mit Maria Josepha erbaut und spiegeln – letzterer erst 1728 fertiggestellt – im Wesentlichen die Ikonografie des Wallpavillons. Augenfällig wird dies im *Herkules mit der Weltkugel*. Die Kopie des *Hercules Saxonicus* von Balthasar

Glockenspielpavillon, Porzellanglockenspiel von 1929, wiederhergestellt und vergrößert auf 40 Glocken nach Kriegszerstörung

Porzellanglockenspiel

Frühjahr
10:15 Uhr: Antonio Vivaldi: „Der Frühling“, aus *Vier Jahreszeiten*
14:15 Uhr: Carl Maria von Weber: „Wir winden Dir den Jungfernkranz“, aus *Der Freischütz*
18:15 Uhr: Wolfgang Amadeus Mozart: 2. Satz aus *Eine kleine Nachtmusik*

Sommer
10:15 Uhr: Antonio Vivaldi: „Der Sommer“, aus *Vier Jahreszeiten*
14:15 Uhr: Johann Adolph Hasse: „Contretanz“ (original für Violine und Continur)
18:15 Uhr: Wolfgang Amadeus Mozart: „Üb immer Treu und Redlichkeit“, aus: *Die Zauberflöte*
22:15 Uhr: „Kein schöner Land“

Herbst
10:15 Uhr: Antonio Vivaldi: „Der Herbst“, aus: *Vier Jahreszeiten*
14:15 Uhr: Richard Wagner: „Matrosenchor“, aus: *Der Fliegende Holländer*
18:15 Uhr: Carl Maria von Weber: „Jägerchor“, aus: *Der Freischütz*

Winter
10:15 Uhr: Antonio Vivaldi: „Der Winter“, aus *Vier Jahreszeiten*
14:15 Uhr: Johann Sebastian Bach: „Pastorale“, aus dem *Weihnachtsoratorium*
18:15 Uhr: Engelbert Humperdinck: „Abendsegen“ aus *Hänsel und Gretel*

Vom 6. Januar bis zum Mittwoch vor Gründonnerstag spielt das Glockenspiel nicht

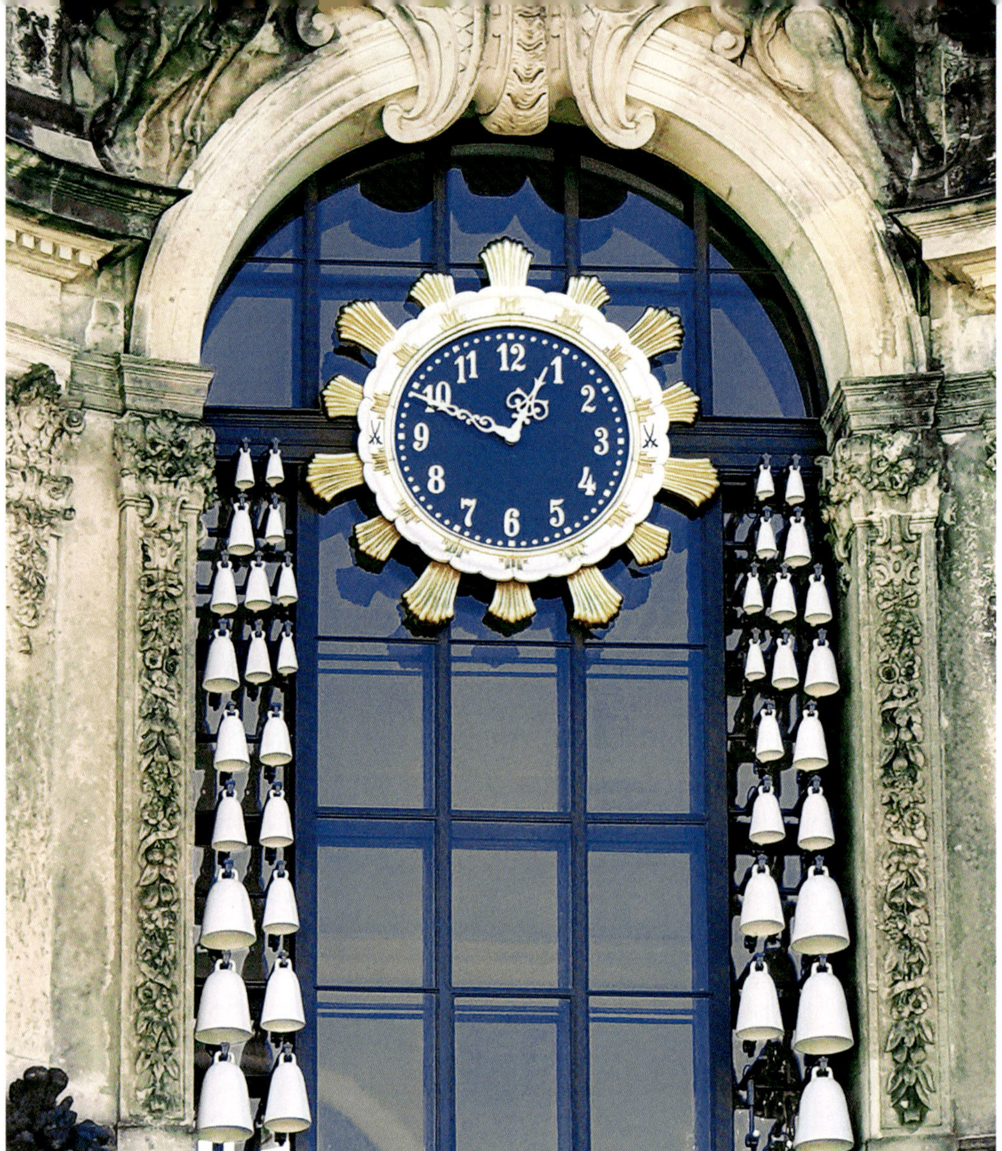

Permoser ersetzt auf dem Glockenspielpavillon die Figur *Herkules mit der Keule,* die dem Brand vom benachbarten Opernhaus beim Maiaufstand von 1849 zum Opfer fiel.

Nach dem Urteil des Paris am Wallpavillon ist er hier am Glockenspielpavillon nun mit der schönen Helena dargestellt. Das andere Skulpturenpaar: Andromeda – an einen Felsen geschmiedet – wird von Perseus befreit, bevor das Ungeheuer Ketos sie verschlingen kann. Nach weiteren Kämpfen heiratet er die Schöne und zeugt eine ganze Kinderschar mit ihr. Bei günstigem Winkel können wir sie in einer klaren Nacht auch am Himmel über dem Zwinger bewundern – als Sternbilder.

Die Satyrhermen an den sechs Pfeilern zum Innenhof wurden erst zwischen 1783 und 1795 durch Johann Christian Feige, Johann Baptist Dorsch und dem tschechischen Bildhauer Thaddäus Ignatius Wiskotschill geschaffen. Die Bildhauer vollendeten bereits bestehende Bossen der Permoserschule.

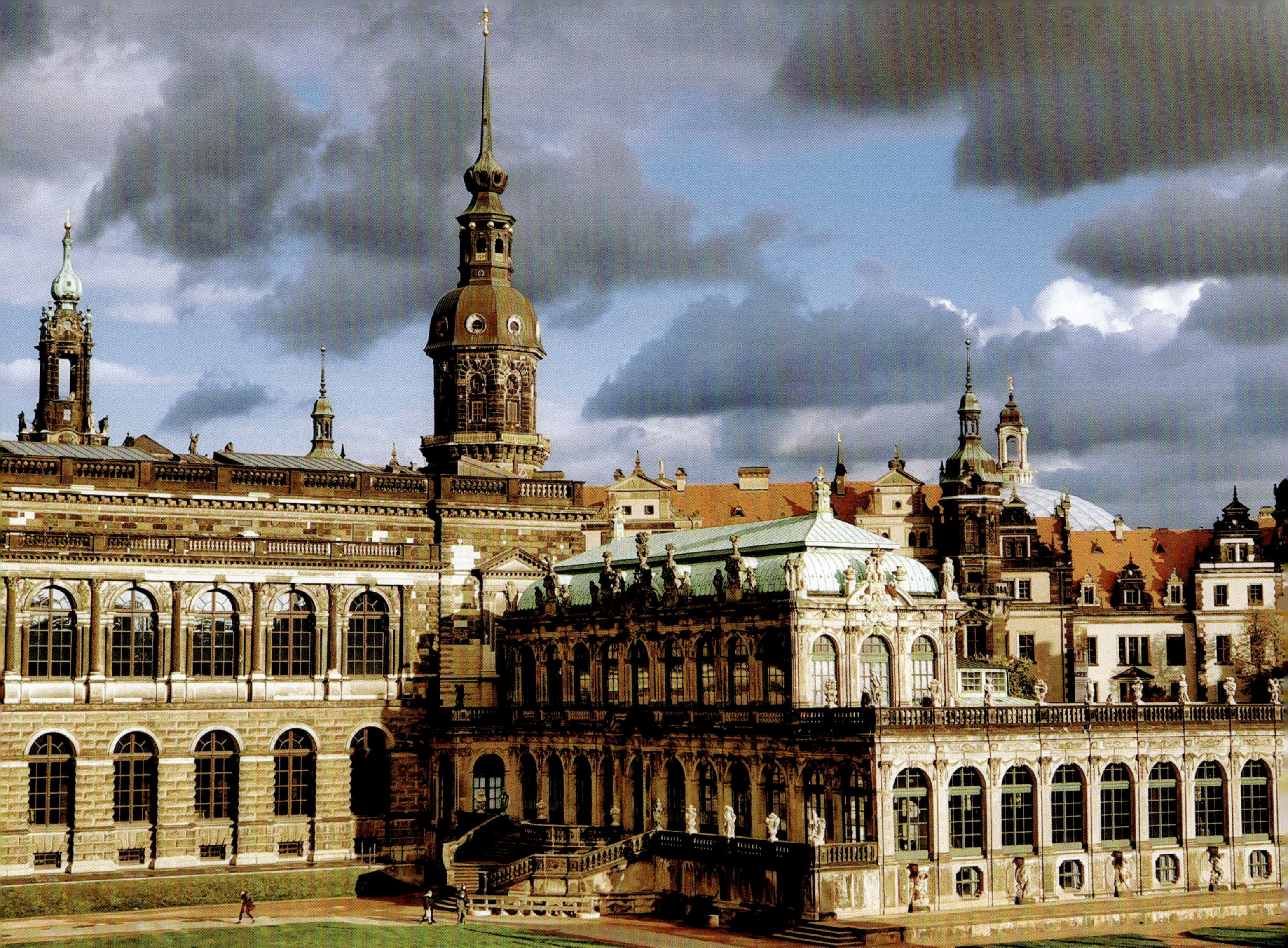

Deutscher Pavillon im Anschluss an die Sempergalerie mit der Gemälde- und Skulpturensammlung Alte Meister

Deutscher und Französischer Pavillon

Der zu den Vermählungsfeierlichkeiten 1719 fertiggestellte Deutsche Pavillon fügt sich zwischen Glockenspielpavillon und Sempergalerie. Wie am Porzellanpavillon vis-á-vis findet sich auch am Deutschen Pavillon zur Straßenseite ein eingeschossiger Anbau mit Oberlicht, einst Übergang zum Redoutensaal.

1720, nach Ausgliederung der grafischen Sammlung aus der Kunstkammer im Schloss, zog 1728 das nun neu benannte Kupferstichkabinett für 128 Jahre in den Deutschen Pavillon ein. 1746 wandte sich Friedrich August II. bildlichen Darstellungen mit besonderer Aufmerksamkeit zu. Sein Erster Minister und Kunstintendant Graf Heinrich von Brühl setzte Carl Heinrich von Heineken aus Lübeck zum Direktor des Kabinetts ein, der zugleich in der Gemäldesammlung wirkte. Gegenüber dem Eingang vom Deutschen Pavillon, zu dem vom Zwingerhof eine Freitreppe führte, ließ Heineken eine Tür zu seiner Wohnung durchbrechen, um auch nachts in den Sammlungen arbeiten zu können.

Während des Siebenjährigen Krieges missbrauchten die preußischen Militärs den Zwinger als Holzstapelplatz und Proviantmagazin. Nach Ende des Krieges übernahm 1763 Christian Ludwig von Hagedorn das Kupferstichkabinett und ließ es regelmäßig an zwei Wochentagen für die Allgemeinheit öffnen.

Unter Ludwig Siegfried Graf Vitzthum von Eckstädt wurde die Gemäldesammlung neu eingerichtet. 1764 wurde bis zum letzten Augenblick gearbeitet, um alles umzuräumen und das letzte Bild aufzuhängen. Vor allem adlige wie auch bürgerliche Interessenten, darunter viele Professoren und Studenten der eben neu gegründeten Kunstakademie, wurden treue Besucher. Es sollte noch Jahre dauern, bevor in der Mitte des 19. Jahrhunderts die Sempergalerie für die Gemälde und seit der Neuordnung im Jahr 2019 auch für die Skulpturen und Antiken adäquate Heimstatt wurde.

Der Französische Pavillon war viele Jahre der Ausstellungsort für die französischen Alten Meister. Er verbindet als Pendant des Deutschen Pavillons – der die deutschen Alten Meister beherbergte (daher die Namen der Pavillons) – über eine Bogengalerie die Gemäldesammlung mit dem Wallpavillon. Als einziger Eckpavillon verfügt der Französische Pavillon über eine zweigeschossige Rückfront. Sie schließt an das dahinter liegende Nymphenbad an. Der Skulpturenschmuck ist thematisch darauf abgestimmt: Schilf- und Muschelornamente reichen bis in die Kapitelle, und Putti werden von Fischen und Delfinen begleitet. Wände und Fußböden des Obergeschosses wurden im Französischen Pavillon mit sächsischem Marmor ausgestattet – der Marmorsaal entstand. Heinrich Christoph Fehling malte 1717 das Deckenfresko *Apotheose Augusts des Starken und der Kurfürstin Christiane Eberhardine*. Der Marmorsaal war auch in die Hochzeitsfeierlichten ihres Sohnes mit Maria Josepha einbezogen.

Aus dem Zwingerhof führt eine geschwungene doppelläufige Außentreppe zur Terrasse des Französischen Pavillons. Unter einer Wappenkartusche mit der polnischen Königskrone reihen sich neun Damenbüsten auf, jeweils mit sehr individuellen Zügen – die neun Musen, Schutzgöttinen der Künste, geben sich die Ehre; August des Starken Schönheitsgalerie. Eine zehnte Göttin lächelt von oberhalb des Wappens hervor. Man sagt, dargestellt seien Augusts Gemahlin – unterhalb des Wappens! – und neun seiner offiziellen Mätressen bis zum Abschluss der Arbeiten am Pavillon. Insgesamt hatte er zwölf.

Besucher haben immerhin drei Möglichkeiten: Durch die „Schönheitsgalerie" gelangt man ins Nymphenbad, ins Café – oder seit 2021 auch in die benachbarte Bogengalerie mit dem neuen Event der Sächsischen Schlösserverwaltung: Zwinger Xperience. Hier kann man auf eine modern und mit vielen Effekten gekonnt inszenierte Zeitreise gehen und Geschichte und Geschichten des Dresdner Zwingers spannend und unterhaltsam erleben.

Der Zwingerpark und die Gebäude des 19. Jahrhunderts

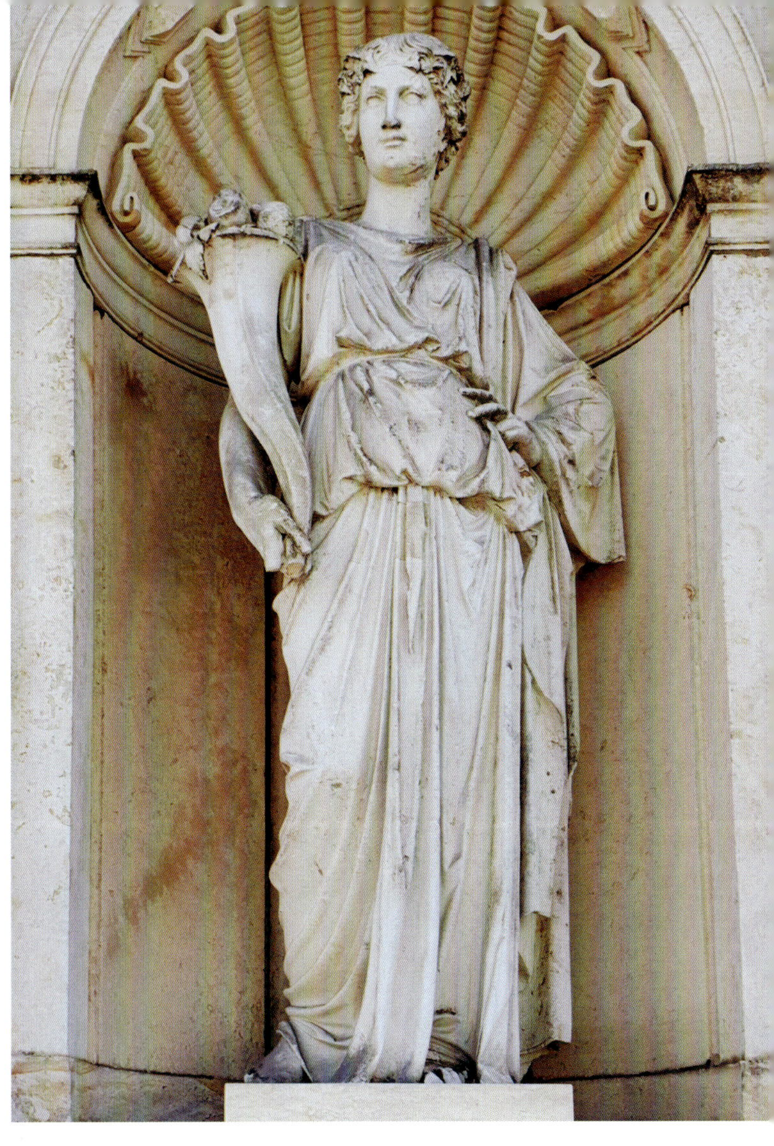

Herrin der Orangengärten, **Pomona**, Skulptur von Ernst Hähnel an der Orangerie in der Herzogin Garten, historisch vielfältig mit dem Zwinger verbunden

Die Gartenanlagen des Zwingers haben ihre ursprünglich geplante Größe und Gestaltungsvielfalt nie erreicht. An der bis in das 19. Jahrhundert hinein offen gehaltenen Elbseite sahen verschiedene Planungen die Verlängerung der Hauptachse vom Kronentor bis zur Elbe und später sogar weit bis zum Schloss Übigau vor. Der heutige Zwinger war zunächst als reiner Orangeriegarten vorgesehen, aus dem sich durch die Repräsentations- und Festnutzung Augusts des Starken die gartenbauliche Priorität verabschiedete. Mit dem Niedergang der Barock-Herrlichkeiten setzte eine weitgehend museale Nutzung mit einigen musikalischen Aktivitäten ein, wie sie im Grunde bis heute besteht.

Immerhin wurden die schon in Pöppelmanns Entwürfen vorgesehenen Fontänen und einige Rasenflächen im 20. Jahrhundert Wirklichkeit. Verlässt man den Zwingerhof durch das Kronentor über die Wallgrabenbrücke oder über die Wallterrassen, gelangt man in den Zwingerpark, der in die äußeren Festungsanlagen und das ehemalige Weißeritz-Delta mit seinen Sümpfen und Altarmen hinein gestaltet wurde und erst im 19. und 20. Jahrhundert seine heutige Gestalt annahm.

Dort finden sich heute im ehemaligen Gondelteich eine weitere Fontäne, daneben zahlreiche Bänke zum Ausruhen und Nachsinnen über des Zwingers Herrlichkeiten und ein gepflegter Baumbestand mit eingestreuten Blumenrabatten und Denkmalen von Komponisten, die zum benachbarten Opernhaus mit seinen Nebengebäuden wie auf den Theaterplatz überleiten.

Hinter dem Denkmal für Carl Maria von Weber, dem ersten Direktor einer deutschen Oper, sind auch wieder Außenplätze der Zwingergastronomie zu finden. Hier an den Zwingerwällen befand sich einst das Interimstheater nach dem Brand in der ersten Semperoper und die Gasanstalt des genialen Erfinders und Inspektors am Mathematisch-Physikalischen Salon und der Kunstkammer, Rudolf Sigismund Blochmann, an dessen erste 36 Gaslaternen vor dem Zwinger und ums Schloss noch die heutige Form der modernen Platzbeleuchtung erinnert.

Hinter dem Teich leuchten zwei klassizistisch anmutende historische Gebäude auf, die mit der Zwingergeschichte verbunden sind – die Orangerie *An der Herzogin Garten* und der Marstall des 19. Jahrhunderts. Aus dem Ostravorwerk wurde die angrenzende Friedrichstadt, wohin man seinen Zwingerrundgang mit Gewinn ausdehnen kann.

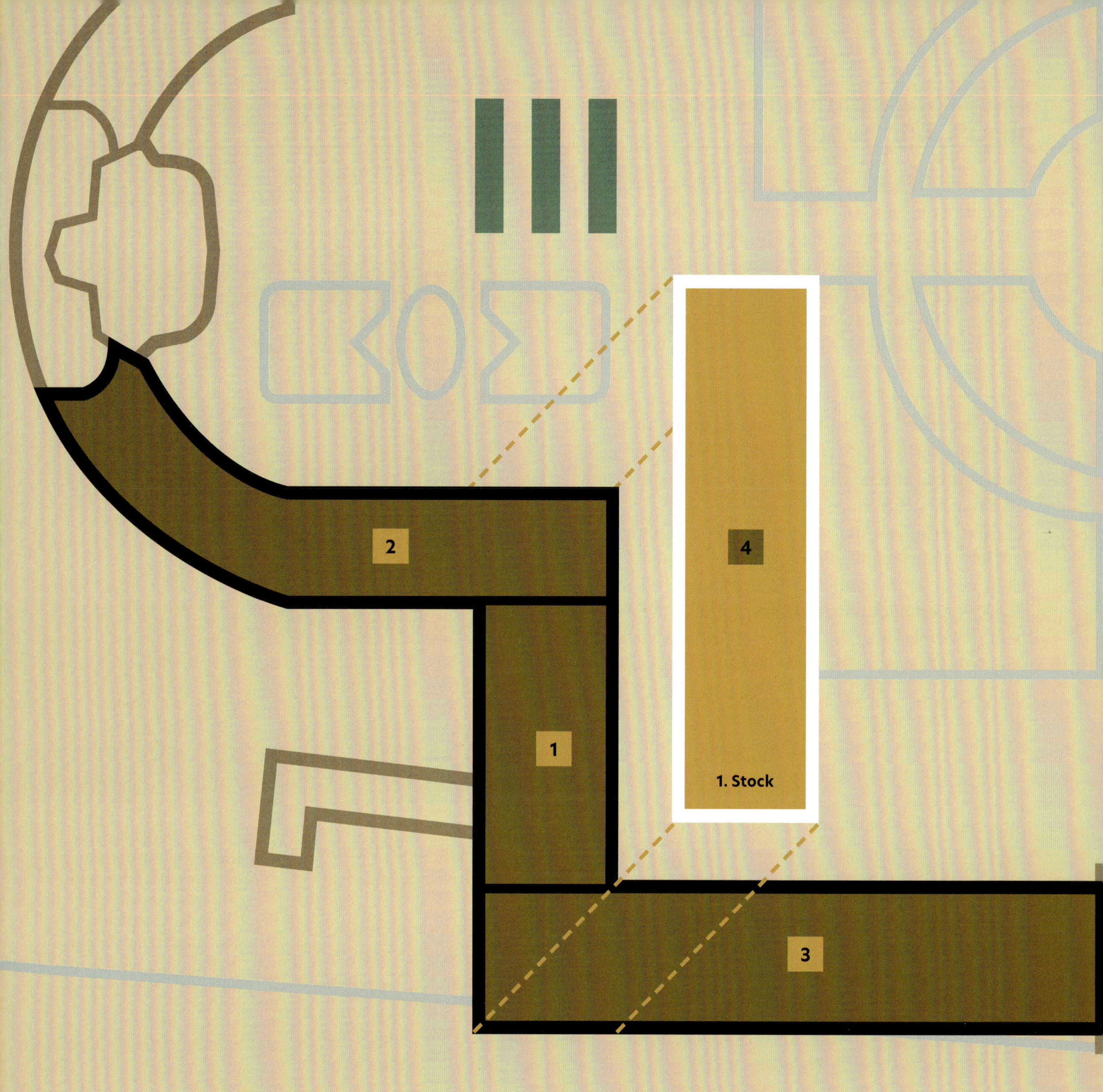

Lageplan des Mathematisch-
Physikalischen Salons

LEGENDE

1 Neuer Saal: **Das Universum der Globen**
2 Bogengalerie: **Der Lauf der Zeit**
3 Langgalerie: **Der Kosmos des Fürsten**
4 Festsaal: **Instrumente der Aufklärung**

DIE SAMMLUNGEN

Mathematisch-Physikalischer Salon

Vom höfischen Spielplatz technischer Effekte zur Keimzelle der Universität

Im Grottenpavillon mit Festsaal für höfische Lustbarkeiten wichen 1728 die königlichen Orangen in die neue Orangerie in der Herzogin Garten hinter dem Festungsgraben. So entstand Raum für wissenschaftliche Instrumente und Versuchsanordnungen, deren Bewunderung und Vorführeffekte bereits seit längerem Bestandteil höfischer Inszenierungen waren. Unterhaltsamkeit wissenschaftlicher Experimente und Gefallen an mechanischer Perfektion dienten zugleich der Repräsentation. Mehr und mehr jedoch nutzten sie Wissenschaft und Forschung, Messwesen und technischem Fortschritt.

Als Teil der königlich-sächsischen Kunstsammlungen entstand der „Salon", wie die Institution meist mit einem Anflug von Ehrfurcht genannt wurde, durch das Technik- und Wissenschaftsinteresse sächsischer Monarchen. Nach einer Idee Augusts des Starken aus dem Jahr 1724 aus der Rüstkammer ausgegliedert, wurde der Mathematische, ab 1746 Mathematisch-Physikalische Salon als „Königliches Cabinet der mathematischen und physikalischen Instrumente" vier Jahre darauf als ältestes Museum im Zwinger gegründet und entwickelte sich zu einer der weltweit bedeutendsten Sammlungen für historische wissenschaftliche Instrumente und Feinschmiedekunst.

Alle Dresdner Uhren, später alle Uhren in Sachsen, wurden nach Vorgaben der Zwinger-Uhren getaktet. Wetterbeobachtung und Astronomie, Mess- und Eichwesen ließen den Salon gleichsam zum Ursprung von Ämtern und Institutionen werden.

Neben Oberinspektor Wilhelm Gotthelf Lohrmann als Mitbegründer der „Technischen Bildungsanstalt", dem Kern der heutigen Technischen Universität Dresden, wirkte der Astronom Johann Gottfried Köhler als Inspektor des Salons. Er begann 1777 mit astronomischen Himmelsbeobachtungen, neben seinem Engagement beim Aufbau eines sächsischen Zeitdienstes, der dem Museum 150 Jahre lang behördliche Kompetenzen

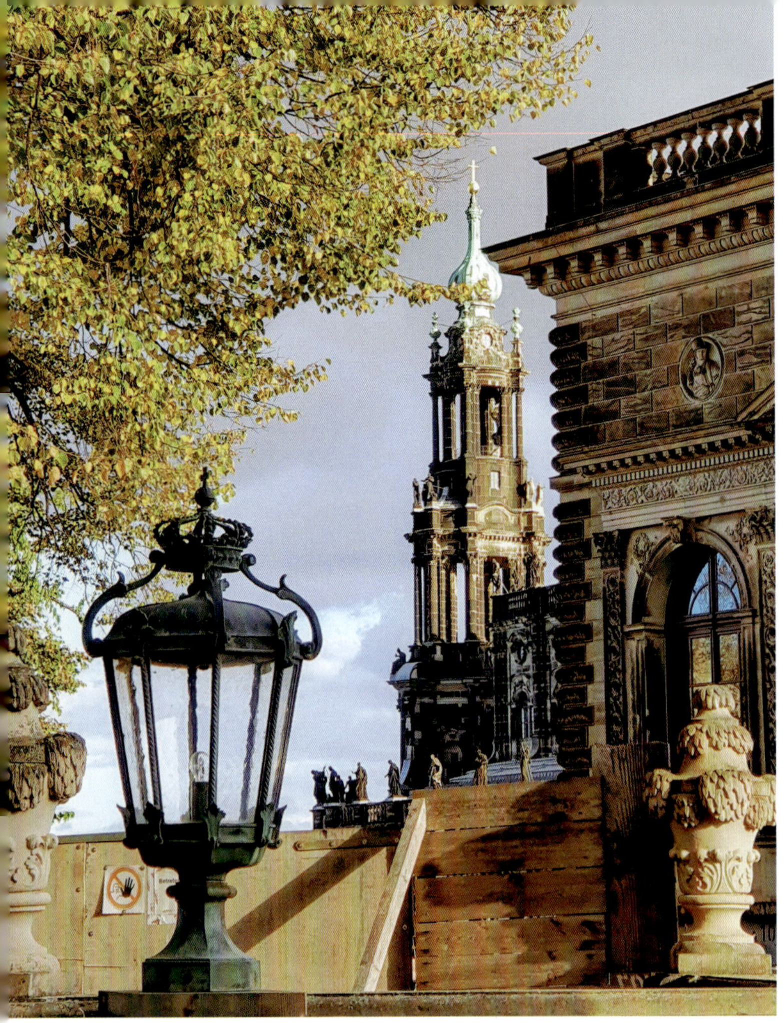

Idyll mit Gaslaternen – aus dem Zwingerpark mit seinen Komponistendenkmälern oder vom Wall herab betritt man den Theaterplatz und findet Platz im kleinen Café an der Stirnseite der Sempergalerie

eintrug. Nicht zuletzt, um erstmals eine genaue Ortszeit zu ermitteln, verglich Köhler mittags den Höchststand der Sonne mit dem Gang einer Präzisionspendeluhr. Auf dem Zwingerwall befindet sich noch heute das „Greenwich Dresdens“, ein Meridianhaus genau über der von Wilhelm Gotthelf Lohrmann vermessenen Mittagslinie der Stadt. Die astronomische Forschung und die populäre wissenschaftliche Publikation der vom Zwinger aus beobachteten Himmelsereignisse verankerten den Salon im Bewusstsein der Öffentlichkeit wie im Netzwerk europäischer Sternwarten. Lohrmann errichtete 1784 ein Observatorium auf den Wallanlagen, das jedoch den Luftangriff 1945 nicht überstand.

1818 wurde Rudolf Sigismund Blochmann Inspektor am Salon. Auch er war Erfinder und Entwickler technischer Neuheiten, unter anderem für Dresdens Abwassersystem. Vor allem aber modernisierte er die seit August dem Starken bestehende Ölbeleuchtung des Zwingers und der Schlossumgebung und schließlich der ganzen Stadt. 1828, genau 100 Jahre nach der Eröffnung des Salons als Museum, sorgte Blochmann für die erste öffentliche Gasanstalt in Deutschland. 36 Laternen leuchteten an einem Aprilnachmittag auf dem Schlossplatz und vor dem Zwinger und wenig später im Brühlschen Gartenpavillon, wo die neu gegründete technische Bildungsanstalt ihre Arbeit aufnahm.

Ebenfalls 1828 begannen die Inspektoren des Salons, Wetter systematisch aufzuzeichnen. Sechsmal täglich wurde dem Zwinger der Puls gefühlt, Temperatur und Luftdruck gemessen. Wind, Niederschläge, selbst der Elbpegelstand wurden genau registriert – womit auch der meteorologische Dienst Sachsens im Salon seine Heimstatt hat. Zusammengefasste Daten nutzten Ministerien wie Landwirte, einmal selbst ein Gerichtshof in einem Mordprozess.

Der Salon hat aktiven Anteil an diversen Uhrenentwicklungen, wie an Johann Christian Friedrich Gutkaes' erster digitaler Fünf-Minuten-Uhr in der Oper. Er und der Mathematisch-Physikalische Salon waren die Paten der Uhrentradition von Glashütte. Gutkaes bildete seine Schwiegersöhne Ferdinand Adolph Lange und Friedrich August Adolf Schneider als Uhrmacher aus, was Manufakturen in Glashütte wie A. Lange & Söhne entstehen ließ.

Weitere verdienstvolle Salon-Inspektoren – der Titel war international ein „Ritterschlag“ – sind zu nennen: Johann Ernst Zeiher, der 1776 nach der Idee Benjamin Franklins einen der ersten Blitzableiter Sachsens auf dem Schlossturm und später auch auf der Festung Königstein anbringen ließ. Seine kongeniale deutsche Übersetzung der *Observations on Modern Gardening* (London 1770) machte ihn zum Mitglied der London Royal Society. Ein weiterer *Chef du Salon* war Christian August Nagel, Geodät und Landvermesser, der Vater der sächsischen Triangulation. Der Kunsthistoriker Erich Haenel leitete den Salon, war zugleich Direktor des Grünen Gewölbes, der Rüstkammer, des Historischen Museums und des Münzkabinetts. Seit 2001 ist der Uhren- und Globen-

↓ Ein Blick in die Langgalerie mit der Ausstellung „Im Kosmos des Fürsten“ zeigt die **Planetenlaufuhr** von Eberhard Baldewein, 1563–68.

Astrolaborium aus vergoldetem Messing, Johannes Prätorius, Nürnberg, 1568

Der **mechanische Himmelsglobus** wurde von Kurfürst Christian I. 1586 erworben, hergestellt von Johannes Reinhold und Georg Roll, Augsburg.

experte Dr. Peter Plaßmeier Direktor; ebenfalls im Team der international renommierte Uhrenforscher und Mathematiker Dr. Michael Korey und Dr. Wolfram Dolz.

Der Mathematisch-Physikalische Salon zeigt als Museum der Instrumenten- und Feinschmiedekunst historische Uhren und wissenschaftliche Messgeräte der Optik, Astronomie und Geodäsie, Erd- und Himmelsgloben wie auch Instrumente zum Rechnen, Zeichnen und Messen all dessen, was in Länge, Breite und Höhe, Zeit und Gewicht, Fläche, Volumen und Temperatur bestimmbar ist und einem Vorgang, Zustand oder Gegenstand „zugemessen" werden kann, wie Ladung, Spannung, Stromstärke und Widerstand.

Er beherbergt eine Kartografie- und Globensammlung, geodätische Instrumente und optische Geräte der Astronomie sowie Himmelsgloben und -karten. Hier finden wir berühmte Spiegel des sorbischen Hofmodelleurs Handrij Zahrodnik, des „sächsischen Archimedes". Er hatte 1700 für August den Starken eine Weltzeituhr erfunden.

Der Mitentwickler des sächsischen Hartporzellans, Freiherr von Tschirnhaus, ist mit seinen berühmten Brennspiegeln vertreten. Ein echtes Unikat ist die Pascaline (Addiermaschine) von Blaise Pascal, das einzige Exemplar aus der Zeit um 1650 in einer öffentlichen Sammlung außerhalb Frankreichs. Unter mehreren hervorragenden Uhren von Weltruf sei die *Planetenlaufuhr* von Eberhardt Baldewein genannt. Für die sammelnden Fürsten spielte neben der zeitgemäßen Präzision vor allem die künstlerische Ausgestaltung eine wichtige Rolle.

Im Kosmos des Fürsten

Beginnen wir unseren Rundgang also im „Kosmos des Fürsten", in der Langgalerie, die zum Kronentor führt. Mechanische Wunderwerke und mathematische Instrumente um 1600 können mitunter sogar ausprobiert werden. Uns begrüßt ein *Trommelnder Bär* – einer von verschiedenen Figuren-Automaten, die mit einer Uhr verbunden sind. Er ist aus Lindenholz gefertigt und mit einem Wildschweinfell bespannt. Das Zifferblatt seiner Uhr aber ist aus vergoldetem Kupfer. Nötigen wir ihn lieber nicht zu einem Trommelwirbel. Uns reicht, dass er versöhnlich brummt, wenn wir weitergehen auf den Spuren der „Vermessung der Welt".

Kurfürst August von Sachsen hatte von einer besonderen Uhr im Besitz seines Schwagers Landgraf Wilhelm IV. von Hessen-Kassel gehört. Eine solche Uhr wollte er ebenfalls. Die Mechanik beider Werke wurde unter direkter Beteiligung von Landgraf Wilhelm selbst berechnet und unter der Hand von Ebert Baldewein, Hofbaumeister und Uhrmacher und von 1569 bis 1579 im Dienst des Landgrafen, in die Tat umgesetzt.

Die Planetenlaufuhr wies den Lauf der sieben, mit bloßem Auge sichtbaren „klassischen" Planeten. Dazu gehörten damals auch Sonne und Mond. Hinzu kamen Saturn, Jupiter, Mars, Venus und Merkur. Tierkreiszeichen verrieten, wo sich, gesehen von der Erde aus, der Planet am Himmel befand. Bekrönt war die Uhr mit einem silbernen Himmelsglobus, auf dem die von Wilhelm und seinen Sternenforschern gemessenen Sternenpositionen graviert worden waren.

Michael Korey berichtet, noch bevor die Uhr fertiggestellt war, wurde im Ausland erzählt, dass sie „schöner, größer und kunstreicher" sei als ihr berühmtes Kassler Vorbild. Nicht ganz zu Unrecht: Als die Uhr nach fünf langen Jahren in Dresden eintraf, war Kurfürst August „... nicht wenig erlüstigt und ergölzet", hieß es bei Hofe. Glücklicherweise war der hessische Schwager großzügig und freute sich mit.

Wie Sachsen vermessen wurde

Kurfürst August wollte Sachsen vermessen lassen. 1586, kurz vor seinem Tod, erteilte er dem Kartografen Matthias Oeder den Auftrag zur *Ersten Kursächsischen Landesaufnahme*, das erste und für seine Zeit umfangreichste Kartenwerk Deutschlands. Unter Augusts Sohn Christian I. entstanden bis 1607 Karten im Maßstab 1:13 333 1/3. Obwohl eher skizzenhaft, übertrafen sie alle bis dahin in Deutschland existierenden Karten.
Nach Oeders Tod 1614 setzte sein Neffe Balthasar Zimmermann das Werk im Maßstab 1:53 333 1/3 („Oeder-Zimmermann") als genau ausgearbeitete Version fort, bis er im Dreißigjährigen Krieg den Tod fand.
1713 folgte die ordre Augusts des Starken, „alle Ämter des Kurfürstentums Sachsen in gleicher Weise in Mappas geographicas zu bringen".
Der Landvermesser hieß jetzt Adam Friedrich Zürner. Der Vogtländer, Land- und Grenzkommissar seines Zeichens, Landvermesser und Kartograf, von Haus aus Pfarrer, hatte schon während seines Studiums in Leipzig eifrig Karten gezeichnet. Er vollendete die Landesvermessung und legte 1718 seine *Neue Chursächsische Post-Charte* vor. Dazu konstruierte er eine Kutsche, in der ein Gestänge die Umdrehungen des Hinterrads auf ein Zählwerk übertrug. Das hatte auch schon Kurfürst August so gemacht. Mit diesem geografischen Messwagen legte Zürner 163 118 Kilometer zurück.
Im Ergebnis seiner Landesvermessung wurden ab 1721 steinerne kursächsische Postmeilensäulen entlang der Poststraßen aufgestellt, von denen heute einige wiederhergestellt sind.

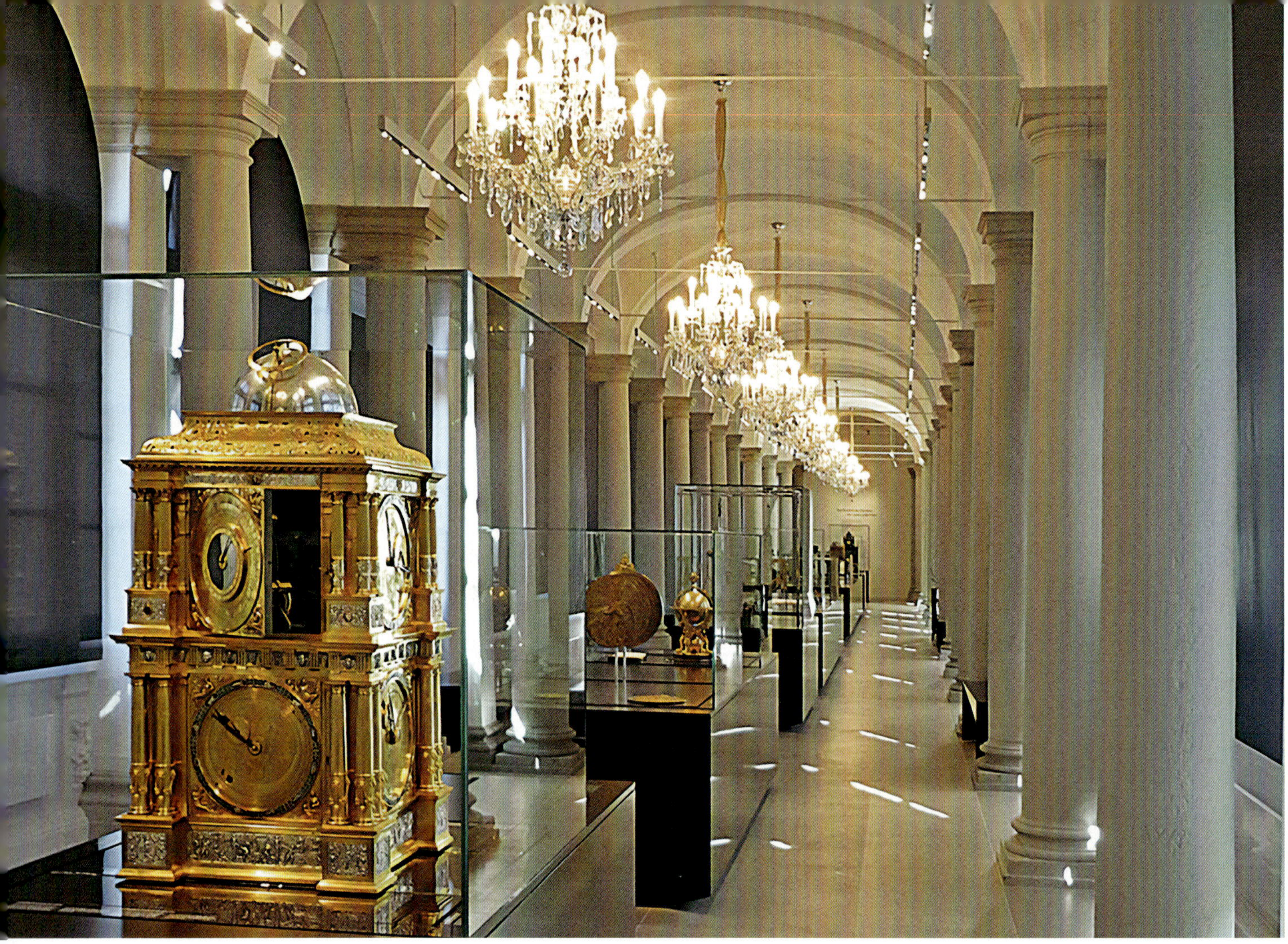

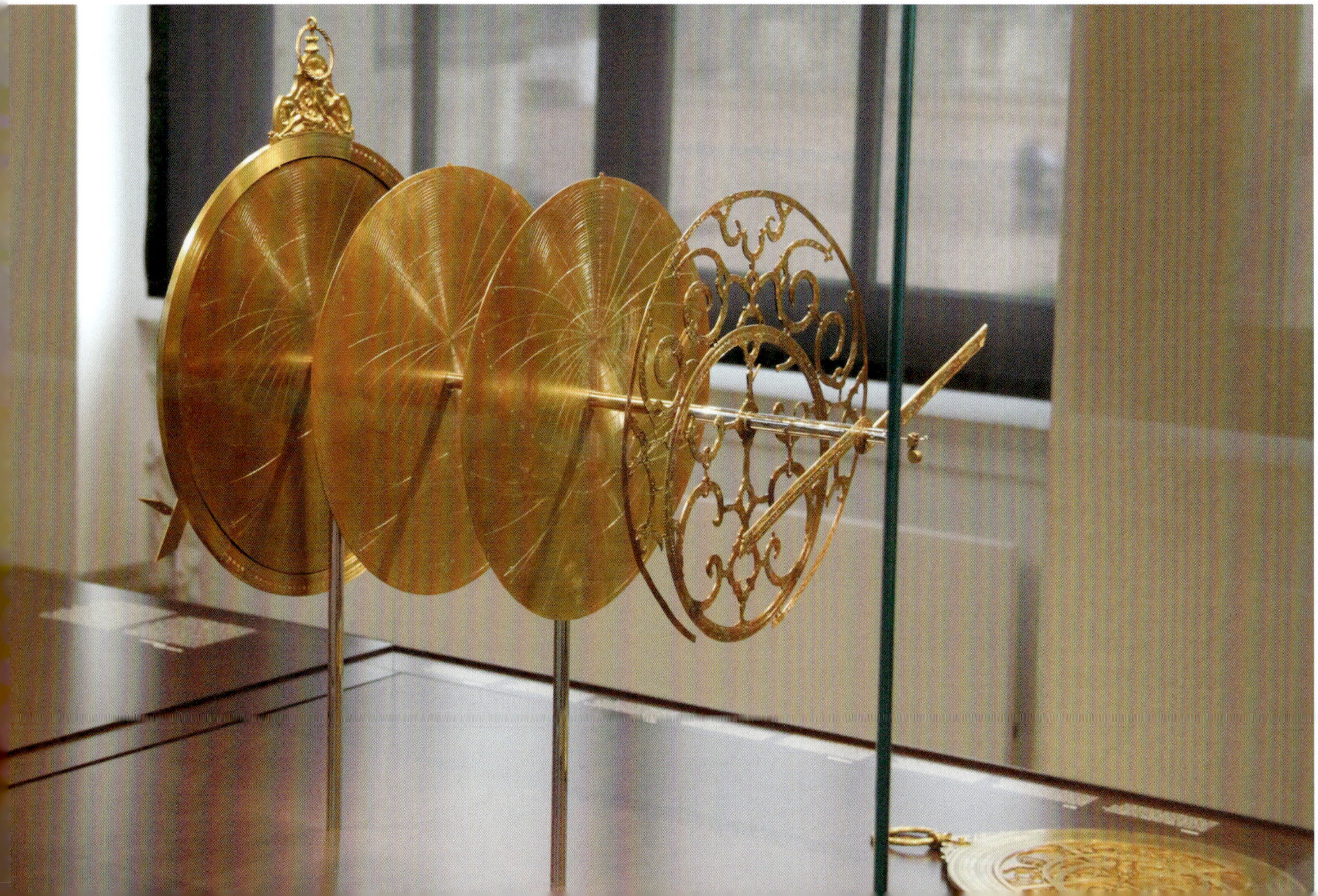

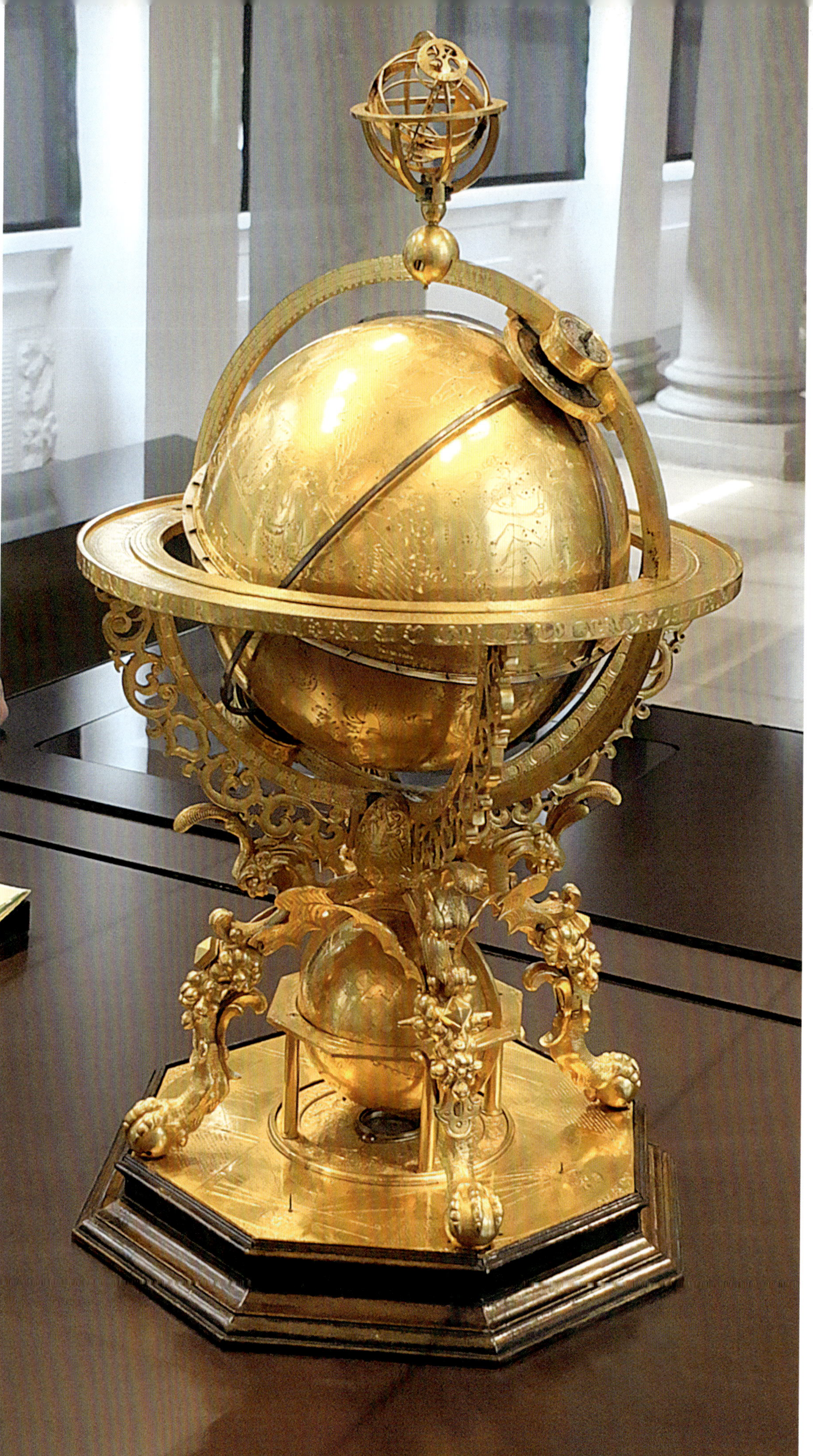

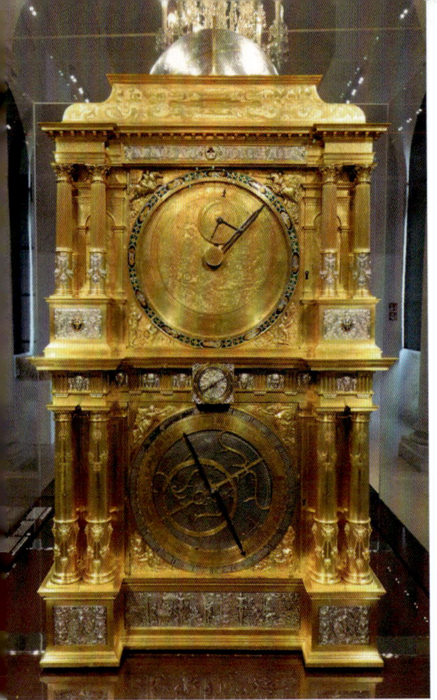

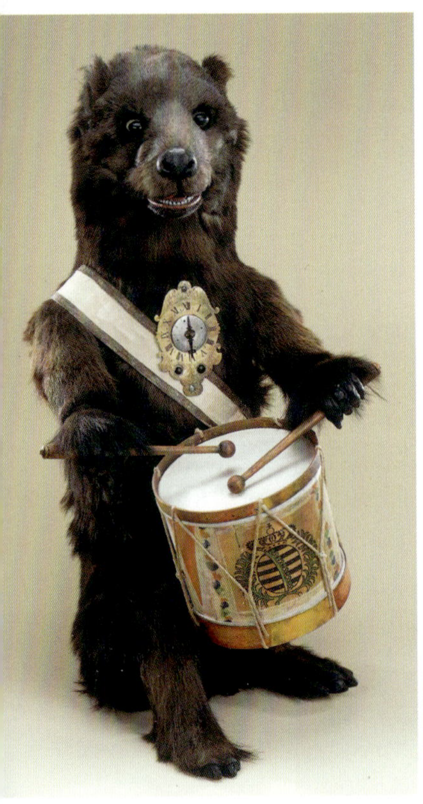

Eberhardt Baldewein, **Planetenuhr**, Marburg und Kassel, 1563–68

Figuren-Automatenuhr **Trommelnder Bär**, um 1625 aus dem „Kosmos der Fürsten“

Instrumente der Aufklärung

Begeben wir uns nun hinauf in das alte Festgemach, wo zu Zeiten Augusts des Starken getafelt wurde. „Instrumente der Aufklärung“ werden hier gezeigt, Fernrohre und Brennspiegel. Erzählt wird die Geschichte des Physikalischen Kabinetts, seines Observatoriums und von der Behörde im Zwinger, die die Dresdner Zeit (er)fand.

Die größte Verbesserung astronomischer Teleskope ging auf Isaac Newton zurück. Er schlug zur Vermeidung von Unschärfen beim Einsatz von Fernrohren die Verwendung von Spiegeln statt Linsen vor. Im Dresdner Spiegelteleskop Newtonscher Bauart wird das Sternenlicht von einem Hohlspiegel am unteren Tubusende reflektiert, gebündelt und von einem kleinen Planspiegel am anderen Ende zur Seite gelenkt. Dort kann der Benutzer das vom Okular vergrößerte Bild betrachten.

Johann Gottfried Zimmer und Johann Siegmund Merklein schufen 1742 das imposante Rokoko-Prunkstück, eines der frühesten Spiegelteleskope Deutschlands. Weitab der Residenzstadt entstand am Schloss in Reinharz, dem Gut des Reichsgrafen Hans von Löser, eine Werkstatt zur Herstellung von wissenschaftlichen Instrumenten. Die dort geschaffenen optischen und physikalischen Geräte, meist für den eigenen Forschungsbedarf Lösers, waren vergleichbar mit den besten zeitgenössischen Stücken aus London. Nach seinem Tod wurde die Werkstatt aufgelöst und ein großer Teil der Instrumente ist heute hier zu sehen.

Der Frühaufklärer Baron Ehrenfried Walther von Tschirnhaus wirkte im damals sächsischen Kieslingswalde, in Sławnikowice bei Görlitz-Zgorzelec. Algebra betrachtete er als Methode der Erfindungskunst, der er sich ganz verschrieben hatte. Er studierte in Leiden, reiste bis Malta und auf die Liparischen Inseln und war vom Wissen über antike Brennspiegel, Vulkanologie und uralte Verbindungen nach China fasziniert. Für kurze Zeit wurde er in England Mitarbeiter von Isaac Newton. Dann konzentrierte er sich auf die Brennspiegel. François Villette, der damals ebenfalls an Schmelzprozessen mit Brennspiegeln forschte, ließ den jungen Wissenschaftler an seinen Versuchen in Lyon und Paris teilnehmen. Zurückgekehrt nach Kieslingswalde, ging er daran, erste Erkenntnisse umzusetzen. Ab 1679 arbeitete Tschirnhaus zusammen mit dem Mechaniker Johann Hoffmann am Bau von Brennspiegeln. Tschirnhaus vereinfachte die Herstellung der bislang aus Metalllegierungen gegossenen Spiegel. Durch Treiben vorgefertigter Bleche aus erzgebirgischen Kupferhämmern gelang eine preiswerte Fertigung. Seine Kupferkalotten waren leicht, im Anschluss gut polierbar und reflektierten besser als konkave Holspiegel. Die von Tschirnhaus entwickelten Brennspiegel und -gläser wie der *Sphärische Brennspiegel* oder der *Doppellinsenapparat* übertrafen bislang existierende an Präzision, Größe und Wirkung und fanden bei Hof in allerlei optischen, akustischen, medizinischen und technischen Experimenten Verwendung.

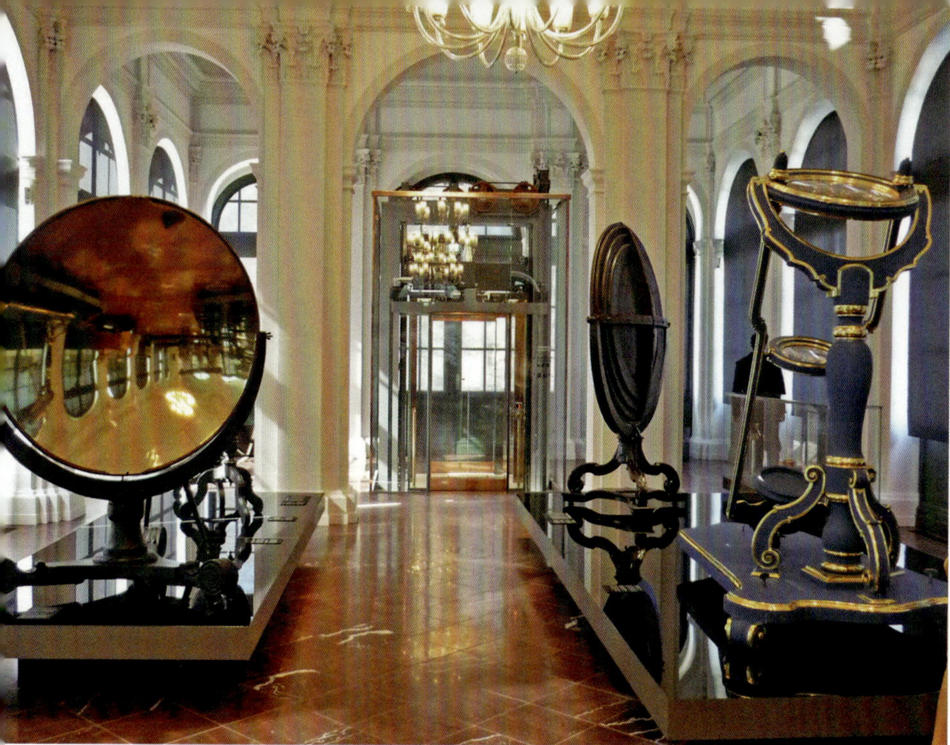

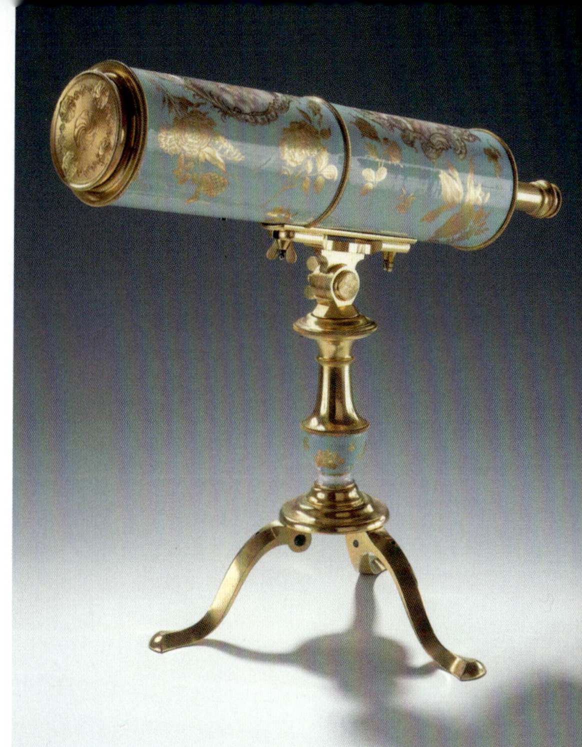

In der Ausstellung „Instrumente der Aufklärung" werden Spiegelteleskope und Brennspiegel gezeigt. Links der **Sphärischer Brennspiegel**, Kieslingswalde (Sławnikowice), 1686, von Ehrenfried Walther von Tschirnhaus; rechts sein **Doppelbrennlinsenapparat**, 1690

Gregorianisches Spiegelteleskop aus Porzellan, Johann Gottlob Rudolph, Militz, 1748

Im Universum der Globen

Nun wieder im Erdgeschoss angelangt, erwarten uns Erd- und Himmelsgloben aus sieben Jahrhunderten. Wir fokussieren auf die Höhepunkte: ein arabischer Himmelsglobus aus dem 13. Jahrhundert und eine um 1650 entstandene Rechenmaschine. Die weltweit ältesten Rechenmaschinen stammen von Blaise Pascal, folgerichtig „Pascaline" genannt. Unter ihnen ist die zehnstellige Dresdner Maschine die größte.

Die Speichenräder auf dem Deckel dienen der Einstellung. Jedes Rad entspricht einer Dezimalstelle. Zu addierende Zahlen werden mit spitzem Griffel Stelle für Stelle eingegeben. Für die Addition genügt es, gewünschte Ziffern nacheinander einzutippen. Die Summe erscheint dann in den Anzeigefenstern.

Mitte des 16. Jahrhunderts begann in den Niederlanden das goldene Zeitalter der Kartografie. Die Zentren waren Antwerpen und dann Amsterdam. Von Amsterdam aus begann mit dem 17. Jahrhundert der Vertrieb von neuen Globen in Europa und weltweit. Vorreiter war der Kartenverlag von Willem Janszoon Blaeu und seinen Söhnen.

Die Globen selbst waren nicht Erfindung Blaeus oder irgendeines anderen Niederländers. Sie existierten bereits in der Antike. Schon griechische Gelehrte nahmen an, dass die Erde eine Kugel sei. Sie berechneten ihren Umfang mit 40 000 Kilometern fast korrekt. Der älteste erhaltene Globus stammt aus der römischen Kaiserzeit. Es ist ein Himmelsglobus aus Marmor, der von einer Atlasfigur getragen wird – fast so wie die Erdkugel auf dem benachbarten Wallpavillon. Der älteste Globus aus deutschen Landen entstand in Mainz, zwei Jahrhunderte später als sein römischer Vorgänger. Auch er war ein Himmelsglobus. Der älteste überlieferte Erdglobus steht in Nürnberg, wo ihn Martin Behaim 1492 herstellte.

Gegenüber einer Weltkarte hat ein Erdglobus den Vorteil, dass er die Erdoberfläche sowohl flächen- als auch winkelgetreu abbildet. Himmelsgloben verlangen ein wenig mehr Vorstellungsvermögen. Aber auch das All ist eine Kugel – nur unvorstellbar groß. Das Museum der Messgeräte und Zählwerke vermittelt in seiner vielleicht philosophischsten Abteilung selbst davon eine Vorstellung.

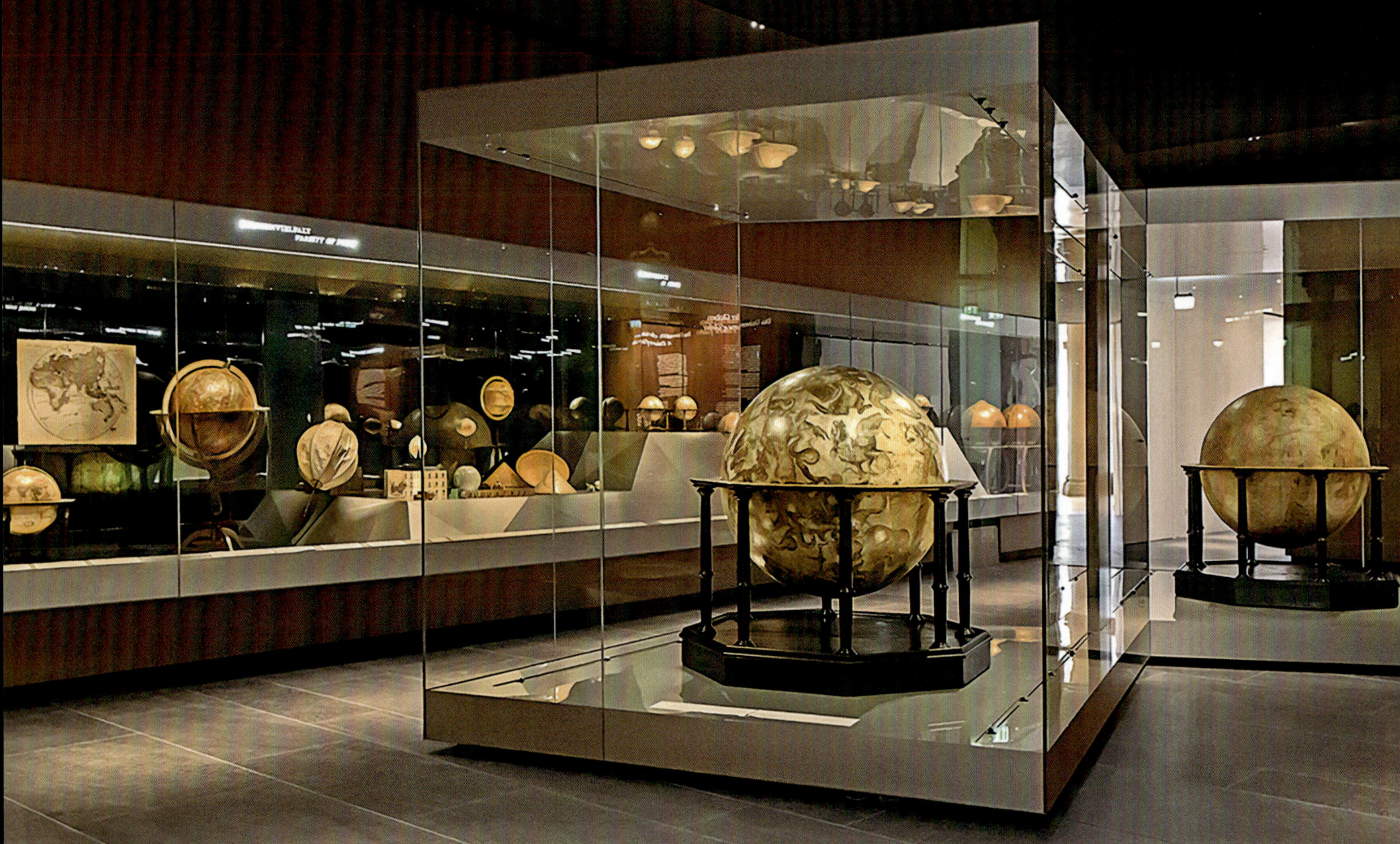

Im **„Universum der Globen"**

Wie alle Himmelsgloben zeigen auch die des venezianischen Kartografen Vinzenzo Coronelli aus den Jahren um 1688 die 48 Sternbilder des Ptolemäus. Das Besondere sind die Ergänzungen auf der Südhalbkugel. Dort stützte er sich auf die Ergebnisse der Kartierung von Frederick de Houtman aus dem Jahr 1603 und ergänzte sie durch die damals neuen Entdeckungen. Das war seinerzeit höchst aktuell.

Astrolabium bedeutet „Stern-Nehmer" und ist ein scheibenförmiges astronomisches Rechen- und Messinstrument. Mit ihm kann man den sich drehenden Himmel nachbilden und Berechnungen von Sternpositionen vornehmen. Auf einer festen Scheibe, dem Tympanon, sind der Horizont und die Kreise des horizontalen Koordinatensystems abgebildet. Darüber liegt die drehbare Rete, die als Netzwerk der Himmelskörper Sterne und die Ekliptik, die Jahresbahn der Sonne, abbildet. So kann man die Positionen der Sterne ablesen. Umgekehrt lassen sich aus dem Datum und der Position eines Sternes oder der Sonne die Uhrzeit oder die Himmelsrichtungen bestimmen.

Der *Erdglobus* von Johannes Praetorius, 1568 in Nürnberg gefertigt, gehörte zum ältesten Bestand der Kunstkammer. Sein Gestell ist aus Messing gegossen, punziert, getrieben und graviert und 30 Zentimeter hoch. Auf drei Granatäpfeln stehen Löwenfüße, die auf der Vorderseite Reliefs mit Insignien der Wissenschaft und Kunst tragen. Auf der Rückseite verschmelzen sie mit pickenden Pfauen, die ursprünglich einen Kompass hielten. Kurfürst August erwarb von Praetorius 1568 für 200 Taler Globenpaar und Astrolabium. Leider ging der Himmelsglobus im Zweiten Weltkrieg verloren.

Der Lauf der Zeit

Die Ausstellung zum „Lauf der Zeit“ stellt in der Bogengalerie Richtung Wallpavillon die Geschichte der mechanischen Uhr vom 16. bis ins 19. Jahrhundert dar. Hier befinden sich auch Stationen für interessante Bildschirmexperimente. Interaktivität ist ein wichtiges Anliegen der modernen Präsentation.

Im 16. Jahrhundert fanden Zeitmesser Eingang in Kurfürst Augusts Kunstkammer. Besonders beliebt waren sie, wenn bewegliche Figuren oder Figurenteile „mitspielten“. Augsburger Uhrmacher verdienten sich eine goldene Nase. Das Spektrum reichte von hoch komplizierten Musikspielwerken bis hin zu so genannten Augenwendern, bei denen die Figuren nur noch ihre Augen verdrehten. Dazu waren die Augäpfel mit der Unruhe des Uhrwerks verbunden – solange das Uhrwerk tickte, klapperten die Lider, tanzten die Pupillen.

Beim *Türckischen Reiter*, auch *Reitender Pascha* genannt, rollt das Pferd mit den Augen. Mit dem Stundenschlag auf einer Glocke unter dem Sockel wendet der Reiter den Kopf und hebt Zepter oder Zügel. Die Figur ist über 40 Zentimeter hoch und besteht aus vergoldetem Messing, Bronzeguss, ebenfalls vergoldet und ziseliert. Holz und Kupfer wurden verarbeitet und vergoldet. Schmucksteine, Kaltemail, Stahl, etwas Silber und Tierhaar wurden kunstvoll zugerichtet.

In Barock und Rokoko wurden Uhren zum festen Bestandteil von gediegener und repräsentativer Einrichtung und somit in Baukonzepte, wie die der Paraderäume des Dresdner Residenzschlosses, eingebunden. Stilbildend für ganz Europa waren Pendulen, Pendeluhren, die im Umfeld des französischen Hofes von Versailles entstanden waren. Sie glänzten mit aufwendigen Gehäusen in Boulle-Technik mit Schildpatt und Messingmarketerie sowie mit applizierten Bronzegüssen.

Dazu passten die gepolsterten Fauteuils (Armlehnstühle), Tabourets (Hocker) und weiteres Mobiliar des französischen Möbelkreateurs André-Charles Boulle, von dem fünf Stücke im Dresdner Schloss erhalten sind. Boulle wurde entdeckt von Nicolas Fouquet, dem Finanzminister Ludwig XIV., der ihn sein Schloss in Vaux-le-Vicomte ausstatten ließ. Ludwig, vor Neid erblasst, ließ Fouquet später völlig unmöbliert einkerkern und holte Boulle und seine Möbeluhren nach Paris. Dort stattete der Kunsttischler den Louvre und später Versailles aus, dekorierte auch Fußböden und schuf Pendeluhren. Typisch für diese Kreationen sind reiche Einlegearbeiten und Furniere aus Schildpatt in Kombination mit Messing und Zinn auf Ebenholz. In Partien, die aus Metallen bestehen, sind oft weitere Motive eingraviert. Auffällig ist, wie im Lauf des 18. Jahrhunderts auf den Ziffernblättern zunächst die Kartuschen mit den Ziffern emailliert wurden, später das gesamte Ziffernblatt. Auch die Form des Gehäuses wird immer bewegter und scheint zum Ende des Jahrhunderts in Skulpturen aufgelöst.

Johann Gottfried Kaufmann lernte ab 1770 in Dresden das Uhrmacherhandwerk und spezialisierte sich auf den Bau von Musikautomaten. Zu Beginn des 19. Jahrhunderts begann er mit seinem Sohn Johann Friedrich mechanische Musikinstrumente zu entwickeln, die öffentliche Tanzsäle bespielten. Die imposante Bodenstanduhr in der Bogengalerie gehört zu den frühen Werken Kaufmanns. Als Zubehör haben sich zehn Stiftwalzen erhalten, die je drei Musikstücke spielen, die letzten davon mit Musik aus der zweiten Hälfte des 19. Jahrhunderts. Fast ein Jahrhundert lang konnte man Musik für diesen Automaten nachordern. Da könnte man fast noch mittanzen.

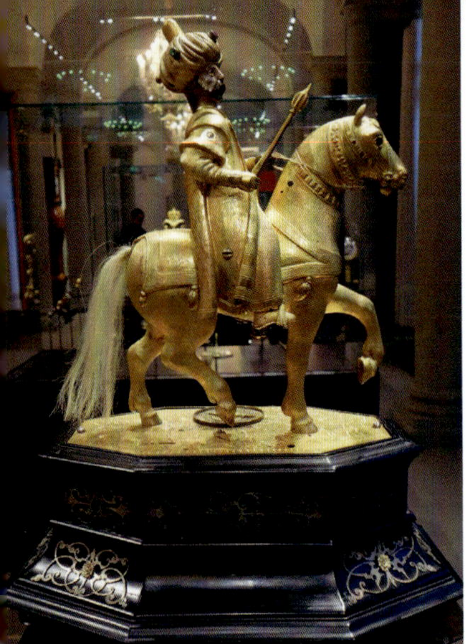

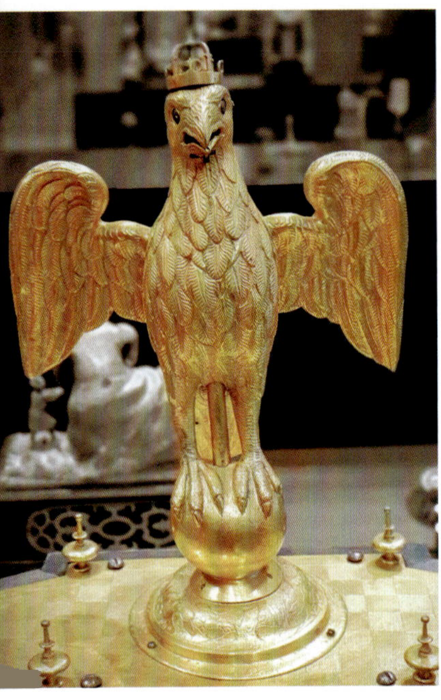

Figuren-Automatenuhr **Reitender Pascha**, vermutlich Augsburg, um 1595

Figuren-Automatenuhr **Adler mit Krone**, Augsburg, um 1630

→ **Figurenuhr als Möbelstück**, 18. Jahrhundert

Im Bogengang steht auch die Präzisionspendeluhr Johann Gottfried Köhlers aus dem Jahr 1777, mit der er als Inspektor des Salons Dresdens genaue Ortszeit ermittelte. Dazu verglich Köhler mittags den Höchststand der Sonne mit dem Gang dieser Präzisionspendeluhr, der ersten in der Zeitdienststelle des Salons. Sie lief mehrere Jahrzehnte, ihr etwa meterlanges Pendel schwingt einmal in der Sekunde. Die Minute wird von der Mitte aus, Sekunde und Stunde hingegen exzentrisch angezeigt. Eine andere Pendeluhr Johann Gottfried Köhlers von 1790 tickt sogar im Sekundentakt. Zu jeder Minute erfolgt ein Glockenschlag. Damit konnte man gleichzeitig den Durchgang der Sonne durch das Passageinstrument beobachten und die Sekunden mit dem Blick auf die Präzisionspendeluhr zählen, um den Sonnengang zu kontrollieren.

Die unter der Nummer 42500 von A. Lange & Söhne 1902 in Glashütte gefertigte Taschenuhr gilt als die komplizierteste Uhr der Welt – jedenfalls unter denen, die je von der Firma verkauft wurden. Neben der Zeitanzeige verfügte sie über einen ewigen Kalender, einen Selbstschlag, eine Minutenrepetition und einen Schleppzeiger-Chronographen (eine Stoppuhr mit Zwischenzeit) mit Anzeige bis zur Fünftelsekunde.

Zu sehen sind ferner die berühmte „Weltzeituhr“ mit ihrer großen vergoldeten Hauptscheibe, die für jeden der 360 Längengrade ein kleines Ziffernblatt aufweist mit Ortsbezeichnung von Städten, Inseln und anderen Destinationen. Über den Ziffernblättern hängt ein nach unten weisender Stundenzeiger. Dreht sich die Hauptscheibe, bewegen sich die kleinen Ziffernblätter unter den immer senkrecht hängenden Zeigern, so dass die Zeit für jeden Längengrad ablesbar ist. Die Ortszeit von Dresden wird auf dem zentralen Ziffernblatt angezeigt. Passend dazu der von Christian Ehregott Weise aus Dresden 1785 entwickelte Reisewecker.

Aber nicht nur Uhren faszinierten die Mitglieder des Hofes – und bald auch wohlhabende Bürger, die den Salon gern aufsuchten. Schon bei den Barockfesten Augusts des Starken spielten unterhaltsame technische Versuche und „Wunderdinge“ eine Rolle. Neben anderen Erfindungen des 17. Jahrhunderts, wie Teleskop und Mikroskop, war die Vakuumpumpe das Aushängeschild der neuen experimentellen Wissenschaften. Die „Luftpumpe“, so ihr historischer Name, wurde vom Magdeburger Bürgermeister Otto von Guericke erfunden. Er schuf um 1650 durch Auspumpen der Luft zwischen zwei aufeinander gesetzten Halbkugelschalen ein sogenanntes Vakuum, sodass auch mehrere Pferdegespanne die Schalen nicht auseinanderziehen konnten. Mit der im Salon präsentierten Pumpe stellte man Guerickes Versuch im Zwinger nach und führte eigene Experimente durch. Die kunstvolle Gestaltung unterstreicht, dass „Luftpumpen“ nicht nur Technik, sondern auch Repräsentationsinstrumente waren.

Vor 1828 entstand wohl in Dresden die so genannte Leidener Flasche, die Vorform des Kondensators, Standardgerät in der Elektrizitätsforschung und -vorführung ab der Mitte des 18. Jahrhunderts. Sie besteht aus einer innen und außen durch Metallfolie überzogenen Glasflasche. Die innere Folie wird mittels einer Elektrisiermaschine aktiviert wie die hier ausgestellte der Firma Fuchs in Leipzig, 1817. Oben und unten sind Lederkissen montiert, die die Glasscheibe berühren. Dreht man an der Kurbel, so reiben sich die Kissen an der Scheibe, es kommt zu einer Trennung der Ladung. Die obere und die untere Messingkugel werden negativ, die Kugeln zu beiden Seiten positiv aufgeladen. Auch hierzu gibt es im Salon Experimentiermöglichkeiten.

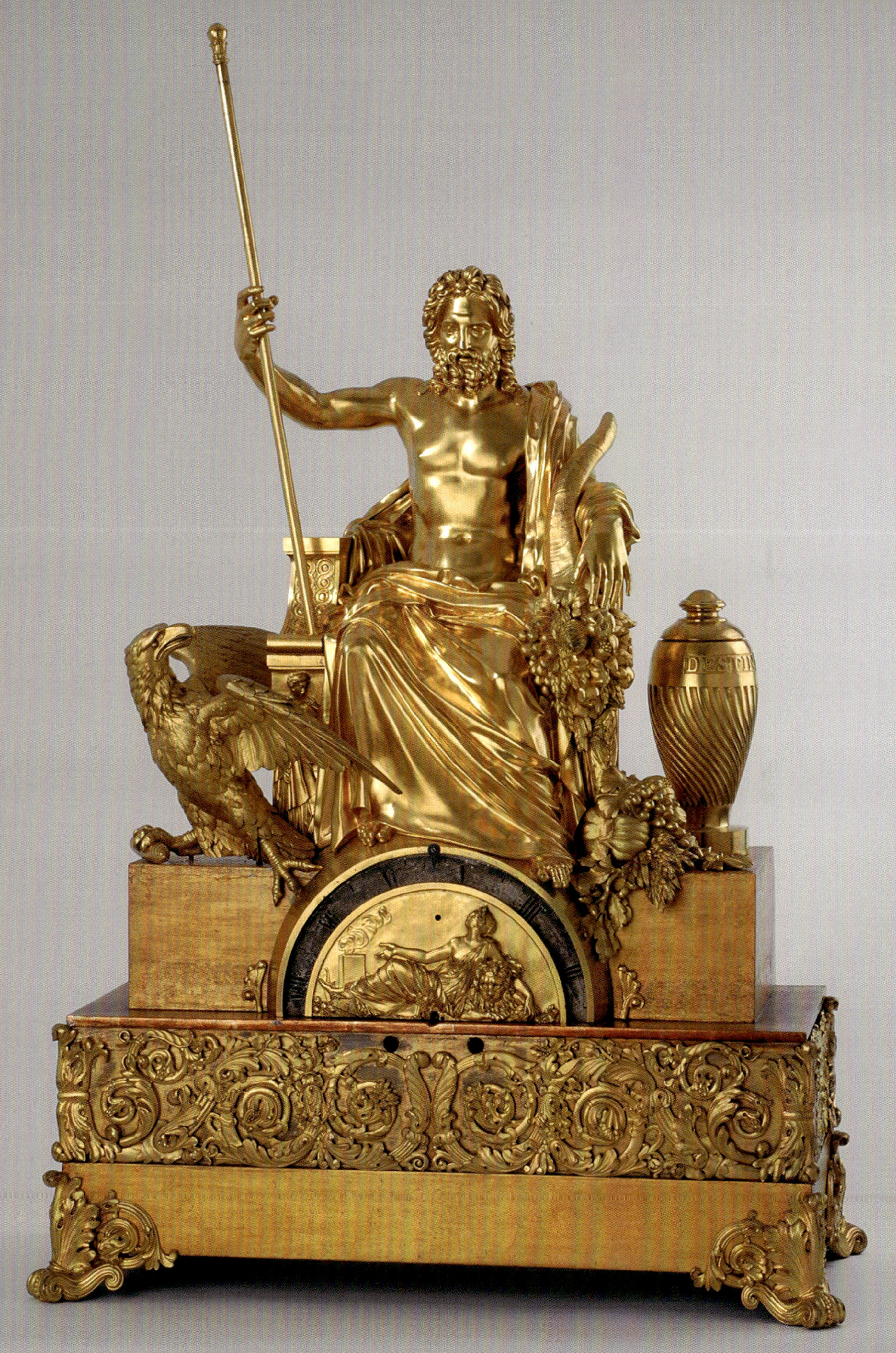
DESTIN

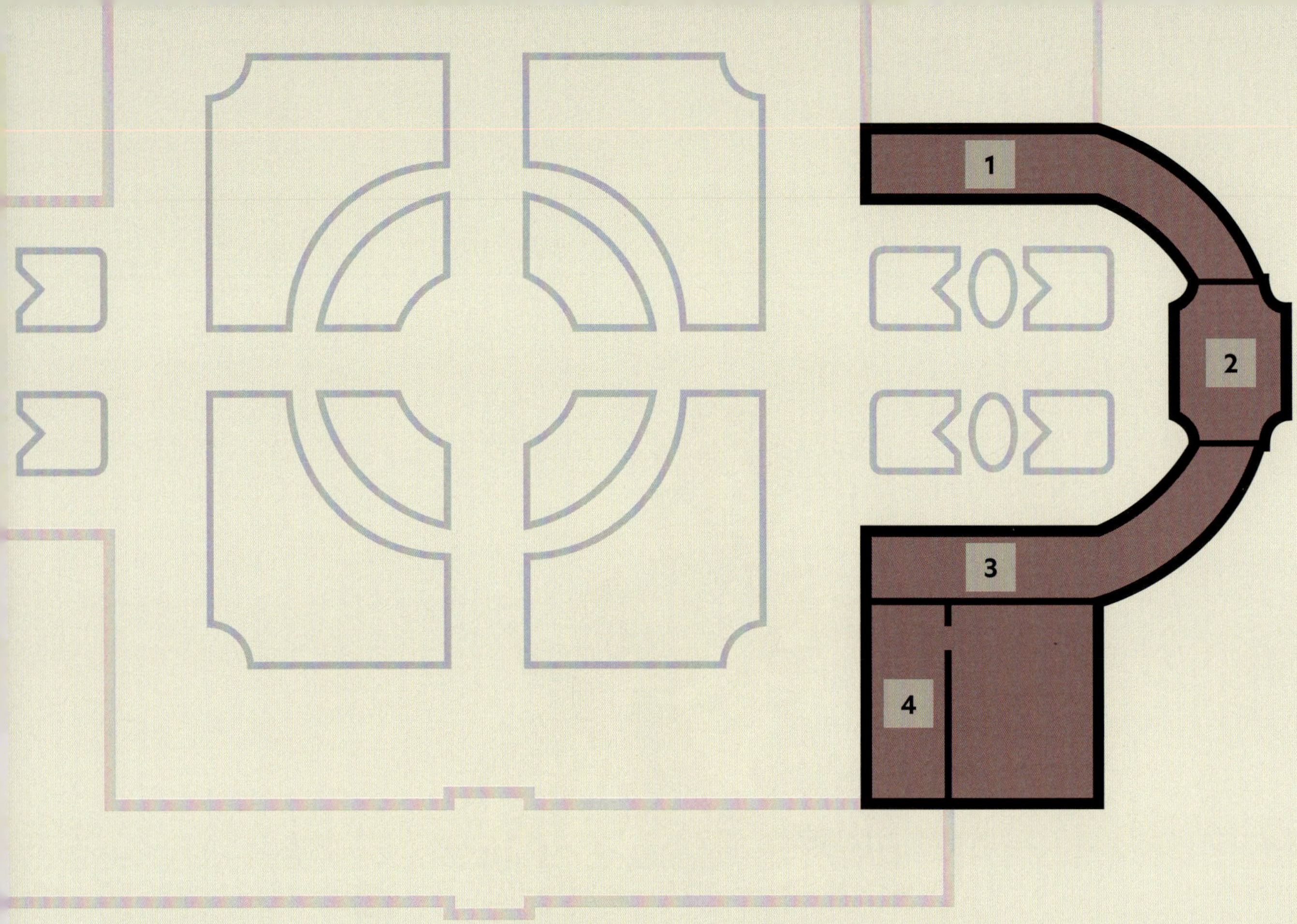

1

2

3

4

LEGENDE

1 Ostasiengalerie
2 Glockenspielpavillon (Eingang)
3 Chinesische Bogengalerie
4 Porzellanpavillon/ Meissener Porzellan

Porzellansammlung

Das Glockenspiel aus Meißner Porzellan lockt uns dreimal am Tag mit einer langen und jede Viertelstunde mit einer kurzen Klangprobe zum nach ihm benannten Pavillon. Über zwei mit Schwung in die obere Etage geführte Treppen gelangen wir in einen Salon, wo neben Tee, Kaffee und Gebäck auch die Eintrittskarten ins Dresdner Porzellanreich zu haben sind.

Der Begriff „Porzellan" geht zurück auf die italienische Bezeichnung für Kaurischnecken, die in Afrika und Asien auch Zahlungsmittel waren. Sie wurden „Lumaca di porcellana" oder einfach „Porcellana" genannt. Aus ihrem zerstampften Gehäuse musste das fremdartige Material bestehen, das Marco Polo Ende des 13. Jahrhunderts erstmals mit nach Europa gebracht hatte. Das aus den Erinnerungen seiner Reisen entstandene Buch *Il Milione* (*Erzählung der Welt*) machte auch in Europa das Porzellan bekannt.

Das geheimnisvolle **„Muschel"-Porzellan** kam wohl mit Marco Polo nach Europa

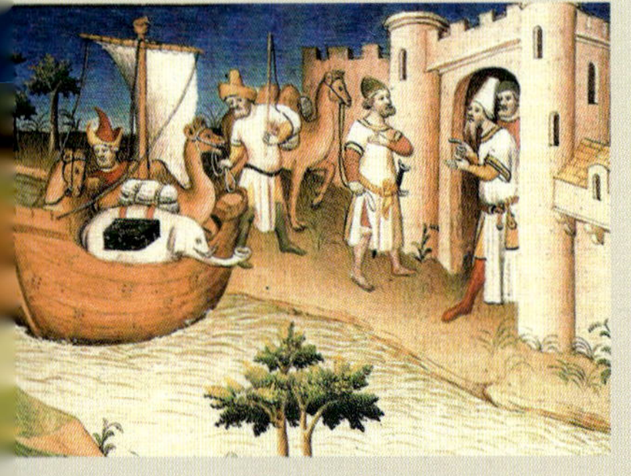

Porzellan hat eine lange Geschichte, die in China beginnt. Keramik wurde in Süd- und Ostasien bereits seit der frühen Jungsteinzeit hergestellt. Um 1100 v. Chr. entwickelte sich eine Begräbniskultur, die Asche verehrungswürdiger Verstorbener „für die Ewigkeit" aufzubewahren wünschte. Glasuren kannte man damals schon – rein zufällig hatte man entdeckt, wie sie während des Brennvorgangs durch abgelagerte Aschen entstanden. Die frühe Keramik nennt man Protoporzellan. Erste Protoporzellane waren nicht weiß und transluzent, ließen also kein Licht durch die Glasur scheinen, was die Magie echten Porzellans ausmacht.

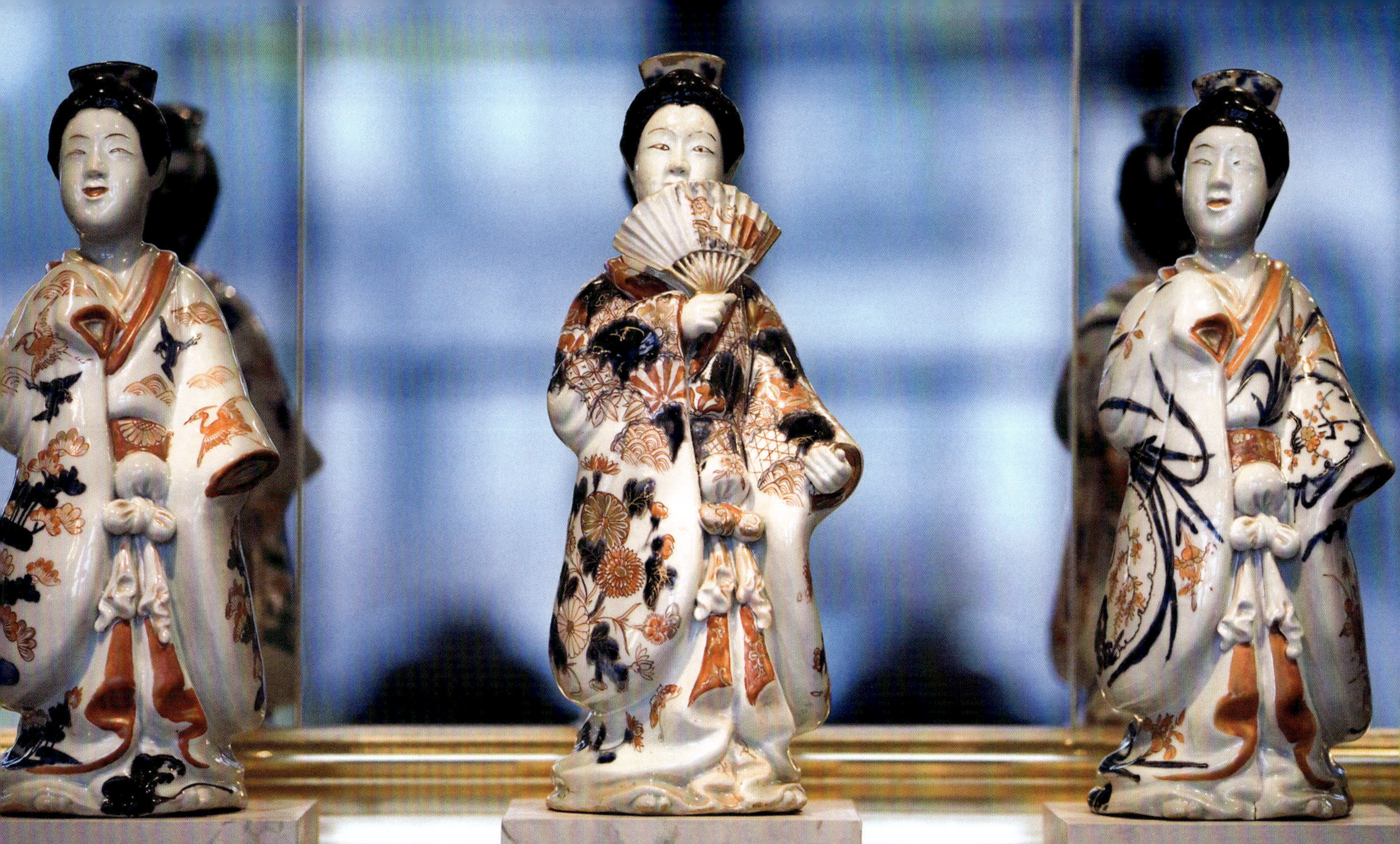

Um Keramik mit den erwünschten Eigenschaften zu erhalten, musste man Steinzeug bei möglichst hohen Temperaturen brennen. Das gelang etwa 200 bis 300 Jahre v. Chr. in der heutigen Provinz Zhejiang. Um dieselbe Zeit entstand aus einer unglasierten Tonware die berühmte Terrakotta-Armee des Kaisers Qin Shihuangdis.

Porzellan besteht aus Kaolin, Feldspat und Quarz. Die chinesische „Porzellanerde" war eine eisenarme Tonerde. Sie wurde in zerriebenen Granit mit hohem Feldspatanteil eingearbeitet und dann Quarz zugesetzt. Zur Porzellanherstellung geeignete Tonerde bindet relativ viel Flüssigkeit, wodurch die entstandene Masse gut formbar ist. Zugleich ist das Material feuerfest. Quarz verleiht Härte und Transparenz. Feldspat ist das Flussmittel, sintert als einziger Bestandteil beim Brennen und „bäckt" so die Ausgangsstoffe zusammen.

Chinesisches Porzellan wurde zunächst nur einfach gebrannt in einem genau überwachten Prozess steigender und fallender Temperaturen. Sächsisches Hartporzellan wird mindestens zweimal, bei Aufglasurmalerei ein drittes Mal befeuert.

Das ab der Tang-Zeit, die bis 906 andauerte, schon hoch entwickelte Chinesische Porzellan war heiß begehrt. Seine Herstellungsweise wurde bis ins 18. Jahrhundert hinein geheim gehalten. Dennoch gelang es 1604 in Japan, in Arita auf der Insel Kyushu, und 1708 in Dresden, eigene Porzellane zu entwickeln.

Das Wesen des Porzellans
„Das Wesen des Porzellans wurzelt im Licht; Porzellan trinkt das Licht in sich hinein und strahlt es tausendfach gebrochen als weißes Licht zurück. So ist der weiße Schein sein Wesen ..." Max Adolf Pfeiffer, Direktor der Porzellanmanufaktur Meißen 1913–34

August der Starke unterstützte die Forschungsarbeiten an einem eigenen Porzellan, nachdem der Apothekergeselle Böttger zunächst vorgegeben hatte, Gold herstellen zu können. Vor allem in seinen letzten Lebensjahren galt August als Porzellannarr. Mit dem Japanischen Palais wollte er sich am liebsten ein ganzes Schloss mit Porzellanen einrich-

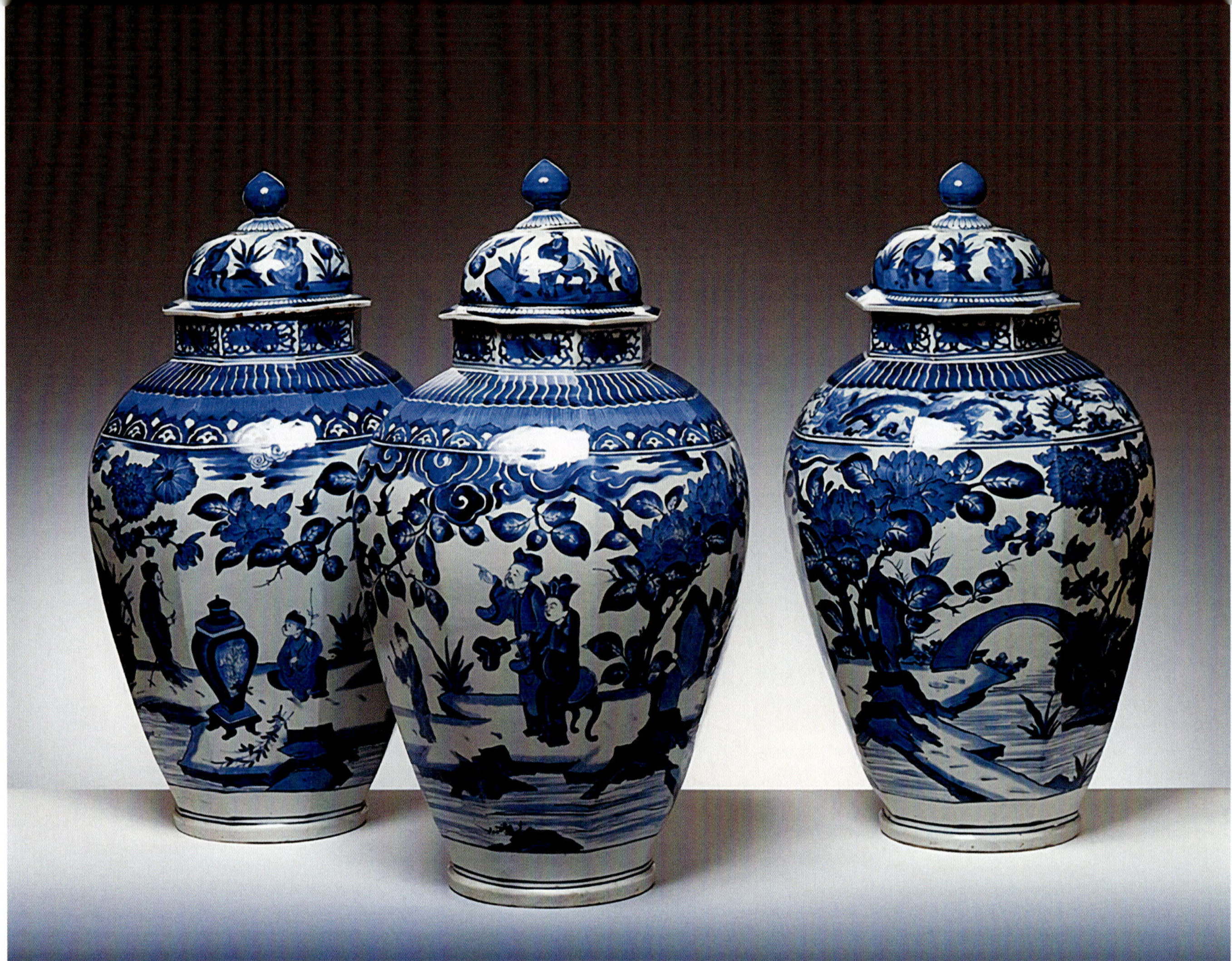

Drei Deckelvasen, Arita, Japan, 1680–1700. Sie gehörten zum zeitgenössischen Sammlungsgut Augusts des Starken

ten lassen. Immerhin entstand ein Porzellankabinett im Turmzimmer der Paradeetage des Schlosses. August hatte große Summen für neue Anschaffungen und Einkäufe für seine Porzellansammlung ausgegeben. So entstand ab 1715 die größte Sammlung von Porzellanen der Ming-Dynastie außerhalb Chinas. Hinzu kamen vor allem zeitgenössische Stücke aus China, Japan und Meißen. Im Zuge der Chinamode war bald ganz Europa besessen von Porzellan und die Entdeckung für August auch ein geschäftlicher Erfolg.

Die Entwürfe für die Einrichtungen des Japanischen Palais' stammten von Zacharias Longuelune, der dafür ganz im Stil der Chinoiserie geschnitzte, vergoldete Sockel vor Textil- oder Papierwanddekorationen aufstellte, die mit chinesischen oder japanischen Zeichen und Bildern illustriert waren. Japanische Lackarbeiten und Lackmöbel, aber auch chinesisches Steinzeug und Speckstein wurden mit in die Wandverkleidungen integriert, die vergoldet oder mit schwarzem Lack gestrichen waren und von 30 verzweigten Kronleuchtern und Wandlampen illuminiert wurden. Durch Augusts Tod 1733 kam es nicht mehr zur Einrichtung des Japanischen Palais. Nach einer Zeit im Johanneum wurde die Sammlung im 20. Jahrhundert im Zwinger etabliert.

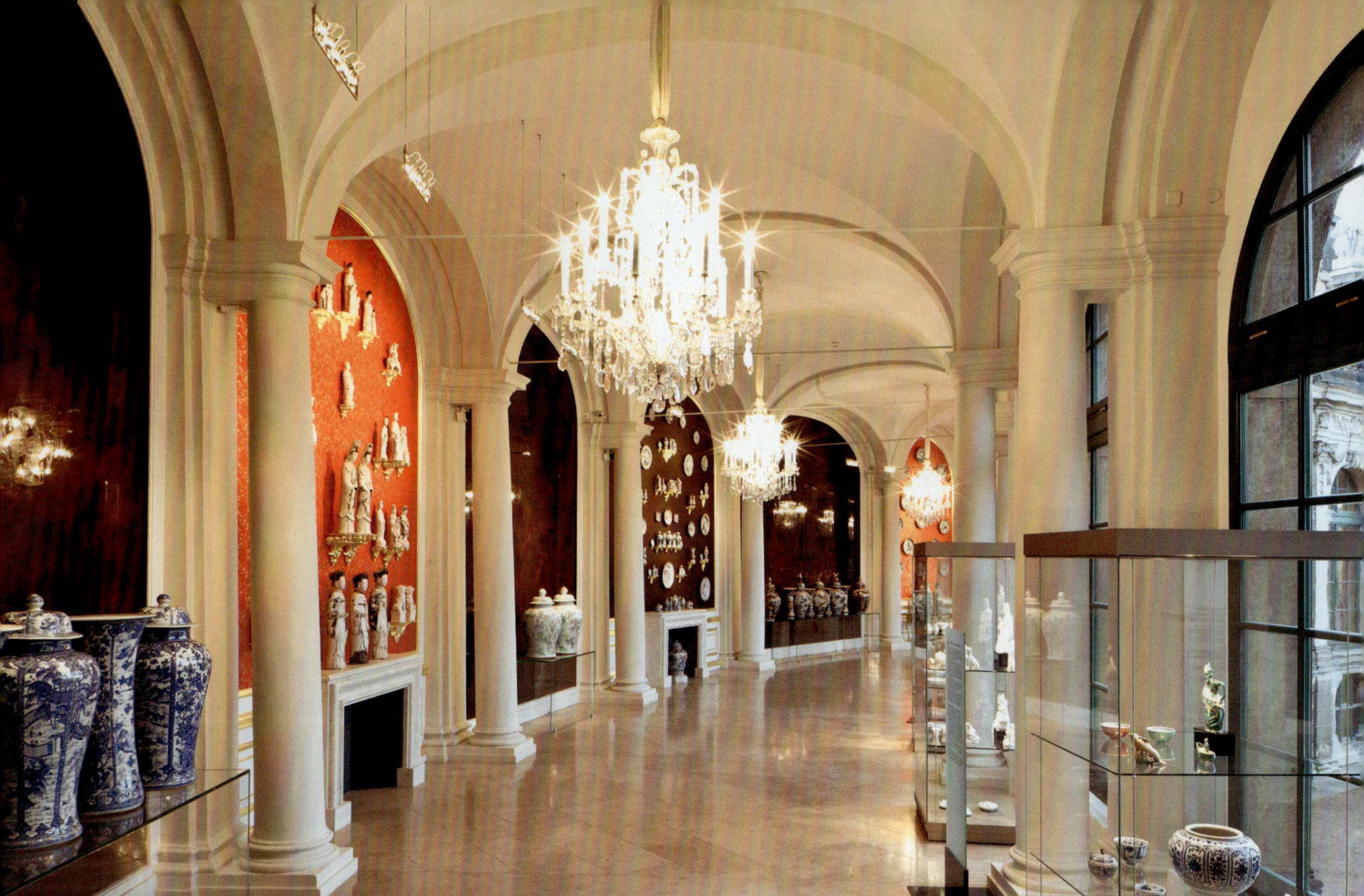

Der New Yorker Stararchitekt Peter Marino gestaltete die **Ostasiengalerie** der Porzellansammlung im Zwinger

Ostasiengalerie

Peter Marino, Architekt der 2006 eröffneten neuen Ostasiengalerie der Dresdner Porzellansammlung, schuf ebenso noble wie farbenfrohe Wandarrangements und -dekorationen – teils nach der eigenen Fantasie, teils das historische Konzept des Japanischen Palais neu interpretierend.

1604 gelang es dem Töpfer Ri Sampei, in der Nähe der Stadt Arita auf der Insel Kyushu, ein erstes japanisches Porzellan herzustellen. Ab 1616 wurde es in Arita erfolgreich produziert und mit europäischen Händlern gegen andere Waren getauscht. Als Ko-Imari (Alt-Imari) wurde das japanische Porzellan ein weltweiter Geheimtipp. Heute gehört es mit seinen drei unvergleichlichen Farben, Kobaltblau, Rostrot und einem strahlenden Weiß, zu den unbestrittenen Stars der Ostasiengalerie. Es war der in Altendresden geborene Zacharias Wagner, der dieses Porzellan im 17. Jahrhundert für Europa entdeckte. Das Jahrhunderte währende chinesische Monopol war gebrochen.

Ein weiterer in Europa beliebter und von einer besonders feinen Farbpalette in Türkis, Blau, Gelb und Persimonen-Orange auf weichweißem Grund geprägter Stil des Arita-Porzellans heißt nach der Porzellanhersteller-Familie Kakiemon, die noch bis heute auf Kyushu tätig ist und die Entwürfe ihrer Vorfahren heilighält. Traditionsbewusstsein und Bezüge zu Buddhismus, Taoismus, Shintoismus und Konfuzianismus prägen insgesamt Stilistik und Motivik des japanischen Porzellans, wie man in der Ostasiengalerie sieht.

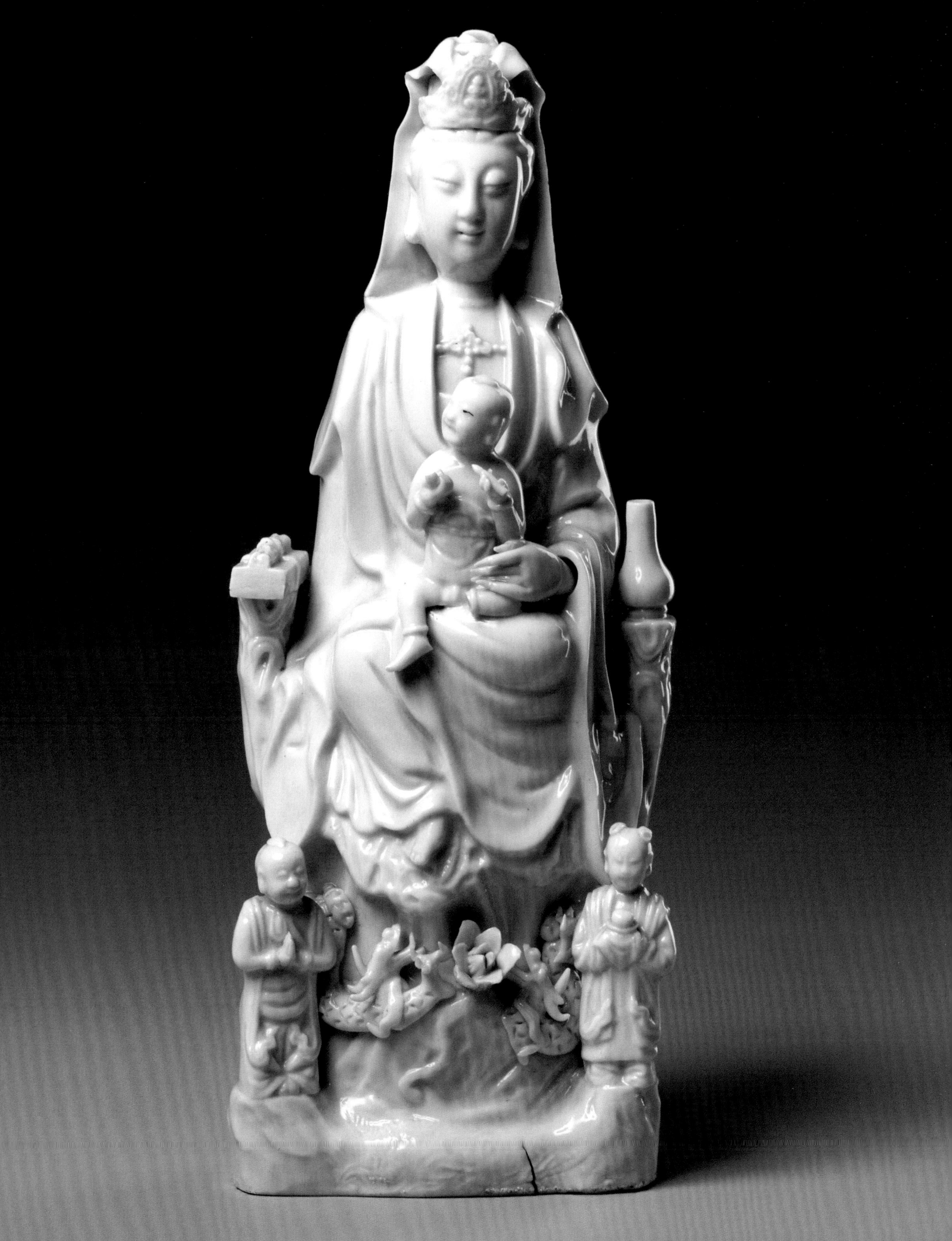

Chinesische Bogengalerie

In den vergangenen Jahren hat der New Yorker Stararchitekt Peter Marino auch die chinesischen Bogengalerie, den Tiersaal und weitere Ausstellungsbereiche für Meißner Porzellan in enger Zusammenarbeit mit dem Dresdner Architektenbüro Knerer & Lang neu gestaltet. Farbkräftige Wandarrangements und -dekorationen harmonieren mit den erlesenen Kunstwerken und setzen sie optimal in Szene.

Unter den 20 000 Exponaten der Porzellansammlung sind auch sehr frühe chinesische Keramiken. Darunter ein Flakon aus der Tang-Periode (618–906) und eine Wasserkaraffe im Ding-yao-Stil mit einem gewellten, formgepressten Blumendekor und elegant geschwungenem Griff aus der folgenden Song-Dynastie.

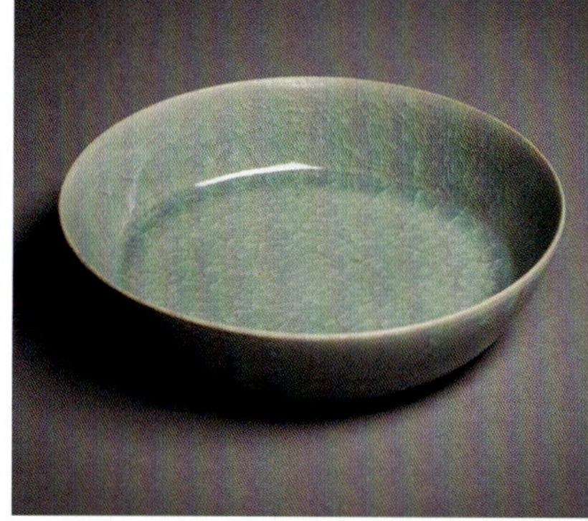

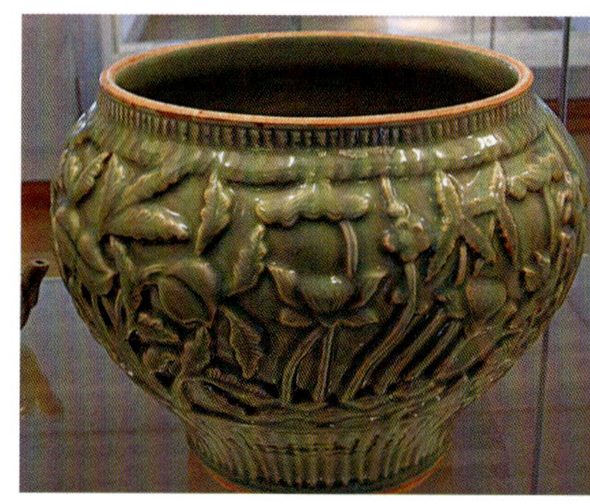

Bei Katalogisierungsarbeiten gelang ein Sensationsfund: eine seltene Ru-Schale, die zur koreanischen Keramik gezählt worden war, nun aber in die Song-Periode Chinas (960–1127) datiert werden konnte, also etwa 1000 Jahre alt ist. Weltweit gibt es nur noch etwa 90 vergleichbare Exemplare, von denen 2017 ein Stück auf einer Auktion bei Sotheby's einen Preis von 37,7 Millionen Dollar erzielte – der höchste bis dahin gebotene Preis für eine Keramik. Die mattgrüne Schale, in der einst Pinsel ausgewaschen wurden, ist wenige Zentimeter tief und hat einen Durchmesser von 13 Zentimetern. Mit ihrem zarten Craquelé vermittelt sie geradezu mustergültig jenen besonderen Reiz größter Fragilität, der für die Erzeugnisse dieser Zeit stehen. Das verlieh der Ru-Keramik unmittelbar nach ihrer Entstehung den symbolischen Mythos eines Andenkens an die idealisierte goldene Zeit. Ru-Keramik war allein dem Kaiserhaus vorbehalten und wurde in einem der fünf kaiserlichen Brennöfen um die damalige Hauptstadt Kaifeng am Gelben Fluss (Provinz Henan) gefertigt, von der neben der Keramik nur noch eines der ältesten Gebäude Chinas, die Youguo- oder Eisenpagode, zeugt.

Ru-Schale, China, um 1100. Die seltene Schale wurde 2020/21 neu untersucht und zugeordnet und erhält einen ihrem Seltenheitswert angemessenen Platz in den Dresdner Kunstsammlungen

Seladon-Schultertopf, China, Yuan-Ming-Zeit. Seladon-Porzellane erreichten in der Blütezeit der Ming-Dynastie Europa, wo sie mit Gold aufgewogen wurden

In Kaifeng, aber auch in Zhejiang am Ostchinesischen Meer, produzierte man in guter Tradition seit dem 4. Jahrhundert jade- und olivgrüne Seladon-Porzellane, wie sie in der Sammlung gut vertreten sind.

Wie schon die Wasserkaraffe im Dingyao-Stil weisen Töpfe und Behälter im Seladon-Stil florale, aber auch geometrische und Tierornamente auf, die – wie auch die Gefäßformen – an einen uralten Formenkanon anschließen. Seladonware aus Longquan erfreute sich nicht nur am chinesischen Kaiserhof großer Beliebtheit, sondern wurde von Anfang an in andere Gebiete Asiens exportiert.

In der Blütezeit der Ming-Dynastie (Mitte 14.–Mitte 17. Jahrhundert) erreichte das „Jade-Porzellan" Europa und wurde zunächst mit Gold aufgewogen. In Dehua, einem kleinen Ort ähnlich Arita in Japan und Meißen in Sachsen, entstand während der Ming-Zeit ein weißer bis cremefarbener Scherben. Dehua-Porzellan wurde daher in Europa Blanc de Chine genannt und stellte ab dem 17. Jahrhundert einen bedeutenden Teil der nach Europa exportierten Porzellane dar. Berühmt wurde es im christlichen Europa durch eine Verwechslung. Die im Mahayana-Buddhismus verehrte Guanyin wurde im Südosten Chinas als weibliche Figur mit einem Kind dargestellt, die vor allem von Frauen mit Kinderwunsch angerufen wurde. In Gestalt der „Kinder schenkenden Guanyin" wurde die Figur von Europäern als Marienfigur interpretiert und geradezu ein Schlager unter den im Blanc de Chine-Stil eingeführten Figuren.

Sitzende Guanyin mit ← Kind und zwei Begleitern, Dehua, China, Qing-Zeit, Ara Kangxi (1662–1722)

Unsterblich – die Dragonervasen

1715 diktiert Minister Graf von Watzdorf seinem Leib-Secretarius den für Hunderte sächsische Familien folgenschweren Satz: „Seine Majestät geruhen, etliche Unteroffiziere, deren sich 782 tüchtige befinden sollen, Ihrer Königlichen Hoheit von Preußen zu überlassen; … Seiner Majestät konvenieret Porcellain oder anderes davor …“ Alsbald hielt der preußische König Friedrich Wilhelm I. einen geheimen Bericht in den Händen, in dem das Ansinnen des sächsischen Monarchen zu lesen stand. Man war nicht abgeneigt.

Im Frühjahr 1717 fassten die Ministerialschreiber lange Namenslisten aus 15 sächsischen Regimentern ab, und für jeden der 600 Dragoner, die ins ferne Ostpreußen verlegt wurden, erhielt August einen Teil der Kollektion von 151 Porzellanen, deren Krönung 18 meisterhafte chinesische Standvasen waren – die Dragonervasen. Elf haben sich bis heute erhalten.

Der aufmerksame Leser wird fragen, weshalb der sächsische Herrscher das Porzellan mit dieser so unpopulären Abrüstungsmaßnahme erwarb, wenn er doch zur selben Zeit Böttger beschäftigte, um das erst wenige Jahre zuvor erfundene Meissener zu bearbeiten. Das lag am besonderen Reiz der feinen Glasur und an den kunstvollen Malereien des lotosgeblümten und drachenverzierten chinesischen Porzellans, an dessen Vollkommenheit die Meißner Manufaktur noch keinesfalls heranreichte.

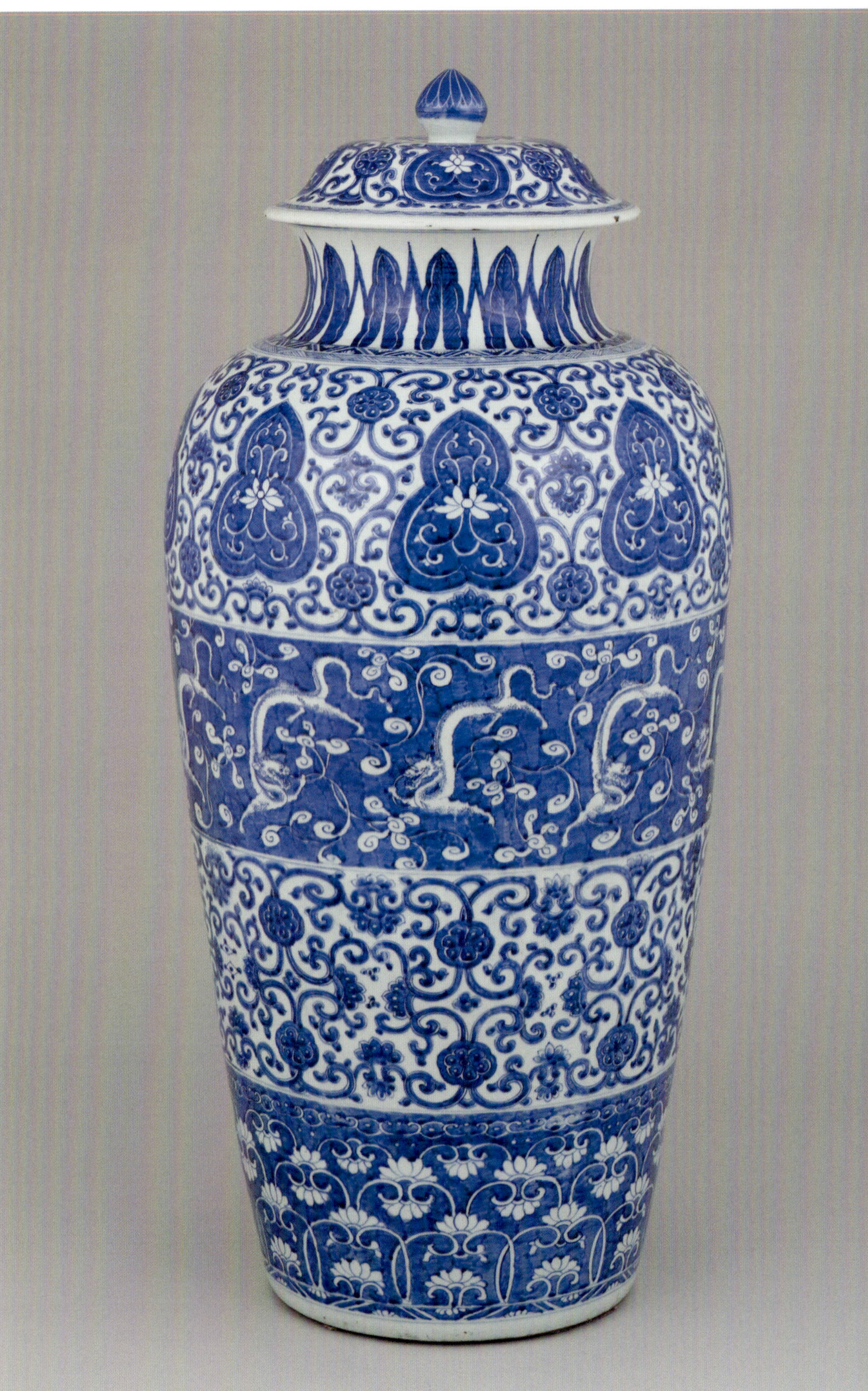

Eine der einst 18 **Dragonervasen**, Jingdezhen, China, um 1700

Nicht zuletzt war es das Bild des milchweißen transluzenten Scherbens mit dem edlem Schein, das in ganz Europa die Porzellanleidenschaft auslöste. Durch Nachahmung an den Fürstenhöfen des Rokoko gewann es großen Einfluss auf die Entwicklung der westlichen Porzellankunst. Ihrerseits imitierten die chinesischen Porzellanmacher später Meißner und Ko-Imari Dekors.

Ein anderes Design hatte das grün- oder bläulichweiße Qingbai-Porzellan, dessen Wurzeln bis in die nördliche Song-Dynastie zurückreichten und das ebenfalls in Südchina unter Verwendung eines feldspatreichen Granits hergestellt wurde, jedoch durch seine Glasur einen grünlichweißen Schimmer erhielt.

Teekanne im Famille-Verte-Stil mit Fischen und Wellen, China, 1662–1722

Es war ursprünglich für den reinen Alltagsgebrauch geschaffen und erfuhr erst später eine besondere Wertschätzung. Zu Beginn der Ming-Zeit wurde es fast vollständig von den aufkommenden Blau-Weiß-Porzellanen verdrängt. Das Kobaltblau, das später auch für das „Meissener" so wichtig wurde, kommt vom ursprünglich für den Bergbau nutzlosen Metall Cobalt, das wertvolle Silber- oder Kupfererze verunreinigte, wofür die Bergleute namensgebende Kobolde verantwortlich machten. Der blaue Farbstoff aus Cobaltoxid und Wasser verträgt jedoch hohe Brenntemperaturen und ist daher eine ideale Unterglasurfarbe für Porzellane. Verschiedene Nuancen des kräftigen Blautons erlauben Rückschlüsse auf die geografische Herkunft des Kobalts und erleichtern so die Datierung früher Porzellane.

Das erste Blau-Weiß-Porzellan in Unterglasurtechnik entstand wohl schon in der Tang-Periode. Mehr Funde sind aus der Song- und Yuan-Zeit überliefert. Der Durchbruch kam erst während der Ming-Dynastie, deren Markenzeichen es geradezu wurde. Die blau-weiße „Ming-Vase" prägte mehr noch als das Blanc de Chine die europäische Vorstellung von chinesischem Porzellan.

Charakteristisch war zunächst die „Pflaumenform". Beim Dekor herrschten geometrische, ornamentale und florale Motive vor, doch auch Vögel, Fische und Drachen wurden gemalt. Im 15. Jahrhundert nahm die Dichte des Dekors ab. Ein zentrales Motiv trat in den Mittelpunkt, „eingehüllt" in Ornamentbänder.

Ab 1520 kam es durch die Kaufkraft, die Portugiesen, Spanier und auch Chinesen aus ihren Kolonien gewannen, zu einem Aufschwung in Handel und Handwerk, der auch neue Porzellandekors wie Landschaftsmotive, Szenen aus dem höfischen Alltag und der Literatur, aber auch buddhistische und daoistische Figurenmotive und neue Farbkombinationen hervorbrachte.

Von niederländischen Häfen wurden Fürstenhöfe in ganz Europa insbesondere mit dem beliebten Blau-Weiß-Dekor versorgt. Die *maladie de porcelaine*, die Porzellansucht, grassierte. Augusts des Starken Porzellanliebe ging so weit, dass er bereit war, dem preußischen Soldatenkönig Friedrich Wilhelm I., der auf der Suche nach „langen Kerls" für seine Leibgarde war, 600 sächsische Dragoner gegen 151 Porzellane, darunter 18 über einen Meter hohe Standvasen, einzutauschen. Natürlich dürfen Stücke aus diesem „Porzellan-Deal" in der Sammlung nicht fehlen.

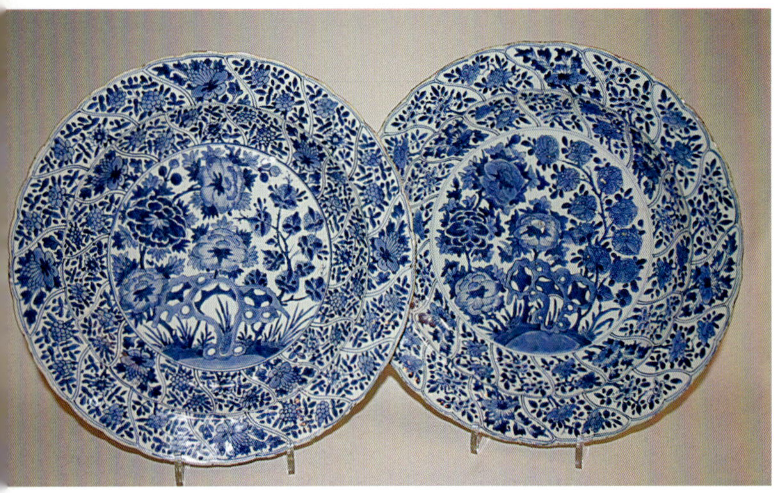

Porzellanteller mit Päonie, weiße Magnolie und Wildapfel, China, 1662–1722

Eigentlich kannte Friedrich August I. zu diesem Zeitpunkt schon das Geheimnis eigener Porzellanherstellung. Aber weder Menge noch Qualität waren wenige Jahre nach dessen langwieriger Entdeckung ausreichend, um seine Porzellansehnsucht zu stillen.

Das Blau-Weiße Porzellan beeinflusste ohne Zweifel die europäische Fayenceherstellung insbesondere der Delfter, aber auch französischer Manufakturen. Die Herstellung „echten" Porzellans gelang indes erst 1708 Baron von Tschirnhaus, Johann Friedrich Böttger und sächsischen Berg- und Hüttenleuten im Laboratorium der Festung Dresden. Bald schon drang die Zusammensetzung nach Berlin, Wien, Paris, Zürich, Kopenhagen und Neapel.

Während man die Herstellungstechnik des Porzellans der Ming-Periode kaum noch verfeinern konnte, verbreiterte sich das Spektrum der Dekors und Farben vor allem durch Aufglasurmalerei. Vier Stilrichtungen lösten dabei den Blau-Weiß-Stil weitgehend ab: *famille verte* kombinierte Grün mit Eisenrot, das einen Aufglasurbrand von um 900 Grad gerade noch vertrug; *famille rose* verwendete Purpur-, Lila- und Rosatöne; *famille jaune* einen gelben und *famille noire* einem schwarzen Untergrund.

In der Regierungszeit Qianlongs kam es zu einer letzten großen Blütezeit, die noch einmal ein Feuerwerk der Porzellankunst entfachen konnte. Jetzt kam eine bläuliche Färbung hinzu. Der Werkstoff wies nun wieder einen geringeren Kaolingehalt auf, so dass die Brenntemperaturen etwas zurückgenommen und die Stücke mit einer kräftigeren Glasurschicht überzogen wurden. Zu jeder der Stilrichtungen finden wir exklusive Stücke in der Dresdner Sammlung.

Die Dekors erreichten unter den Herrschern der Qing-Dynastie eine gesteigerte Vielfalt. Blumen und Tiere wurden vor allem in ihrer Symbolik betont, so die Päonie als Symbol der Vornehmheit und des Reichtums, aber auch der „Geliebten des Unsterblichen" und über ihren chinesischen Namen „mu-dan" nicht ohne erotische Anspielungen. Die Magnolie verbreitet eine lichtvolle, hohe Schwingung von erhebender, harmonisierender Wirkung als Symbol der Hingabe, Meditation und Intuition, der Wildapfel steht für Fruchtbarkeit und Weiterleben nach dem Tod, Lotos als Liebesblume schlechthin steht zugleich für Reinheit, Weisheit und Erleuchtung Buddhas. Buddhistische oder daoistische Motive wie auch solche aus Mythen, Sagen und der Literatur waren en vogue.

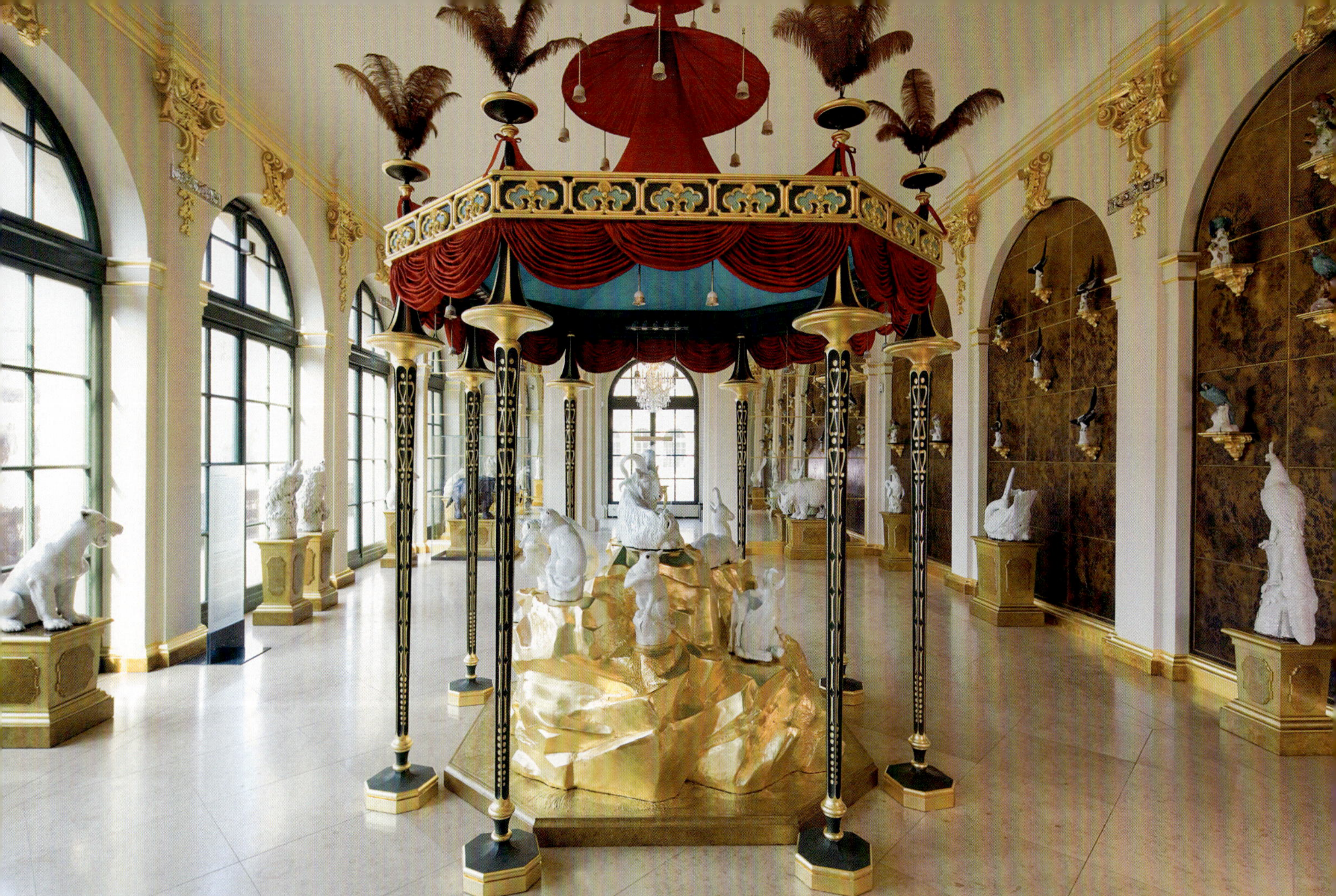

Meissener Porzellan

In der Mitte des Saals stehen zwei chinesisch anmutende Baldachine, zwischen ihnen findet sich ein gitterförmiger, fünf Meter hoher Pavillon im chinesischen Stil, gedeckt von einem Pagodendach mit Porzellanglocken. Auf vergoldeten Wandkonsolen sitzen Vogelplastiken des Meißner Modelleurs Johann Joachim Kaendler.

Auch die Innenausstattung der Bogengalerien und des Tiersaals konzipierte der New Yorker Architekt Peter Marino in exzellenter Harmonie zwischen zeitgenössischer Interpretation und historischem Konzept von 1735. Er inszeniert die Porzellane als einzigartige Luxusgüter in barocker Opulenz.

Das Wandarrangement in der Langgalerie mit türkisfarbenen Porzellanen vor purpurvioletter Umfassung war in anderer Form bereits für das Japanische Palais erdacht. Beginnend mit Versuchen, Gold „machen" zu wollen, über das braune Böttgersteinzeug bis zu den ersten erfolgreichen weißen Scherben, aus denen in den folgenden Jahren die Vielfalt des „Meisseners" entwickelt wurde – auch diese höchst heimische Facette der Porzellanentwicklung darf im Zwinger nicht fehlen. Für den Produktnamen hatte man das international oft missdeutete altdeutsche „ß" aus dem Ortsnamen der Stadt durch ein doppeltes „s" ersetzt, wenn es um die Marke „Meissener Porzellan" geht.

Einen ganzen Saal schmücken Kaendlers Tierplastiken. In der Langgalerie sind große Service ausgestellt. Orientierte man sich zunächst an chinesischen Motiven und Stilen – wie Kaendler für seine Figuren am Blanc de Chine –, wurden andererseits Meißner Kreationen alsbald in chinesischen Manufakturen nachgeahmt.

Das neue Design von Peter Marino: Im **Tiersaal** sind die Wände mit Ledertapeten nach Vorbildern des frühen 18. Jahrhunderts gestaltet – in der Mitte des Saals stehen zwei chinesisch anmutende Baldachine. Auf vergoldeten Wandkonsolen sitzen Vogelplastiken des Meissener Modelleurs Johann Joachim Kaendler

Der farbenfroh arrangierte → **Böttger-Saal** erzählt die spannende Geschichte von einer der größten Erfindungen

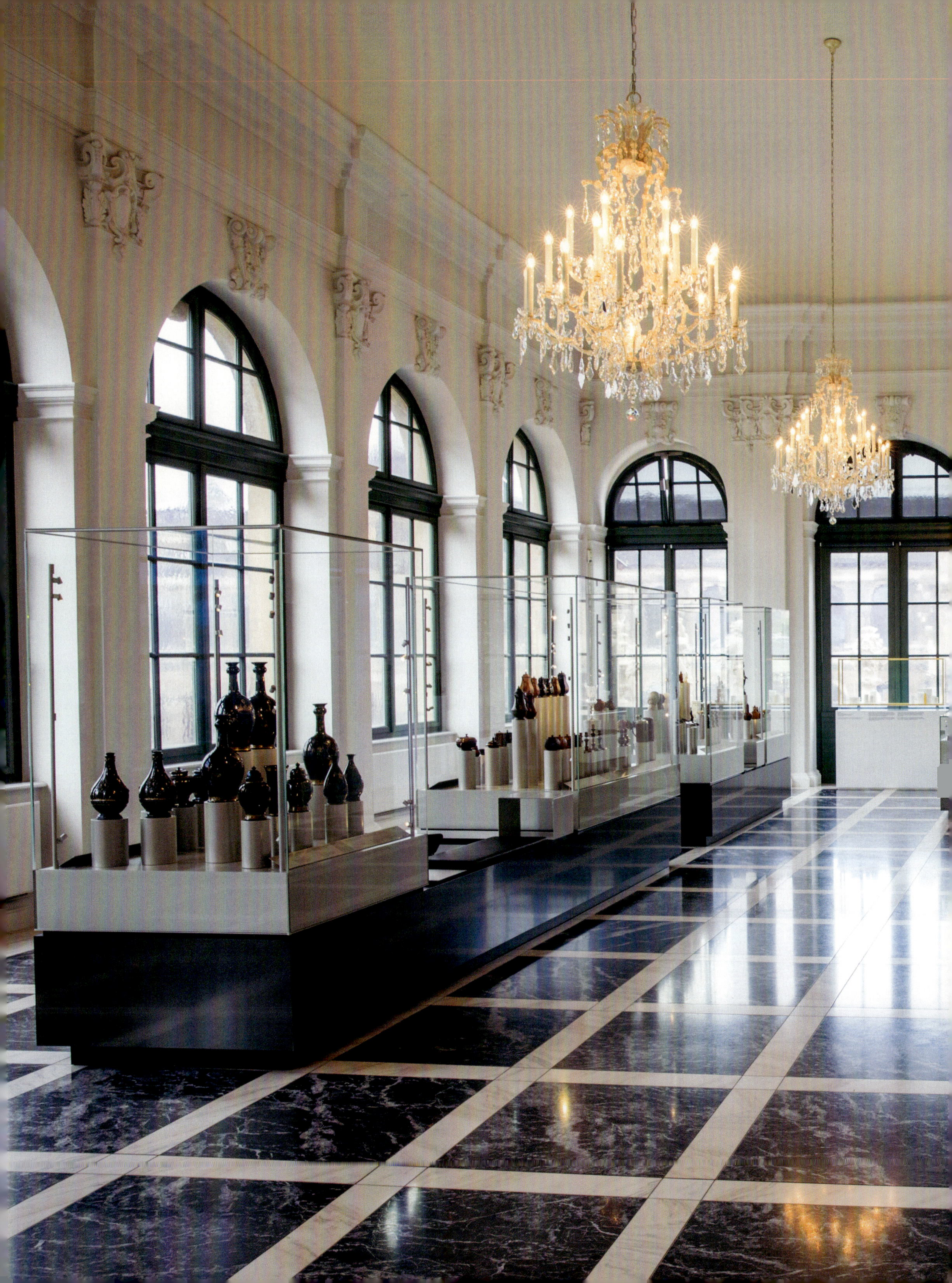

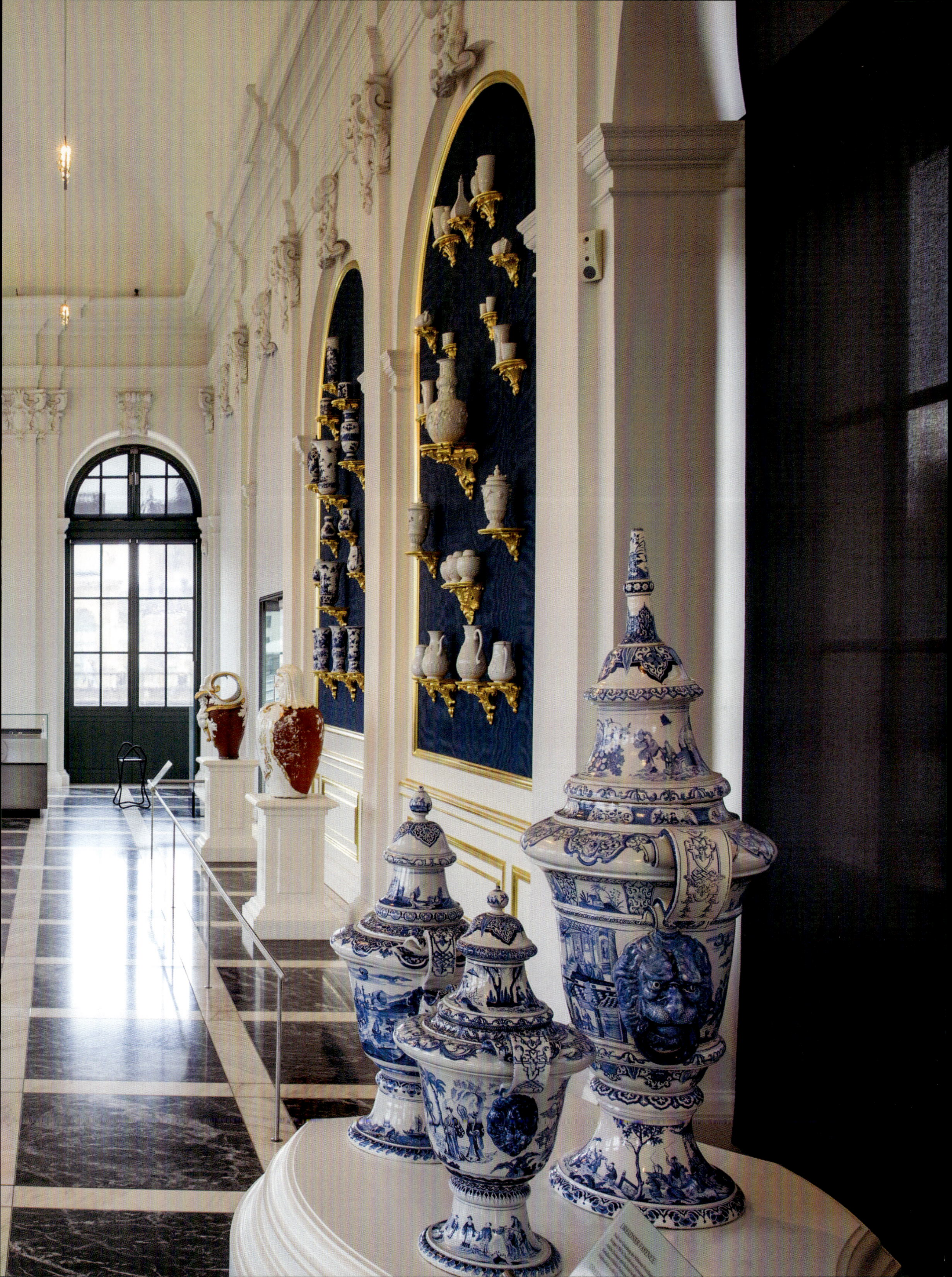
DRESDNER FAYENCE

Ehrenfried Walther von Tschirnhaus war ein Erfinder, wie er im Buche steht – er schuf gemeinsam mit dem Bergrat Gottfried Pabst von Ohain und Johann Friedrich Böttger, der die Glasur vollendete, das europäische Hartporzellan. Neben der Materialmischung und dem Gelingen des Sinterns – der vollständigen und gleichmäßigen Materialumwandlung – war die Brenn- und Ofentechnik der Schlüssel zum Erfolg. Daneben mussten Farben und Glasuren gefunden werden, die sich neben dem aus China und Japan importierten Porzellan behaupten konnten.

Kurz bevor das erste Stück (fast) weißen Hartporzellans 1707 in der Dresdner Jungfernbastei aus dem Ofen kam, arbeiteten die Porzellanmacher in drei getrennten Labors: Böttger schon zeitweilig in Meißen, Tschirnhaus im ursprünglich für Böttger eingerichteten „Goldhaus“ am Zwinger. Ohain, der Hüttenwerker, forschte meist im Pragerschen Vorwerk in Freiberg an der Ofentechnologie.

Tschirnhaus hatte bereits in den 1690er Jahren in der eigenen Glashütte in Kieslingswalde experimentiert. Für die Hartporzellanherstellung mussten Öfen Temperaturen von fast 1400 Grad erzeugen und einem gleichmäßigen Brennvorgang standhalten. An dieser Entwicklung waren ab 1706 die Freiberger Hüttenleute und Bergknappen beteiligt. Weiteres Wissen brachten die Öfner ein. Gottfried Pabst von Ohain führte Kaolin ins Feuer, als Spender des weichen, matt perlmuttartigen Porzellanglanzes. Es verlieh dem Scherben die gewünschte Farbe und sprichwörtliche Transluzenz.

1708 gelang es Böttger und Tschirnhaus, das erste europäische Hartporzellan zu kreieren. August der Starke ernannte Tschirnhaus zum Direktor der zu gründenden Manufaktur. Tschirnhaus starb aber im selben Jahr. Nach seinem Tod entwickelte Böttger das Verfahren weiter. 1709 vermeldete er die vollendete Erfindung des europäischen Hartporzellans. 1710 nahm die Porzellanmanufaktur aus Gründen der Geheimhaltung nicht in Dresden, sondern in der leer stehenden alten Burg der Wettiner zu Meißen ihre Arbeit auf. Im selben Jahr patentierte August der Starke die Herstellung und ordnete an, das Verfahren als alchemistisches Geheimnis zu hüten. Dennoch sickerte es schon bald in beinahe alle Himmelsrichtungen – Berlin, Paris, München – durch.

1718, wenige Monate vor der Hochzeit des Kurprinzen von Sachsen mit der Kaisertochter Maria Josepha von Österreich, wurde direkt vor der Nase der Hochzeitsgesellschaft im Augarten bei Wien eine Porzellanmanufaktur in Konkurrenz zu Meißen gegründet. Im kaiserlichen Wien durfte nicht fehlen, was es in Sachsen schon gab.

Damian Hugo von Virmont wurde im Herbst vor der Jahrhunderthochzeit nach Dresden beordert. Virmont sollte schauen, dass sich die Kaisertochter in Sachsen wohlfühlen würde. Der Zwinger wuchs, an Abwechslungen würde es nicht fehlen und nun war auch noch eigenes Porzellan in Produktion. Virmont war beeindruckt und warb den Meißner Samuel Stöltzel, als Schlämmer, Brenner und Massebereiter ein wichtiger Geheimnisträger, zur Gründung einer Wiener Porzellanmanufaktur vor den Augen der Hochzeitsgesellschaft ab.

Stöltzel wusste nicht wie ihm geschah, als er 1000 Gulden Jahressalär, Kost und Logis am kaiserlichen Sommerpalais erhielt für das Anrühren der Porzellanmasse inklusive Beschaffung dessen, was sie enthielt, also vor allem Kaolin. Das war nicht schwierig, wenn man Bescheid wusste: Kaolin gab es in Österreich mehr als genug; Stöltzel verpflichtete sich auf zehn Jahre. Wer aber sollte jetzt die Meißner Porzellanmanufaktur führen? Böttger und Tschirnhaus waren tot und Ohain wollte nicht weg aus Freiberg.

Schon im Frühjahr darauf, 1720, wurde also Stöltzel in Dresden „pardonieret“, man brauchte ihn dringend in Meißen. Maria Josepha hatte sich über ihren Onkel,

Johann Joachim Kaendler, **Löwin**, 1748

Johann Gottlieb Kirchner, **Nashorn**, 1730. Kirchner kreierte ab 1730 Großplastiken aus Porzellan, inspiriert vom Blanc de Chine-Stil; das Motiv stammt von Albrecht Dürer

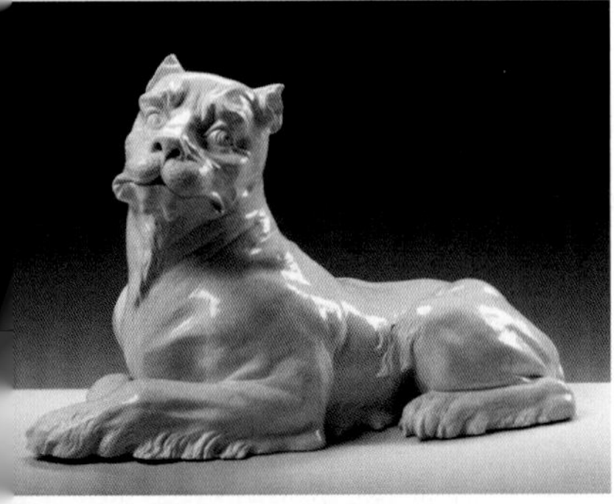

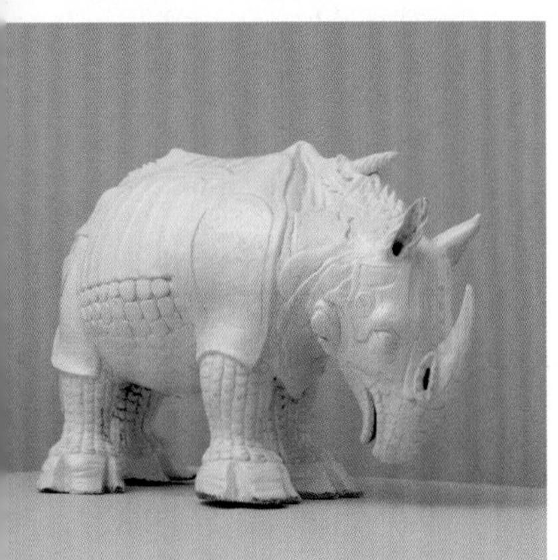

Kaiser Karl VI., seine Manufaktur und einiges mehr geärgert. Als werdende Mutter königlichen Nachwuchses stieg ihr Ansehen und so machte Gegendiplomatie es möglich: Am 7. April floh Stöltzel aus dem Augarten und brachte gleich noch den späteren Manufakturdirektor Johann Gregorius Höroldt mit.

Höroldt aus Jena war zunächst als Miniatur- und Emailmaler ausgebildet worden und hatte Kenntnisse in Farbchemie. So war er 1719 bei Paquier in Wien gelandet, doch Stöltzel hatte ihn überzeugt, wo der europäische Porzellanquell tatsächlich sprudelte. Der strebsame Thüringer wurde in Meißen *das* Farbgenie.

Ab 1720 entwickelte Stöltzel gemeinsam mit Höroldt die Blaumalerei. Die Entwicklung der Farbpalette sowie des Malgolds gehen ebenfalls auf Stöltzel und Höroldt zurück. Höroldt beeinflusste fast alle europäischen Porzellan- und Fayencemanufakturen, nachdem er eine Art Chinoiseriemalerei entwickelt hatte, zu der auch das so genannte Zwiebelmuster in Unterglasurblau gehörte. Im Mittelpunkt standen zunächst chinesische Granatapfel- und Päonienmotive, die man aber in Sachsen für Zwiebeln hielt und so den heutigen Kultnamen kreierte. Um 1740 wurden die chinesischen und japanischen Dekore dann von heimischen Pflanzen abgelöst. Von zentraler Bedeutung sind Höroldts Experimente mit neuen Farbstoffen: Zu Beginn des 18. Jahrhunderts waren nur fünf Aufglasurfarben verfügbar. Bis 1731 entwickelte er eine Palette aus 16 Emailfarben.

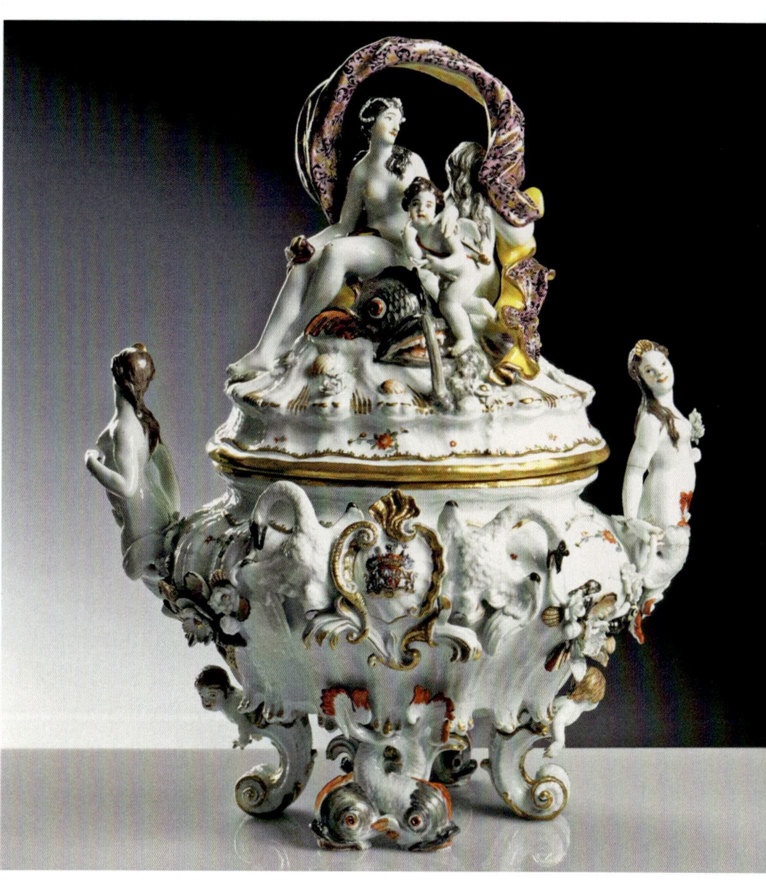

Johann Joachim Kaendler, **Deckelterrine aus dem Schwanenservice für Heinrich Graf von Brühl**, Meissen, 1737/42

Einen großen Anteil am Programm der Manufaktur hatte die figürliche Plastik. Schon in der Zeit Augusts des Starken wurden neben dem Schmuckgeschirr für den Dresdner Hof Miniaturen und Prunkfiguren für repräsentative und dekorative Zwecke angefertigt. Modelleur war bis 1731 Johann Gottlieb Kirchner, bekannt für seine großen weißen Tiergestalten, die bald Kaendler inspirieren sollten. Gottlieb war der jüngere Bruder von Johann Christian Kirchner, dem Bildhauer aus der Permoserschule, aus der auch Kaendler hervorging. Gemeinsam mit der Zwingerschule arbeiteten die Meißner Modelleure an der Einrichtung des Japanischen Palais, dessen Gestaltung in der Porzellansammlung von Peter Marino fortgeschrieben und in einem eigenen und modernen Sinn aufgenommen wurde.

Die Modellierung des *Elefanten* und des *Nashorns* durch Gottlieb Kirchner war die Geburtsstunde der europäischen Großtierplastik in Porzellan. Da Kirchner wohl niemals einen lebenden Elefanten gesehen hatte, musste er bei der Modellierung auf eine Bildvorlage zurückgreifen. Sein Mitarbeiter und Nachfolger Johann Joachim Kaendler bestimmte danach für eine Generation nicht nur die Entwicklung der Figurenplastik in Meißen, sondern strahlte auch auf andere Manufakturen aus.

Ein Höhepunkt in Kaendlers Schaffen war zweifellos sein 1738 im Auftrag des Reichsgrafen von Brühl entworfenes *Schwanenservice*. Der Tellerspiegel, eine flache

Seemuschel, nimmt ein schwimmendes Schwanenpaar auf, von weiteren Wasservögeln und wisperndem Schilf begleitet. Ein opulenter Tafelaufsatz für exotische Gewürze und Früchte, Tafelleuchter und Prunkterrinen fügen sich zu einem großartigen Porzellankunstwerk. Zahlreiche Serviceteile zeigen Figuren der griechisch-römischen Mythologie. Der blauglänzend leuchtende Glaukos, ein Meeresgott, in den sich ein Fischer nach dem Verzehr eines Wunderkrauts verwandelte, taucht in der Argonautensage auf. Er gilt als Erbauer und Steuermann des Heldenschiffs Argo und erlangte nach der Schlacht mit den Tyrrhenern auf wunderbare Weise Gotteswürde – so sah sich Brühl. Die auf einem Delfin reitende Galateia mochte eine Hommage auf Brühls Gattin Franziska Gräfin von Kolowrat-Krakowsky sein, deren und Brühls Allianzwappen nahezu alle Serviceteile an sichtbarer Stelle aufzeigen.

Ein Jahr zuvor hatte Kaendler sich bereits – nach einer Idee Augusts des Starken – an einem Porzellanglockenspiel versucht, das zwar spielbar, allerdings nicht tonal abstimmbar war, sodass die Idee für zwei Jahrhunderte ruhte, ehe sie in Meißen umgesetzt werden konnte.

Höroldts Idee, nach der heimischen Natur, namentlich auch der Vogelwelt, zu arbeiten, griff Kaendler auf und schuf zeitlose Tierskulpturen von Eichhörnchen, Eichelhäher, Pirol, Wiedehopf und Hirschkäfer. Später orientierte sich Kaendler auch an der aus Italien adaptierten Commedia dell'arte und am höfischen Leben. So entstand 1753 seine berühmte *Affenkapelle*, die Kaendler als metaphorische Absage an jegliche Zwanghaftigkeit verstand. Mit dieser Huldigung an das aufklärerische Ideal des frei denkenden, selbstbestimmten Menschen traf er den Zeitgeist und schuf zugleich ein zeitloses Meisterwerk europäischer Porzellankunst, das bis heute reproduziert wird.

Einen Blumenstrauß geschenkt zu bekommen, sollte nichts Außergewöhnliches sein. Aber einen Porzellanblumenstrauß konnten sich im 18. Jahrhundert selbst Fürsten kaum leisten. Vermählt mit dem Dauphin von Frankreich, sprach Maria Josepha, Prinzessin von Sachsen, auf einem der Bälle nach ihrer Hochzeit den Direktor der Porzellanmanufaktur von Vincennes, Louis Henri Orry de Fulvy, an und bat ihn um einen solchen Blumenstrauß.

Er konnte nicht anders, als der charmanten Prinzessin den Wunsch zu erfüllen. Immerhin ließ es sich Frankreich etwas kosten, Weißes Gold nach Meißner Muster herstellen zu dürfen. Allerdings fehlte es an Kaolin. Die Porzellanzüchter von Vincennes behalfen sich mit einer Mischung aus Salpeter, Sand, Kochsalz und Kalk, Soda und Kreide. Zarteste Rokokofarben und exklusiv hergestelltes Schmuckwerk verzierten das milchglasartige „Porcellain" und verliehen ihm seine bemerkenswerte Frische. Goldschmied Duplessis und der Modelleur Depierreux dekorierten die Blütenpracht und setzten sogar echt goldgelbe Farbtupfer.

Maria Josepha hatte dann auch eine deftige Rechnung an Lohn-, Transport- und Spesenkosten zu begleichen. Trotz miserabler Landstraßen kam das Meisterwerk aus Vincennes sicherer in die sächsische Residenz als durch die folgenden Jahrhunderte. Wir können von Glück reden, dass wir dieses filigrane Kunstwerk in der Porzellansammlung des Dresdner Zwingers besichtigen können.

→ Jean-Claude Chambellan Duplessis, **Porzellanblumenstrauß**, Vincennes, vor 1749

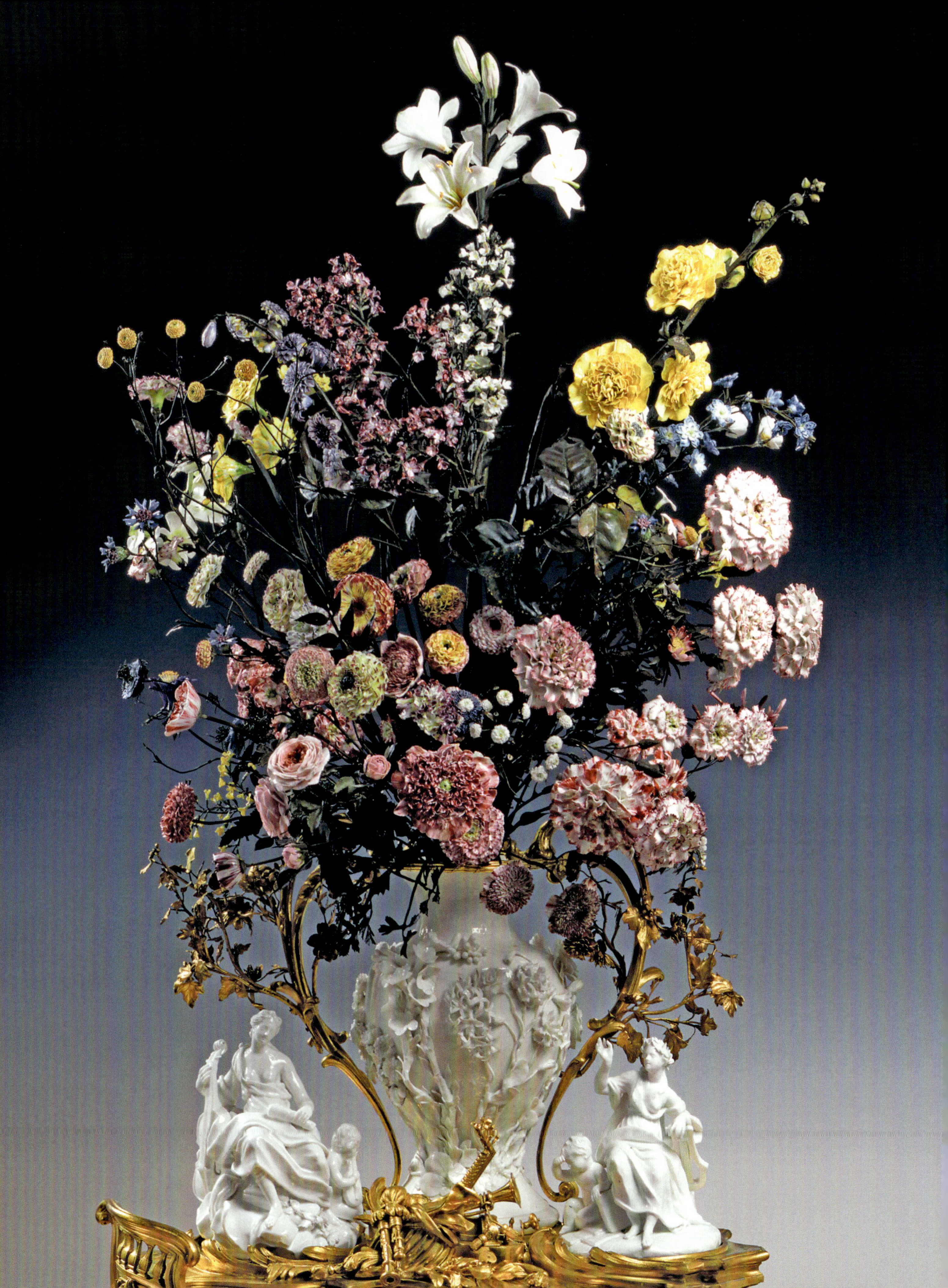

LEGENDE
1 Portikus
2 Entrée-Halle
3 Sonderausstellungen
4 Antikenhalle
5 Entrée-Saal
6 Tribuna
7 Semperkabinett
8 Skulpturengang
9 Italienische Malerei 14. bis 17. Jh.
10 Französische Malerei 17. Jh.
11 Sonderaustellungen
12 Niederländische Malerei 15. bis 17. Jh.
13 Spanische Malerei 16. bis 17. Jh.
14 Tapisserien
15 Altäre 16. Jh.
16 Französische Malerei 18. Jh.
17 Italienische Malerei 18. Jh.
18 Pastellkabinett
19 Deutsche Malerei 16. bis 18. Jh.

Treppenhaus
Aufzug

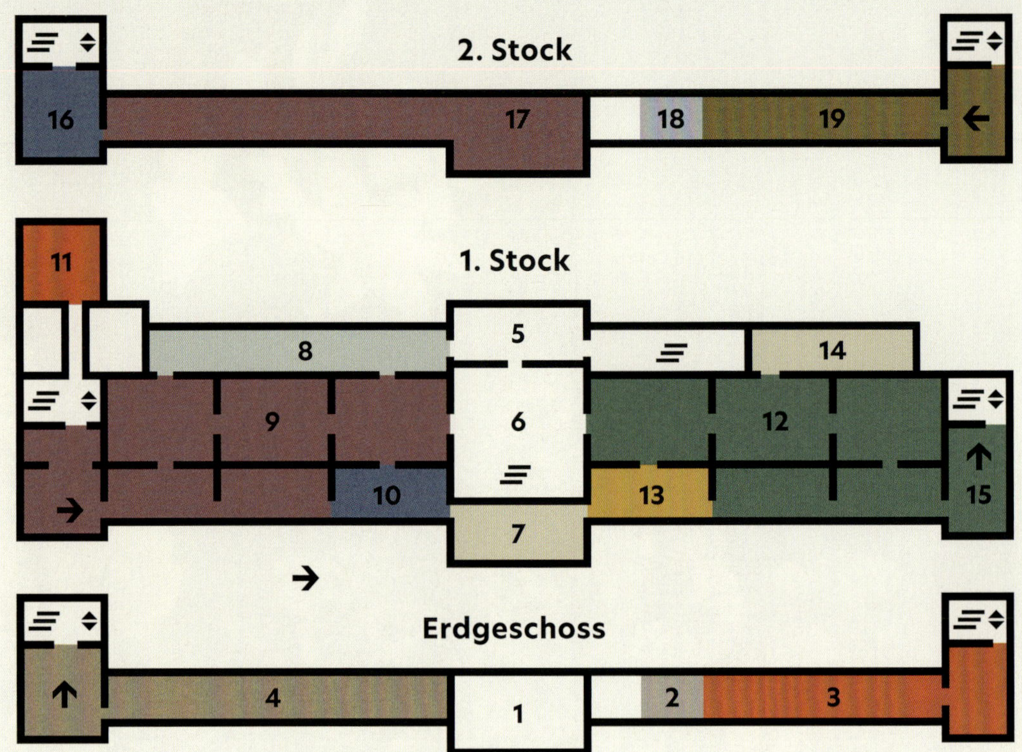

Gemäldegalerie Alte Meister und Skulpturensammlung bis 1800

Sempergalerie

120 Jahre nach dem Baustopp am Zwinger erhielt Gottfried Semper nach seinem gefeierten Hoftheater den Auftrag, ein neues Galeriegebäude auf der Elbseite des Zwingers zu bauen und das Gelände damit abzuschließen. Er selbst konnte den Bau nicht beenden, denn er musste wegen seiner Beteiligung an der bürgerlichen Revolution 1848/49 aus Sachsen fliehen. 1854 wurde der Museumsbau mit Zügen der italienischen Hochrenaissance von den beiden Baumeistern Bernhard Krüger und Carl Moritz Haenel vollendet. Im selben Jahr begann der Schriftsteller- und Historikerkönig Johann zu regieren. An der Zwingerseite hat er sich am Semperbau mit einer Inschrift zwischen den Skulpturen von Holbein und Dürer verewigen lassen:

IOANNES REX SAXONIAE. ARTIS MONUMENTA PRINCIPUM SAXONICORUM. SOLLERTI STUDIO COLLECTA. IN HOC AEDIFICIO PUBLICO. QUOD CONDIDIT FRIDERICUS AUGUSTUS REX. REPONENDA ET SERVANDA CURAVIT. A. MDCCCLV. Übersetzt bedeutet dies: „König Johann von Sachsen hat in diesem öffentlichen Gebäude, das von König Friedrich August errichtet wurde, für die Bewahrung und Pflege der Kunstsammlungen der sächsischen Herrscher gesorgt. Anno 1855."

Sempers ikonografisches Programm wurde umgesetzt. Es steht in direkter Beziehung zu den Künstlern, Schulen und Kunstsparten, die im Museum vertreten sind. Wie bei ähnlichen Bauten in München oder Berlin war die Sammlung eher da als der Bau – entsprechend konnte man „erzählen".

Der Bau hat eine zweigeschossige Front vor einem dreigeschossigen Kernbau, wobei das Untergeschoss eine kräftige Rustika aufweist. Die Fensterachsen sind als Arkaden gestaltet. Das Obergeschoss der Fassade zum Zwingerhof zeigt eine gleichförmige Reihung, bestehend aus venezianischen Rundbogenfenstern mit Palladiomotiv und Halb-

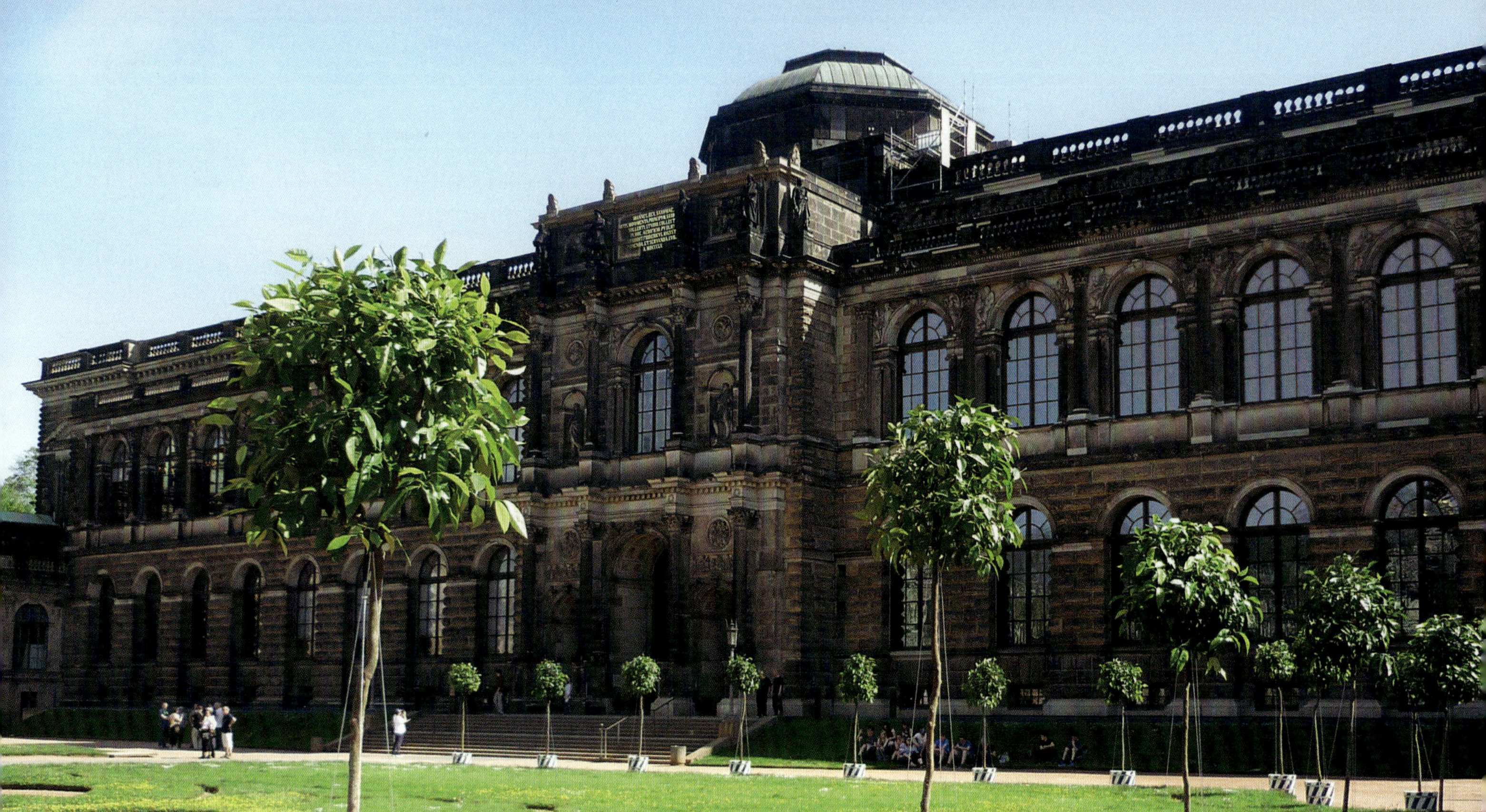

Sempergalerie von der Zwingerseite aus, im Sommer mit den "hesperidischen" Orangenbäumen

säulen. Mit 127,35 Metern Länge und 23,77 Metern Höhe ist die Sempergalerie das größte Gebäude des Zwingerkomplexes; es dominiert die eher filigranen barocken Bauten. Das war durchaus beabsichtigt – konnte man sie schon nicht abreißen, so sollte der Mitte des 19. Jahrhunderts ungeliebte Stil des vergangenen Jahrhunderts möglichst „versteckt" werden. Die Fassade ist in 23 Achsen unterteilt, die Seitenfassaden in jeweils drei. Zentrum des Gebäudes bildet der Mittelrisalit, ein triumphbogenartiger Portikus, der den Theaterplatz mit dem Zwingerhof verbindet. Mit seiner Kuppelbekrönung über einem achteckigen Tambour ist es Pendant zum gegenüberliegenden Kronentor.

Generell sind die an der Fassade zum Theaterplatz und an der Schmalseite zum Zwingerteich dargestellten Personen der antiken Klassik zuzurechnen, während die zum Zwingerhof und an der Schmalseite zum Schloss gezeigten Figuren für die frühe Neuzeit stehen, vor allem die Kunst der Renaissance. Bildhauer waren Ernst Rietschel (an der Theaterplatzseite) und Ernst Julius Hähnel (im Zwinger), deren Entwürfe noch der sächsische König Friedrich August II. mit einer Baukommission abnahm. Gearbeitet wurde nicht im Atelier, sondern direkt auf dem Gerüst an den Fassaden, wo Steinmetze die Tonmodelle der Meister umsetzten.

Das Bildprogramm ist nicht zu unterschätzen. Insgesamt sind 120 Sandsteinskulpturen an der Außenfassade angebracht. 72 kleinere Zwickelfiguren über den Fenstern und Torbögen, 20 Medaillons, 16 Reliefs und 12 große Statuen. Die Innenarchitektur umfasst weitere 160 Figuren. Zu ihrer Eröffnung galt die Sempergalerie als das „am reichsten verzierte Museumsgebäude".

Kommt man vom Zwingerhof die Stufen zum Portikus hinauf, fällt gleich links das Relief des Heiligen Georg im Kampf mit dem Drachen auf. Nach rechts folgen Judith, die das Haupt des Holofernes in der Linken, das Schwert geschultert in der Rechten hält; weiter rechts folgen Siegfried als Drachentöter und Samson im Kampf mit dem

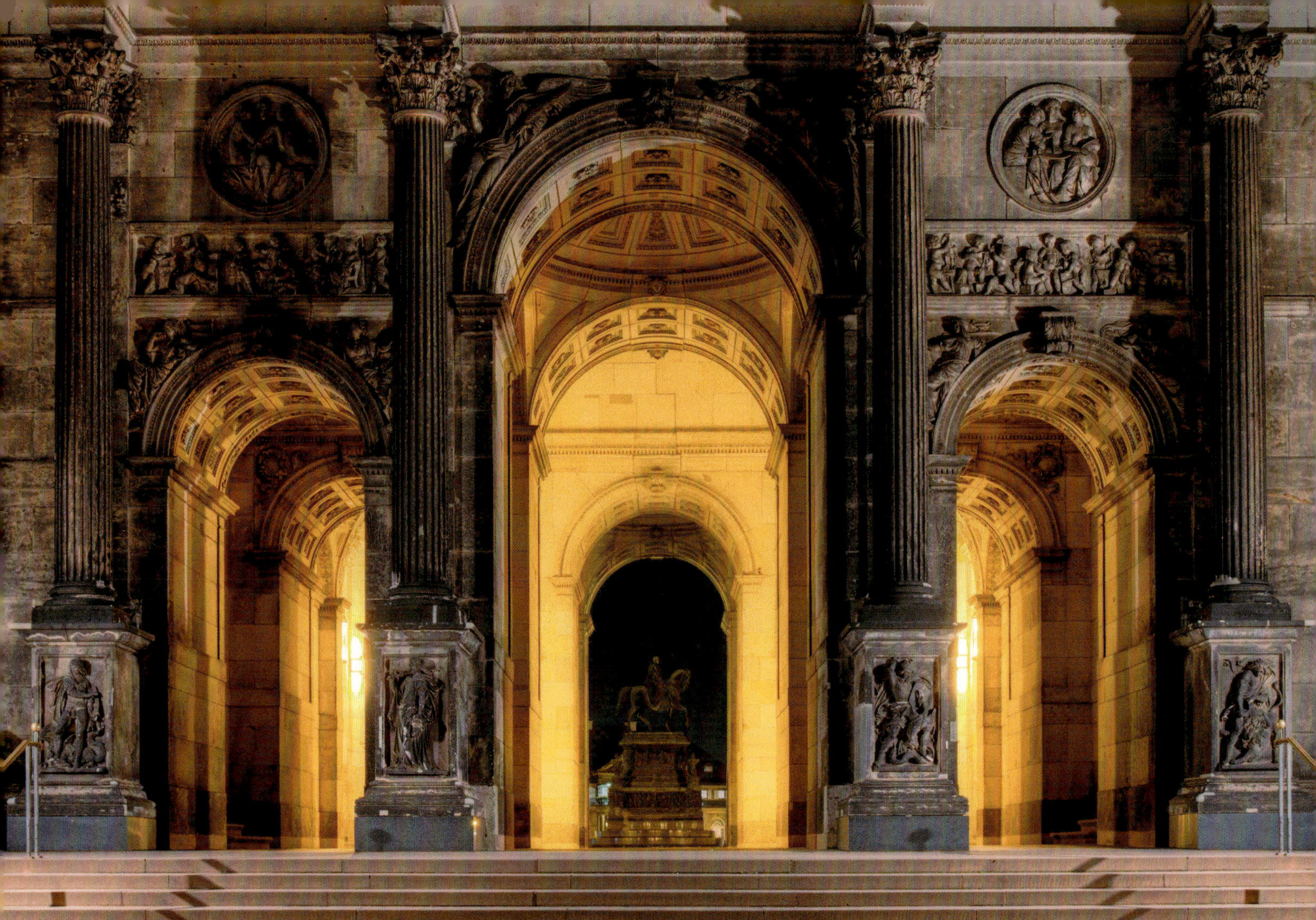

Die Arkadenbögen der **Sempergalerie** sind dem Konstantinsbogen in Rom nachempfunden

Löwen. Hier haben sich Ernst Rietschel und Ernst Hähnel die Motive aufgeteilt, unterstützt von Johannes Schilling, der im mittleren Teil weiter oben auch die Medaillons und Kinderfriese zu den Themen Malerei und Bildhauerei schuf.

Nicht weit entfernt stehen im Zentrum der Verehrung zwei bedeutende Renaissancekünstler, Ernst Julius Hähnels berühmte Figuren *Raffael*, links mit Barett, und *Michelangelo Bounarroti,* rechts mit Hammer und Meißel. *Pegasus* und *Sphinx* in den Reliefmedaillons darüber stellen göttliche Inspiration und Beständigkeit dar, eine Tugend, die wahrer Kunst eigen ist.

In den Bogenzwickeln des mittleren Fensters finden wir außerdem die Erzengel *Raphael* und *Michael,* die nicht nur auf die Namen der beiden Künstler (Raffael und Michelangelo) anspielen, sondern als Genien der Künste auch die Verbindung zum christlichen Bildprogramm der Zwickelfiguren links und rechts entlang der Galerie herstellen. Dazu gehören weiter oben zwischen den freistehenden Skulpturen die beiden Reliefs *Jakobs Traum* (Jakob sieht die Engel auf der Himmelsleiter auf- und absteigen) und *Jakobs Ringen mit dem Engel.*

Ganz oben auf der Attika neben der Inschrift für König Johann befinden sich sechs freistehende Figuren, die berühmte Künstler des Abendlands darstellen: im Zentrum Rietschels und Hähnels *Holbein* und *Dürer,* daneben *Giotto* und der Nazarener *Peter von Cornelius;* seitlich die Dichterfürsten Italiens und Deutschlands, *Dante* (den König Johann so liebte und ins Deutsche übertrug) und *Goethe.*

Auf der Elbseite ist die Attika des Mittelrisalits am Giebel durch vier freistehende Hauptfiguren bekrönt: links Rietschels griechischer Staatsmann *Perikles* mit Helm und Gesetzesrolle, neben ihm der Bildhauer *Phidias* mit Hammer und Meißel, rechts Werke Hähnels: der Bildhauer *Lysipp* mit Hammer und Meißel und sein Förderer, der Feldherr und König *Alexander der Große* mit seinem Schwert.

Die vier meisterlichen Reliefs mit antiken Helden in Aktion im unteren Bereich am Theaterplatz sind alle von Rietschel: *Herakles* im Kampf mit der Hydra, *Perseus* ringt mit dem Drachen Ketos, *Jason* präsentiert das Goldene Vlies und *Theseus*, der den Minotauros besiegt.

Runde Medaillons zeigen ferner die Neun Musen. Die Zwickelfiguren des Mittelteils und die Medaillons über den seitlichen Bogendurchgängen demonstrieren, welche Wirkungen Kunst haben kann: Im linken Medaillon formt *Prometheus* aus Ton und Erde einen Menschen; *Athena* haucht ihm Seele ein; rechts im Medaillon ist der Bildhauer *Pygmalion* zu sehen, der sich unsterblich in eine von ihm selbst geschaffene Statue verliebt.

In den Zwickeln des mittleren Bogens befinden sich die Abbilder zweier großer Sänger, *Orpheus* (links), der durch seinen Gesang den Tod besiegt, und rechts *Amphion*, Erfinder einer Dur-Tonart, bei dessen Lyraspiel sich die Stadtmauern von Theben angeblich selbst aufrichteten. In den Zwickeln der Seitenbögen finden sich Darstellungen der vier Elemente *Feuer, Wasser, Luft und Erde* als Putti. Darüber sind Kinderreliefs angeordnet – Eleven üben sich in friedlichem Wettstreit: *Gesangsvortrag, Ringen, Diskuswerfen, Wagenrennen, Laufen.*

Im Durchgang zum Zwingerhof kann man über den seitlichen Eingängen in die Museen zwei weitere Reliefs entdecken. Zum Thema Erweckung und Befreiung schmückt *Amor*, der die in todesähnlichen Schlaf versunkene *Psyche* wachküsst, als Supraporte den Haupteingang der Gemäldegalerie. Psyche hatte im Auftrag der Venus eine Salbenbüchse aus der Unterwelt geholt. Es war ihr untersagt, das Gefäß zu öffnen, und weil sie dieses Gebot nicht befolgte, fiel sie in einen todesähnlichen Schlaf. Amor rettet Psyche mit einem Stich seines Pfeils und erweckt sie zu ewiger Liebe. Dieser antike Mythos war in der Zeit der Romantik, die wieder aufkeimte, als die Galerie eröffnet wurde, ein beliebtes Thema.

Gegenüber geht es weniger romantisch zu: Der an einen Felsen im Kaukasus geschmiedete *Prometheus* leidet, bis seine Ketten von *Herakles* zerbrochen werden. Die Schmalseite zur Stadt und die Fassade zum Zwinger (Südseite) führen das ikonografische Programm zur Entwicklung der Kunst mit der Darstellung christlicher Motive fort. An der östlichen Schmalseite befinden sich in den Medaillons allegorische Darstellungen der *Italia* und *Germania* sowie in den Bogenzwickeln *Faust* und *Helena*, stellvertretend für den Kunstbegriff der Klassik.

In den Zwickeln der Fensterfront zum Zwinger werden rechts vom Mittelteil Personen aus dem Alten Testament dargestellt, *Adam* und *Eva, Noah* und *Abraham, Melchisedek, Jakob, Moses, David* und *Salomon* und verschiedene *Propheten*. Die linke Seite ist Personen des Neuen Testaments und dem Erlösungsgedanken vorbehalten; man erkennt *Kreuzfahrer, Heilige,* darunter die Apostelfürsten *Paulus* und *Petrus*, die *vier Evangelisten Matthäus, Markus, Lucas und Johannes, Johannes den Täufer* und *Maria* mit dem *segnenden Jesuskind.*

Über den Durchgängen finden wir in den Bogenzwickeln und in den Reliefs darüber wiederum vielfältige Bezüge zur Kunstausübung: Putti meißeln, töpfern, malen. Zur Sammlung der Gemälde und Skulpturen gelangt man durch die Entrée-Halle und ein imposantes Vestibül.

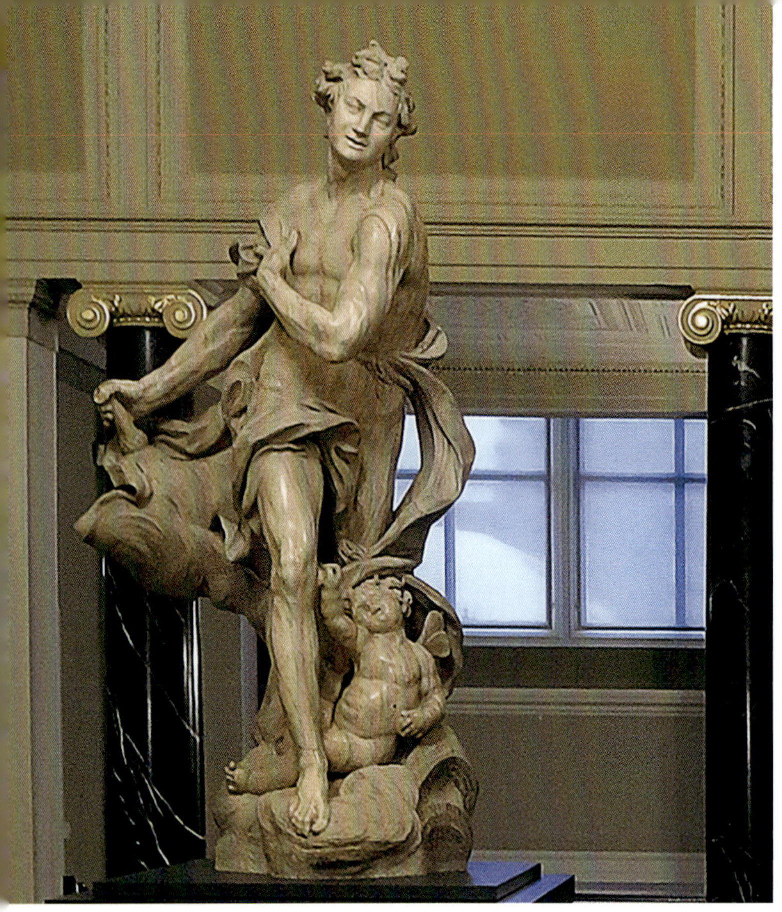

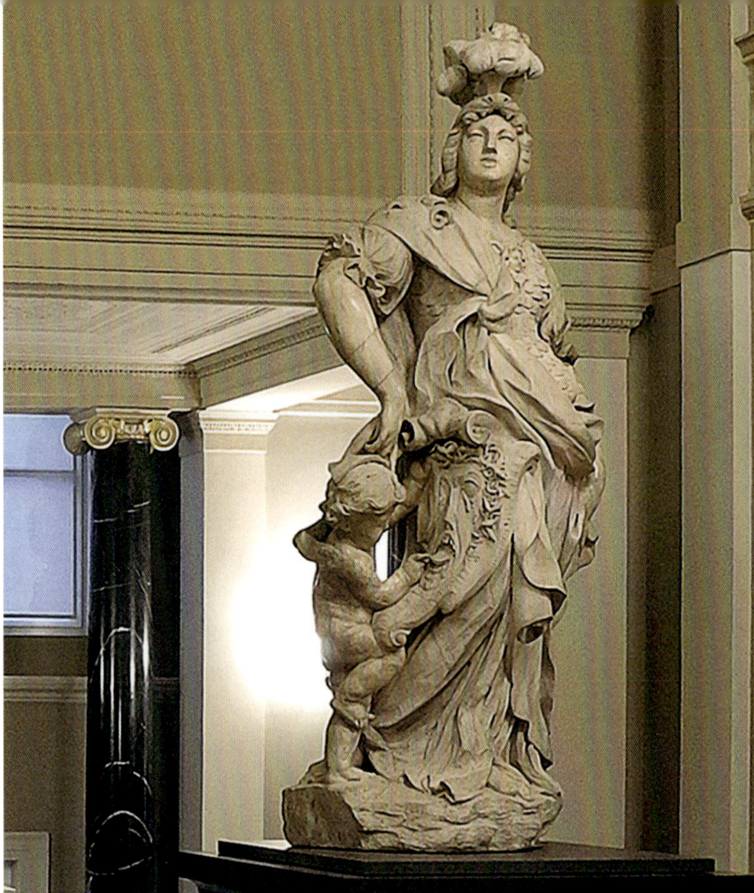

Balthasar Permosers **Apoll und Minerva** bereichern das Vestibül

Gemälde und Skulpturen – die Alten Meister

ENTRÉE-HALLE

Betreten wir nun die Gemäldegalerie und lassen unseren Blick durch das Vestibül schweifen. Friese von Gipsreliefs führen plastisch in die Geschichte der italienischen, deutschen und niederländischen Malerei ein. Kreuzgewölbe wie in einem sakralen Bau sind getragen von antiken korinthischen und ionischen Säulen aus poliertem Marmor und grauem Granit. Die Kapitelle aus Sandstein sind weiß bemalt und mit Gold verziert. Zwei Seitenhallen mit Tonnengewölben gleichen in ihren Renaissanceformen wiedererweckten antiken Tempeln, ausgestattet mit rosettengeschmückten Deckenkassetten und spiegelnden gelben und roten Marmorböden.

August der Starke und Gemahlin empfangen uns als barocke Statuen – ursprünglich im Grottensaal des Zwingers aufgestellt – *Apoll* und *Minerva*. Als Führer der Musen und Gott des Lichts stürmt Apoll voran über die Wolken, vertreibt die Finsternis und überwindet Hypnos, den Gott des Schlafs, dargestellt als Putto zu seinen Füßen.

Minerva ist mit Helm und Schuppenpanzer gerüstet und trägt die Züge von Augusts Gemahlin Christiane Eberhardine. Mit der rechten Hand berührt sie den Kopf eines Puttos, der den Schild mit einem Medusenhaupt stützt, und spielt dabei nonchalant mit der herausgestreckten Zunge des Monsters – Permoser, der geniale Bildhauer, lässt grüßen. Das ist ganz sein Humor.

Fünf Medaillons zeigen Allegorien der italienischen Schulen Venedig und Florenz, des lombardischen Nordens mit der Emilia Romagna sowie niederländische und deutsche Malerei, vertreten durch Hubert und Jan van Eyck, Hans Memling und Lucas Cranach, Albrecht Dürer und Hans Holbein d. J.

Die **Dresdner Hängung** in der Gemäldegalerie im 19. Jahrhundert

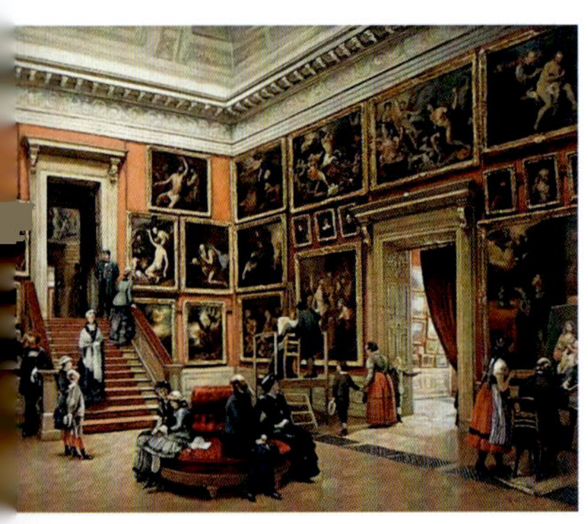

Wir steigen hinab zu Kassen, Garderoben und Kunstbuchhandlung König und können von dort verschiedene Wege wählen. Seit ihrer Wiedereröffnung am 29. Februar 2020 wird die Sammlung nach siebenjähriger Rekonstruktion in einer neuen Form gezeigt, in der „Gemäldegalerie Alte Meister und Skulpturensammlung bis 1800" gemeinsam ihre Werke präsentieren.

Anlass der Neupräsentation der Sammlung war die notwendige technische Modernisierung der Sempergalerie. Für den Wiener Kunsthistoriker Stephan Koja, seit 2016 Direktor der Sammlung, Impuls, die Bestände neu zu arrangieren. Gottfried Semper hatte mit der Sempergalerie geradezu ein Schloss für die fürstlichen Sammlungen geschaffen. Anliegen der Neupräsentation ist zugleich, diesen prächtigen Eindruck wiederherzustellen. Dabei spielen die 1500 spätbarocken geschnitzten und vergoldeten Rahmen, mit denen die Bilder versehen sind, eine festliche Rolle. Dabei wurde auch die berühmte Dresdner Hängung wieder aufgegriffen, bei der mehrere Bilder übereinander hängen.

Eine vielgestaltige Galerielandschaft entstand – kein Saal gleicht dem anderen. Die Hängung der vielen hochkarätigen Kunstwerke erfolgt nach Schulen. Vier Altarbilder von Antonio da Correggio und 16 Veduten von Bernardo Bellotto, genannt Canaletto, sind in Folge angeordnet. Im Cranach-Saal brillieren 40 Bilder des Renaissancemeisters. Die restaurierten flämischen Tapisserien aus der Werkstatt von Pieter Coecke van Aelst, unwahrscheinlich kostbar, mit eingewebten Gold- und Silberfäden, kommen in einem eigenen Raum ganz neu zur Geltung. Das weltweit einmalige Pastellkabinett, ausstaffiert mit kostbarem Seidendamast, erstrahlt in neuer Pracht.

750 Gemälde (ein Fünftel des Bestands) und 1100 Skulpturen (von 28 000) werden gezeigt. Letztere – Meisterwerke der Plastik von der Antike bis zum Barock – sind nicht nur in den Sälen der Gemäldegalerie aufgestellt, wo sie zu direktem Vergleich einladen, sondern auch im Skulpturengang. Hier finden sich vor allem exquisite Kleinbronzen der Renaissance. Neben Schöpfungen von Giambologna, Giovanni Francesco Susini und Adriaen de Vries wird hier mit der von Filarete Mitte des 15. Jahrhunderts geschaffenen Reiterfigur des Marc Aurel die älteste erhaltene Kleinbronze der Renaissance gezeigt. Skulpturen dominieren in der Antikenhalle.

Geschichte einer Sammlung

Begonnen hatte alles mit der „Cunst-Cammer" Kurfürst Augusts 1560 im Schloss. Gemälde und Skulpturen spielten in dieser Sammlung noch eine untergeordnete Rolle. Erste Werke Dürers und Cranachs sind aber bis heute aus dieser Zeit erhalten. 1722 ließ August der Starke Baron Raymond Le Plat 1938 Kunstwerke, „der besten im Obergeschoss des alten Reisigen Stalles am Jüdenhof", dem späteren Johanneum, zu einer Galerie vereinigen. Die große Zeit der Ankäufe, vor allem italienischer und niederländischer Meister, begann in der ersten Hälfte des 18. Jahrhunderts mit August dem Starken, beraten von den Grafen Flemming und Wackerbarth sowie von Baron Le Plat. Vor allem Augusts gemäldeaffiner Sohn Friedrich August II. professionalisierte die Ankäufe weiter, unterstützt durch Graf Heinrich von Brühl. Bilderkäufe wurden zu diplomatischen Affären. Man verhandelte unter Decknamen und berichtete in chiffrierten Briefen. Schneller an das beste Kunstwerk zu gelangen als der Käufer eines verfeindeten oder – noch schlimmer – befreundeten Hofs war das Ziel. Geld spielte eine untergeordnete Rolle. Erwerbungen wie die gräflich Waldsteinische Sammlung in Dux von 1741 oder die Übernahme von 69 Gemälden aus der kaiserlichen Galerie in Prag 1748/49, und vor allem der Ankauf der 100 besten Bilder der berühmten herzoglichen Sammlung von Modena 1745/46 waren in der Geschichte des Kunsthandels ohne Beispiel. 1754 krönte der Erwerb der *Sixtinischen Madonna* von den Klosterbrüdern in San Sisto in Piacenza für 12 000 Goldzechinen die Königliche Sammlung.

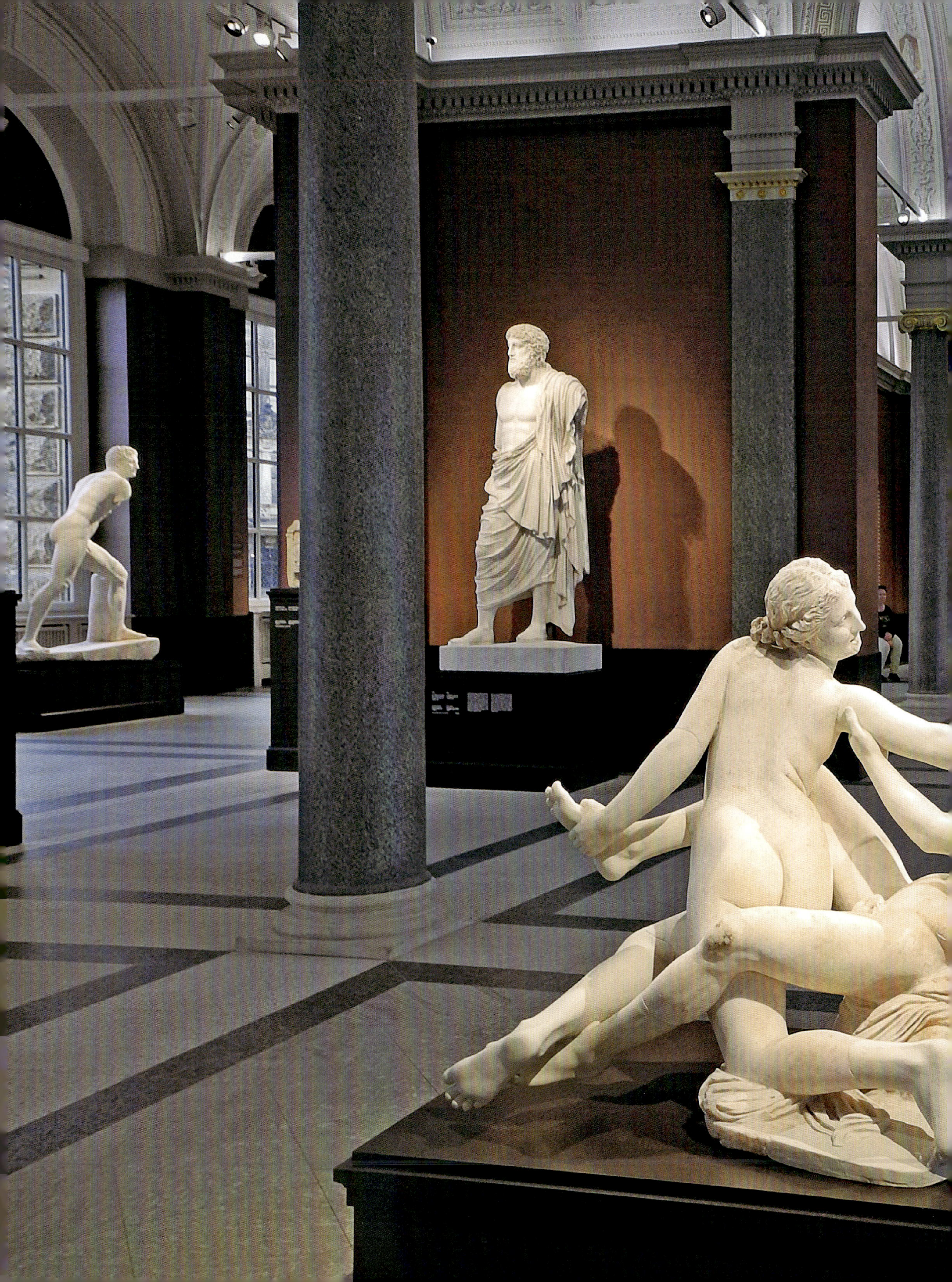

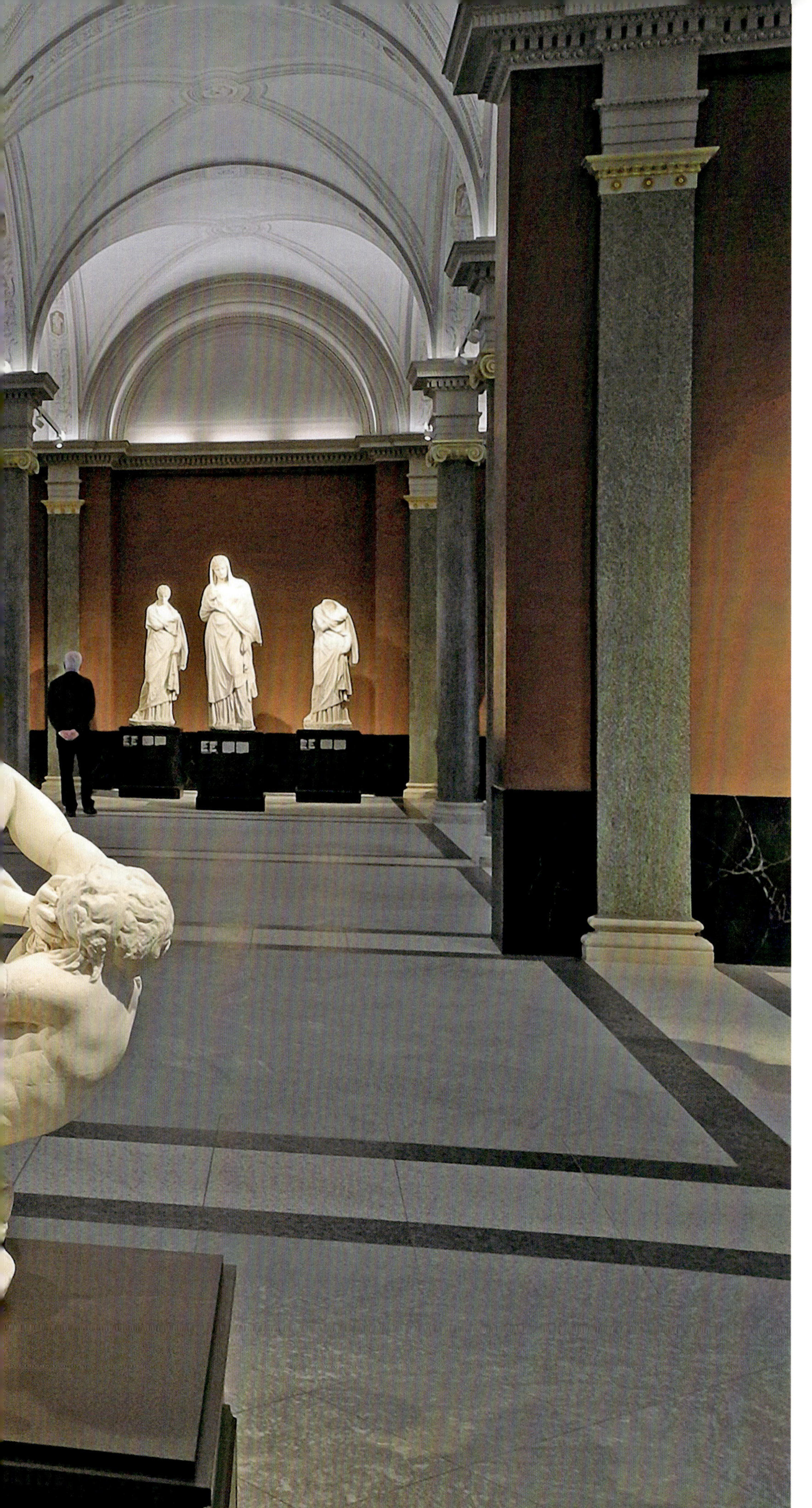

Silen und Hermaphrodit (Symplegma) in der Antikenhalle

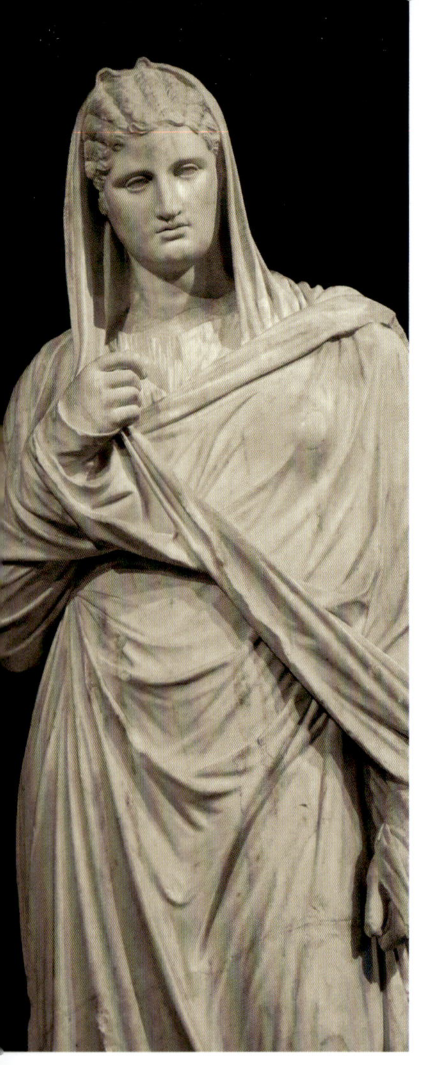

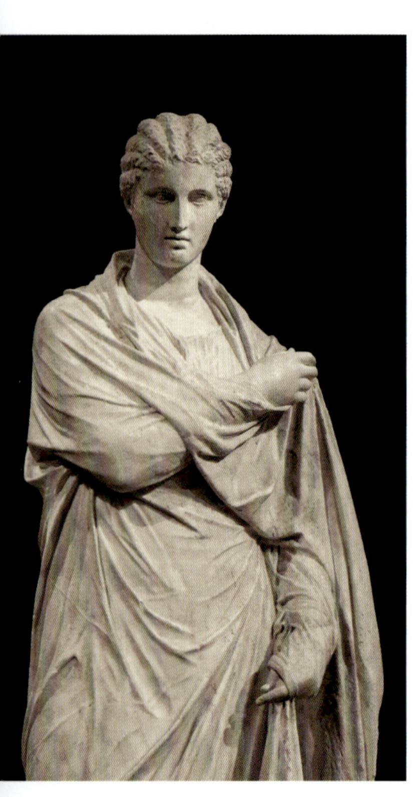

ANTIKENHALLE

Beginnen wir dort, auf der Ostseite der Sempergalerie. Ein Kunstgriff der neuen Präsentation: Als Besucher betreten wir den Antikensaal nicht durch das Portal auf selber Ebene, sondern gleichsam aus dem Untergrund. Eine Treppe führt aus dem Gang unter dem Portikus zwischen Theaterplatz und Zwinger hinauf.

Die Skulpturen stehen in jenem Saal, den Gottfried Semper für Gipsabgüsse und Statuen konzipierte. Er wollte sie in lebendiges Licht setzen, so wie es auf den griechischen Inseln zwischen den Tempelsäulen hindurch scheint. Beide Längsseiten der Galerie im Erdgeschoss haben hohe Fensterreihen, so dass sich je nach Sonnenlauf die Beleuchtung der Statuen verändert.

Im lichtdurchfluteten Raum ist eine Auswahl der schönsten Objekte der Antikensammlung aus der Zeit von 3000 v. bis 500 n. Chr. zu sehen. Skulpturen aus Marmor, wie die berühmten *Drei Herkulanerinnen*, Statuetten aus Bronze, Gefäße aus bemaltem Ton, Grabdenkmäler und ägyptische Mumien lassen die antike Welt wieder lebendig werden.

Silen und Hermaphrodit (Symplegma)

Das *Dresdner Symplegma*, die Kopie einer verloren gegangenen Figurengruppe aus dem 2. Jahrhundert v. Chr., zeigt zwei wahrlich „zusammengeflochtene" Figuren – Symplegma ist ein griechischer Terminus aus der Ringersprache. Jedoch handelt es sich um eine Verwechslung. Silen, der Anführer des Chors der Satyrn, hatte den Hermaphroditen wohl für eine Nymphe gehalten, die er überraschen wollte.

Die Drei Herkulanerinnen

Aber schon erblicken wir die *Drei Herkulanerinnen* in einer Nische am Ende des Saals. Eine ist kopflos, aber ihr so genannter Einsatzkopf ist gar nicht weit entfernt mit ausgestellt. Die *Kleine Herkulanerin* steht links. Die Große in der Mitte. Was sie eint, ist ihr Fundort Herculaneum. Nicht weit von Pompeji gelegen, war die Stadt im Ascheregen des großen Vesuv-Ausbruchs im Jahr 79 versunken.

1592 entdeckte der große römische Architekt Domenico Fontana bei Kanalbauarbeiten unterhalb des Vesuvs eine Inschrift auf einer Marmortafel und römische Münzen. Der archäologisch interessierte Kavalleriegeneral Karl Eugen, Prinz von Lothringen-Lambesc, kaufte das Land und begann zu graben. So wurden die *Herkulanerinnen* bereits 1710 gefunden. Sie kamen in den Besitz des kunstbegeisterten Prinzen Eugen in Wien. Kurfürst Friedrich August II. von Sachsen erfreute sich an seinem 40. Geburtstag über die Erwerbung der drei Antiken aus dem Nachlass des Prinzen von Savoyen. Friedrich August II. pflanzte die Antikenliebe seiner Tochter Maria Amalia ein, auf die die *Herkulanerinnen* und ihre Geschichte im Alter von 12 Jahren großen Eindruck machten. Sie heiratete Karl III., den König von Neapel und Sizilien und förderte als First Lady die Ausgrabungen in Pompeji und Herculaneum. Sie unterstützte auch Johann Joachim Winckelmann auf seiner ersten Reise nach Pompeji.

Er hielt die *Herkulanerinnen* zunächst für Weihepriesterinnen, Vestalinnen, die in der Antike eine ganz besondere Stellung bekleideten. Wie andere Forscher sah er sie später als Göttinnen Demeter und Persephone. Sowohl die Große – immerhin 1,95 Meter messend – als auch die 1,70 Meter hohe *Kleine Herkulanerin* (die dritte Figur ist eine Kopie vom selben Original), waren nach einem griechischen Vorbild aus der Zeit um 320 bis 300 v. Chr. wohl von oder im Umkreis von Praxiteles geschaffen worden und im Rom der Kaiserzeit offenbar sehr beliebt.

Beide Damen sind in dünnen Chiton und einen etwas dickeren Mantel gekleidet. Sie tragen Sandalen mit halbhoher Sohle und eine so genannte Melonenfrisur, die zur Modefrisur im damaligen Rom wurde. Die *Große Herkulanerin* ist durch ihren über den Kopf gezogenen Mantel und ihre Größe als Matrone gekennzeichnet. Beide Figuren halten keine Attribute in den Händen, sondern wickeln sie fest in den Mantel – eine vornehmen Damen angemessene Darstellungsform – nicht typisch für Göttinen. Daher ist man sich in der heutigen Forschung weitgehend einig, dass es sich –angelehnt an die Darstellung berühmter Dichter, Redner und Philosophen – bei den Herkulanerinnen wohl eher um bekannte Dichterinnen gehandelt habe.

Auch entstammen sie wohl nicht genau derselben Zeit: ist die *Große Herkulanerin* eindeutig klassischem Formengut verpflichtet, gehört die *Kleine Herkulanerin* wohl schon in den Formenkreis des frühen Hellenismus. Die größere Figur ist noch von einheitlichem freien Schwung erfasst und zeigt eine ausgewogene, gleichmäßig in die Fläche geführte Komposition. Die *Kleine Herkulanerin* wirkt unvermittelter, Gewanddrapierung und Faltengebung tragen nicht zur Gliederung des Körpers bei, sondern wirken schon leicht manieristisch, so dass ihr Original wohl etwas später als ihre Nachbarin gefertigt scheint, vielleicht sogar im Umkreis des Lysippos.

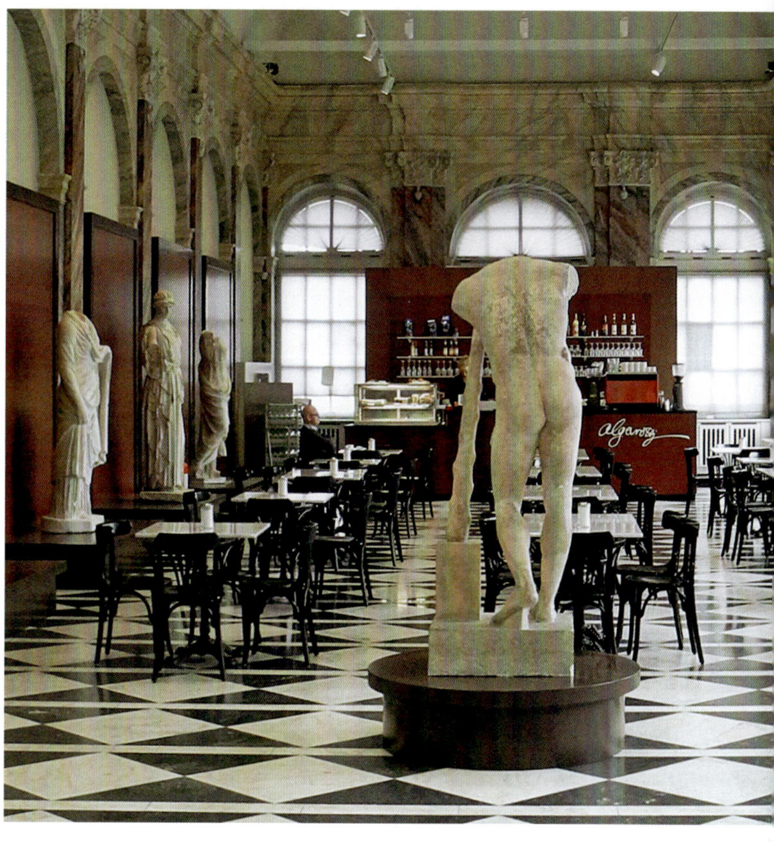

Kaffee und Skulpturen im **Galeriecafé „Algarotti"** im barocken Deutschen Pavillon

Hofmaler Ludwig Otto schuf einen kolorierten Gipsabguss der *Großen Herkulanerin* mit farbigem Wachs, um zu zeigen, dass antike Plastik ursprünglich farbig gewesen ist. Die Antike war, anders als im 19. Jahrhundert meist Stand des Wissens, durchaus bunt und farbenfroh.

Noch lange könnten wir uns allein in der Antikensammlung aufhalten. Vorbei an Krateren (antiken Gefäßen), Statuen, Grabdenkmälern, darunter dem sehr lebendigen Grabrelief eines Schweinemetzgers (dargestellt in kurzer Tunika und Stiefeln an einem Hackklotz beim Zerlegen eines Rippenstücks, während seine Frau die Geschäfte in einem Buch mit Wachstäfelchen bilanziert) und ägyptischen Mumien verlassen wir die Antikensammlung.

DEUTSCHER PAVILLON/CAFÉ ALGAROTTI

Bevor wir die ersten Gemälde erreichen, können wir in den Deutschen Pavillon abbiegen. Der Dresdner Hofmaler Anton Raphael Mengs, der in Rom mit Winckelmann zusammenwirkte, sammelte zu Studienzwecken über 800 Gipsabgüsse von berühmten Werken der Antike. Nach seinem Tod gelangten sie durch Ankauf nach Dresden und wurden 1857 bis 1889 im Semperbau ausgestellt. Nun sind sie im Erdgeschoss des Deutschen Pavillons zu bewundern. Im zweiten Stockwerk des Pavillons lädt das Café Algarotti, benannt nach Francesco Algarotti, dem genialen Vermittler so vieler Gemälde, zum Verweilen ein.

Die **Große Herkulanerin** ← misst immerhin 1,95 Meter und ist edel gewandet

Die **Kleine Herkulanerin** war eine im kaiserzeitlichen Rom offenbar sehr beliebte Kopie nach einer griechischen Figur aus dem Umkreis des Praxiteles oder Lysippos

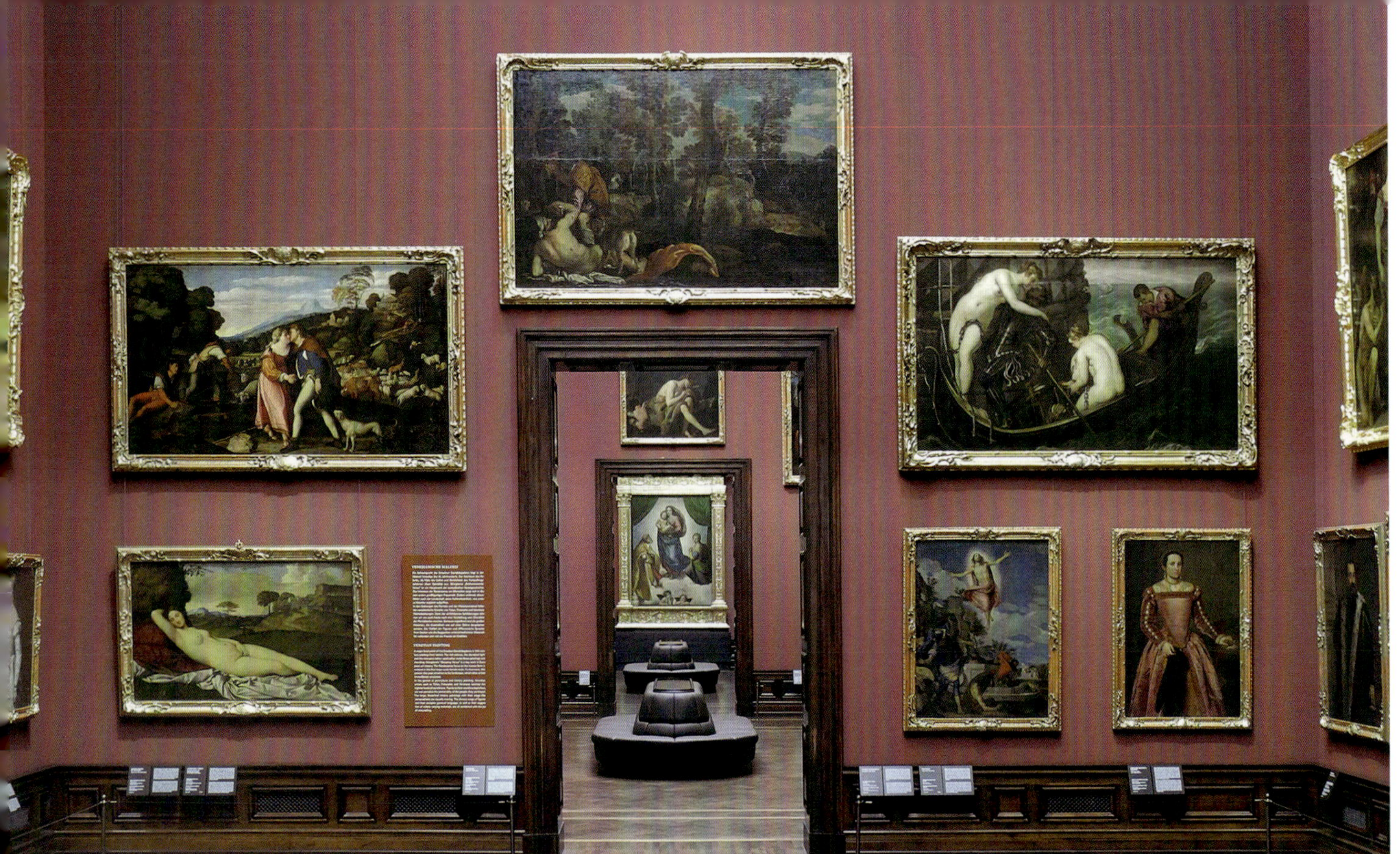

Saal der venezianischen Malerei mit Durchblick zur **Sixtinischen Madonna**

ITALIENISCHE MALEREI 14. BIS 17. JAHRHUNDERT

Wir betreten zunächst das Kabinett der italienischen Meister des 15. und frühen 16. Jahrhunderts, wo der Torso eines jugendlichen Athleten nach einem Original um 450 v. Chr. die Korrespondenz von Gemälden mit Skulpturen ermöglicht. Ein wichtiges Prinzip bei der Neupräsentation der Dresdner Sammlungen.

Diskret unterstützt hinter den Kulissen ein hochmodernes Beleuchtungskonzept auch in den höher gelegenen Sälen mit ihren Oberlichten die natürliche Einstrahlung. Eine Bühnenpräsentation mit Akzentbeleuchtung. Die Kunstwerke als Hauptdarsteller. Hier sind es der *Heilige Sebastian* von Antonello da Messina und das gleichnamige Bild von Cosimo Tura aus der Ferrareser Schule. Pinturicchios *Knabe* und der *Zinsgroschen* von Tizian, nur um vier der wichtigsten Werke zu nennen, die miteinander in Beziehung treten.

Die sattere farbige Wandbespannung – die Italiener auf Rot, die Niederländer und Deutschen auf elegantem Grün, die Franzosen und Spanier auf kräftigem, dunklem Blau – unterstützt die neue Anordnung der Gemälde in Korrespondenz mit Skulpturen.

Im Spannungsfeld zwischen Skulpturen und Gemälden wird deutlich, dass sich die Gattungen gegenseitig befruchten. Antike Skulpturen waren insbesondere für die Maler der Renaissance und des Barock eine wichtige Inspirationsquelle. Athleten stehen neben athletischen Heiligen, Götterfiguren neben gemalten Göttern, Schmerzensmänner neben Passionsdarstellungen, Herrscherbüsten neben Herrscherporträts ... Die Verknüpfungen setzen sich auch unsichtbar für den Besucher fort: Im Obergeschoss direkt über den *Herkulanerinnen* und den Göttinnen hängt eine andere Göttin: das berühmteste Gemälde der Sammlung, die *Sixtinische Madonna* von Raffael. Aber wenden wir uns zunächst den Stars dieses Kabinetts zu.

Antonello da Messina: Der heilige Sebastian

Vom Torso des jugendlichen Athleten gleitet unser Blick zum ebenso athletisch wirkenden Sebastian. Eine mittelalterliche Szene auf einem süditalienisch anmutenden Stadtplatz vor den reliefgeschmückten Bögen des Hafentors. Wie geleckt die Fliesen, auf denen links ein Trunkener oder Kranker liegt? Skeptisch abwartend die Betrachterin mit einem Baby. Zwei offenbar wohlhabende junge Damen schauen hinter einem über die Balustrade gebreiteten Teppich hervor. Nur eine, die etwas Ältere und Gefasstere links, schaut direkt zu Sebastian.

Vor dem Tor scheint das Leben weiterzugehen. Lediglich ein Priester und ein Richter debattieren, und ohne dass sie miteinander in Verbindung stehen, vom Torpfeiler getrennt, scheint ein Offizier Weisungen an einen Hellebardier weiterzugeben, die natürlich den an einen Baum gebundenen, fünffach von Pfeilen getroffenen jungen Mann betreffen müssen.

Auffällig die extrem verkürzte Perspektive. Der Baum, an den Sebastian gefesselt ist, scheint aus den Fliesen herauszubrechen, fest auf ihnen stehen könnte er nicht. Geschieht ein Wunder, das sich in derart Unwirklichem schon andeutet oder ist es einfach nicht wichtig angesichts des Leids? Rechts scheint eine Säule umgestürzt, oder soll eine neue errichtet werden?

Sebastian war in der römischen Kaiserzeit Hauptmann der Prätorianergarde, bekannte sich öffentlich zum Christentum und sollte von den kaiserlichen Bogenschützen gerichtet werden. Antonello da Messina hat die Szene jedoch ins Mittelalter verlegt, als die Pest grassierte und noch stärker den Glauben herausforderte als ein römischer Kaiser. Der heilige Sebastian wurde gegen die Seuche um Hilfe angerufen. Und dass er gemeint ist, von Pfeilen – Symbole der Pest – getroffen, aber nicht getötet, steht außer Frage.

Dann muss die Dame in Witwentracht, die auf ihn schaut, die heilige Irene sein, die ihn salbte, pflegte und damit rettete. Antonello, der das Bild malte, als er von Venedig zurück in Messina war, spricht vermutlich damit die Aufforderung aus, Vertrauen in den heiligen Sebastian, in Gott, in Hilfe zu haben; in ein Wunder, das geschieht und eine neue Zeit anbrechen lässt.

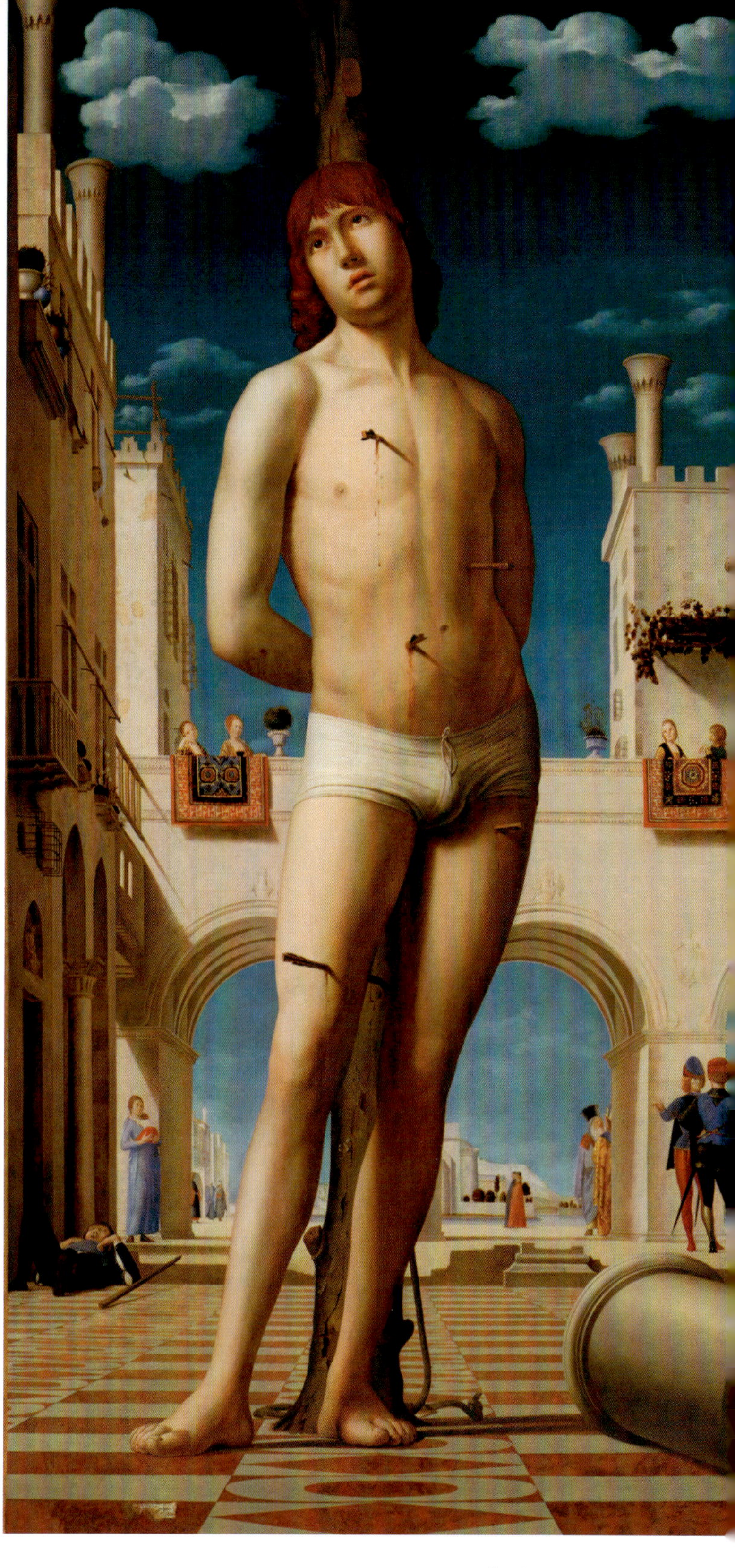

Antonello da Messina, **Der heilige Sebastian**, um 1478

Ein typisches Werk der Frührenaissance mit strahlenden, raffiniert gesetzten Farben, in bekennender Tradition antiker Darstellung mit klarer Bildaufteilung und Zentralperspektive. Von 1999 bis 2002 wurde das Bild in den Werkstätten der Kunstsammlungen restauriert, wobei die Signatur Antonellos wiederentdeckt und so die Zuschreibung gesichert wurde.

Das war bei dem Gemälde des heiligen Sebastian auf der anderen Seite der Durchgangstür lange nicht der Fall. Viele Jahre mit Fragezeichen Cosimo Tura aus Ferrara zugeschrieben, wird es nun Lorenzo Costa zugeordnet. Auch hier spielt die Perspektive eine zentrale Rolle. Ein leidender, von sieben Pfeilen gepeinigter Sebastian triumphiert – wie Christus am Kreuz – über seine Peiniger, von denen einer gelangweilt am Pfeiler einer monumentalen Tür lehnt. Die zeigt, wie klein in doppeltem Sinn er ist, nicht für möglich haltend, dass Sebastian gerettet wird.

Pinturicchio: Bildnis eines Knaben

Pinturicchios *Knabe* ist eines der meistreproduzierten Werke. Ein Porträt mit unvergleichlicher Ausstrahlung. Pinturicchio, der „kleine Maler", eigentlich Bernardino di Betto di Biagio, wurde um 1454 in Perugia geboren, Umbriens Hauptstadt. Dort lernte auch Raffael. Lange hielt man ihn für den dargestellten Knaben. Heute sieht man im Knaben eher ein typisches Patrizierkind der Renaissancezeit. In ihm erwachen das Selbstbewusstsein und die Individualität seiner Epoche. Er ist anmutig und schaut kritisch und zugleich neugierig aus dem Bild.

Hinter der Figur erstreckt sich eine umbrisch-appeninische Stadt-Landschaft, die in ihrem frühlingshaften Impetus auf die Jugend des Porträtierten anspielt. Kontrastreich hebt sich davor das rote Wams ab. Im Gegensatz zu den streng im Profil ausgeführten Porträts der Frührenaissance wendet sich hier der Knabe dem Betrachter zu. Unter glatten Zügen ahnt der Betrachter ein bewegtes Innenleben. Die fratzenhaft-grotesken Felsformen rechts im Bild scheinen den Lebenslauf vorweg zu nehmen. Es entsteht eine philosophische Dimension mit mystischer Komponente. Das Bild wurde nicht in Öl gemalt, sondern in sehr wässriger Tempera, so dass die Formen in zahlreichen parallelen Strichen entstanden.

Pinturicchio schuf selbst große erzählende Freskenwerke. Im Dom zu Siena die Fresken der Piccolomini-Bibliothek, die das Leben Papst Pius' II. erzählen. Im Palazzo an der Piazza del Campo ist seine Handschrift ebenso zu finden wie in Kirchen und Palästen umbrischer Städte wie Spello.

→ Pinturicchio, **Bildnis eines Knaben**, 1480–82

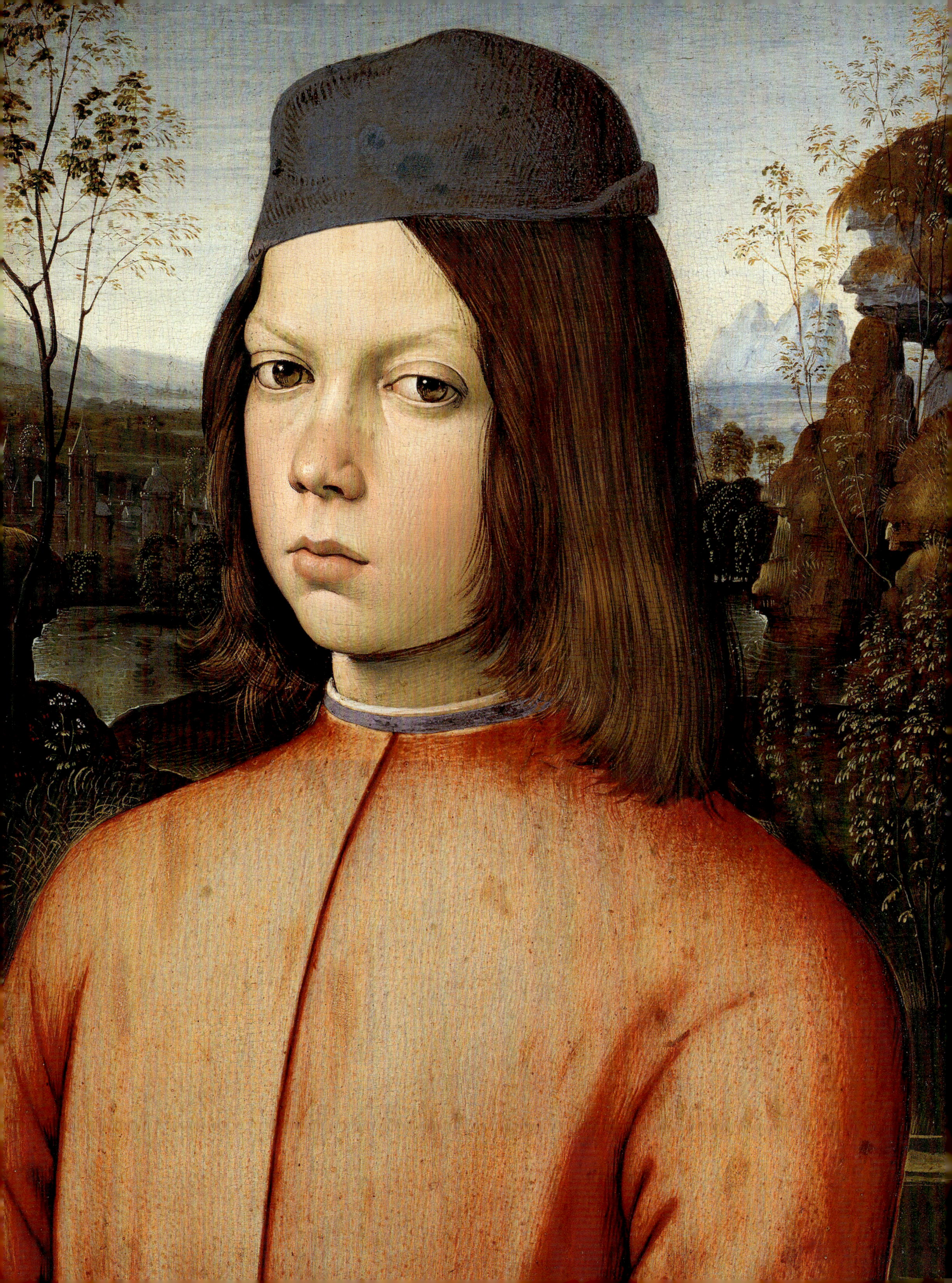

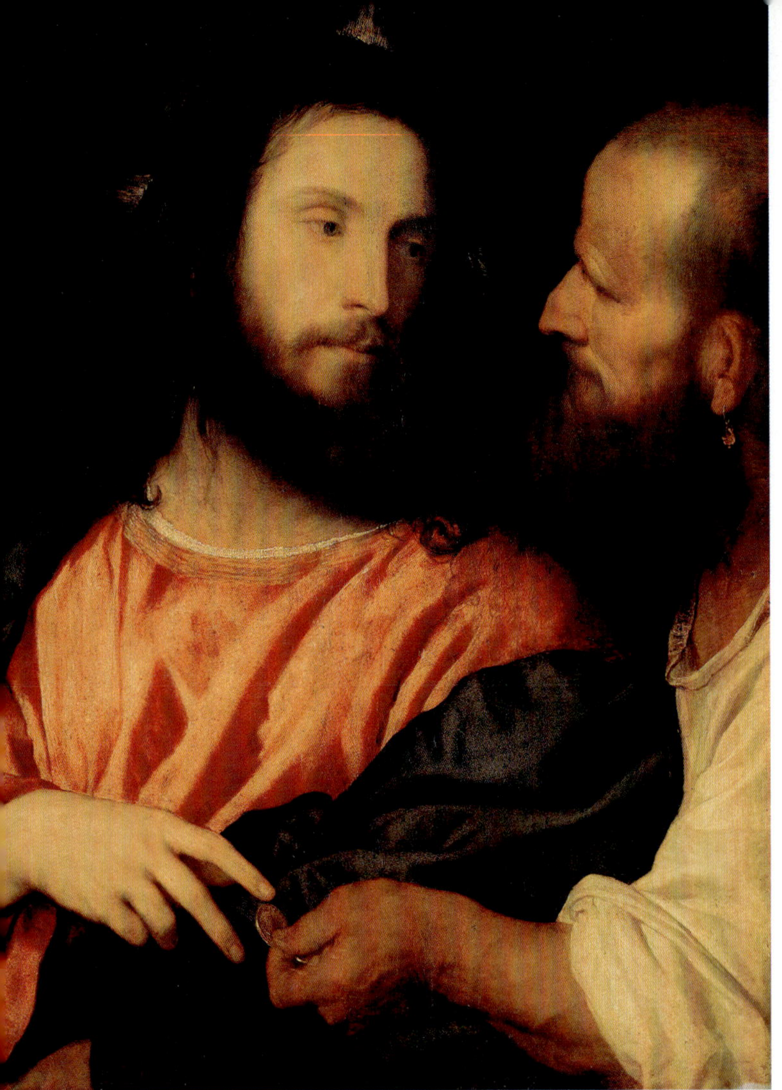

Tizian, **Der Zinsgroschen**, 1516

Tizian: Der Zinsgroschen

Ebenfalls in diesem Raum hängt Tizians *Zinsgroschen*. Als eines der relativ frühen Werke Tizians stammt es aus der Zeit, als seine Figuren in Bewegung kamen und die Farbe gegenüber der Linie zu dominieren begann. Er verwendete noch den relativ schlanken Kopftypus seines Lehrers Giovanni Bellini sowie Giorgiones, von dessen Einfluss er sich gerade löste.

In dieser Zeit, zu Beginn des 16. Jahrhunderts, kamen *spalliere*, schulterhohe Wand-, Truhen- oder Möbelbilder, in Mode. Der *Zinsgroschen* schmückte die Tür eines Schranks, in dem der Herzog von Ferrara, Alfonso I. d'Este, seine Münzsammlung aufbewahrte. Mit Aussterben der Familie in Ferrara wurde das Werk 1598 von Cesare d'Este in Modena als privates Andachtsbild genutzt und gehörte 1745 zu jenen 100 Meisterwerken, die August III. aus der herzoglichen Galerie erwarb.

Illustriert wird der Dialog vom Zinsgroschen im Bericht des Evangelisten Matthäus, demnach die Pharisäer Jesus eine Fangfrage stellten. Er ließ sich eine Münze reichen, deutete auf das Porträt des Herrschers und antwortete auf die Frage, ob es erlaubt sei, dem Kaiser von Rom Steuern zu zahlen: „Gebet dem Kaiser, was des Kaisers ist, und Gott, was Gottes ist" (Matthäus 22,21).

Tizian reduziert den Affront und seine diplomatische Abwehr auf zwei Köpfe und zwei Hände. Jesus nimmt den größten Teil des Bilds ein, bekleidet mit einem roten Gewand und einem blauen, locker über die Schultern geworfenen Mantel. Sein Oberkörper ist leicht zur Seite gewandt, während er den Kopf dem hinter ihm stehenden Pharisäer zuneigt. In der gelassenen Drehung, mit der sich Jesus dem Provokateur zuwendet, unterstützt vom Kontrast der Hände, offenbart sich seine Überlegenheit. Vom Pharisäer ist fast nur der Kopf, leicht über Jesu Schulter geneigt, und der linke Arm mit hochgekrempeltem Ärmeln seines hellen Hemds zu sehen. Dessen Krageninschrift „TICIAN V. F." verweist auf die Urheberschaft des Bilds.

Andrea Mantegna: Die heilige Familie

Im benachbarten Renaissancekabinett begegnen wir Andrea Mantegnas *Heiliger Familie* und sind damit nach Mantua, in das Herzogtum der Gonzagas gereist. Dorthin wurde Andrea Mantegna 1456 von Markgraf Ludovico III. Gonzaga als Hofmaler verpflichtet.

Das eher kleinformatige Tafelbild seiner reifen Spätzeit fesselt uns durch die stille Konversation und den Ernst der Heiligen Familie. Maria mit dem Jesuskind im Zentrum wird begleitet von ihren Eltern Joachim und Anna und dem kleinen Johannes dem Täufer oder in anderer Interpretation von Ziehvater Josef und der Mutter des Johannes. Sein Spruchband „Ecce Agnus Die" („Siehe das Lamm Gottes") und der kreuzförmige Olivenzweig verweisen auf Göttlichkeit und Leidensweg Christi.

Die Komposition dieses feierlichen Andachtsbilds ist radikal: Anstelle eines Tiefenraums ist es streng flächig komponiert. Seine Protagonisten sind geometrisch auf einer

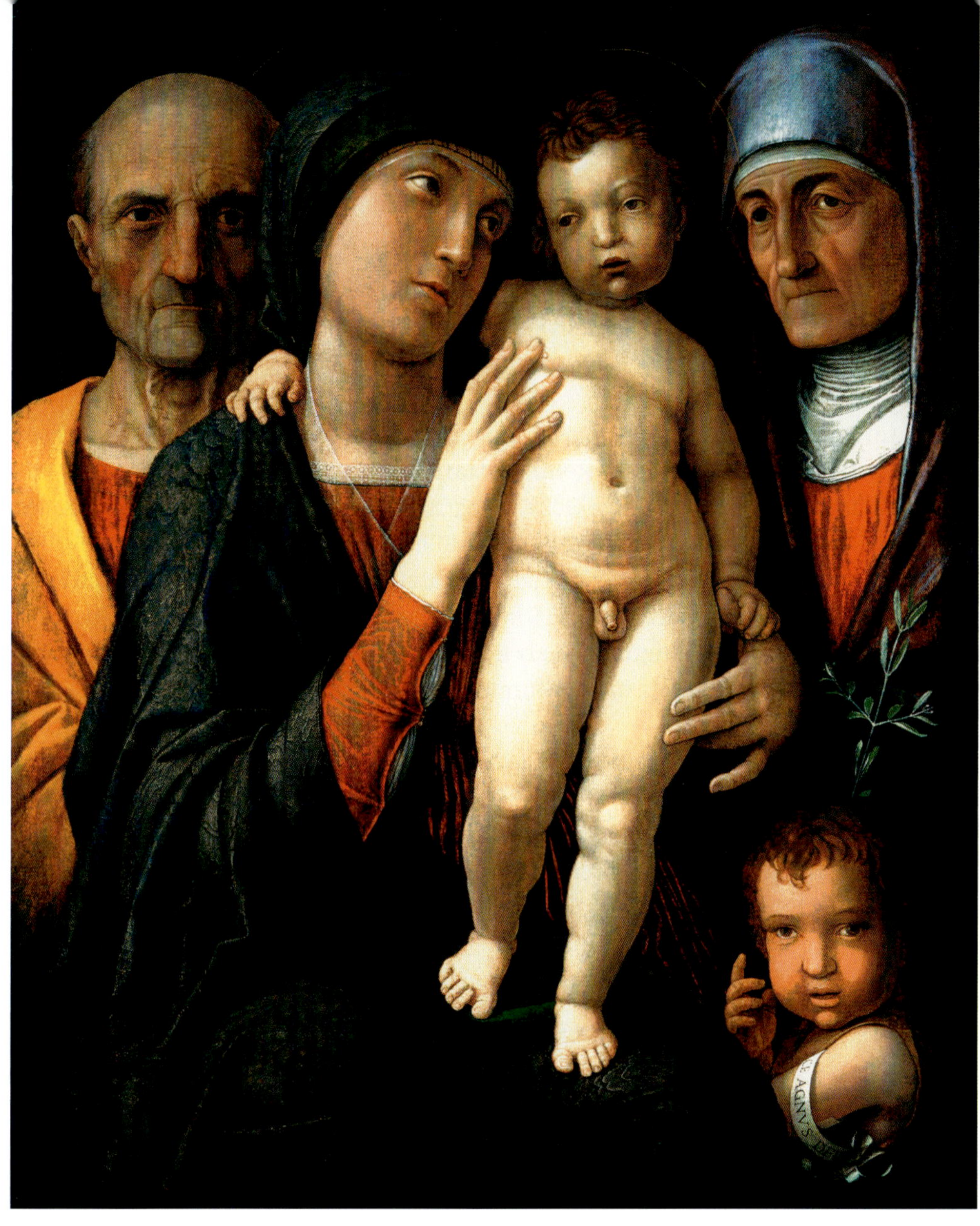

Andrea Mantegna,
Die heilige Familie, nach 1495

Linie angeordnete ikonenhafte Figuren in Anlehnung an die Antike. Die Stimmung leicht melancholisch. Das ist kennzeichnend für Mantegnas religiöse Themen im Finale seines Schaffens. Isabella d'Este, in deren Dienst er bis zu seinem Tod stand, schrieb: „Ich für meinen Teil kann nicht … hoffen, je einen besseren Maler und Bilderfinder zu treffen". Dürer sprach vom größten Schmerz seines Lebens, als er 1506 die Nachricht von dessen Tod erhielt.

Meisterhaft ausgewogen die Farbgebung des Gemäldes, die Harmonie und die Strahlkraft der Farben. Gleichmäßig und zugleich raffiniert verteilt fällt Licht von links vorn auf das Kind, den Täufer und wenige Partien des Bilds, eine subtile Spannung hervorrufend. Marias linke Hand versinnbildlicht die unterstützende Rolle der Gottesmutter im Heilsgeschehen und hebt die besondere Beziehung zu ihrem Kind hervor. Während die Blicke der äußeren Figuren auf den Betrachter gerichtet sind, blickt Jesus an der innig und liebevoll auf ihn konzentrierten Maria vorbei in eine ferne, dem Betrachter nicht zugängliche Sphäre. Die Vollkommenheit des kindlichen Körpers weist auf die Inkarnation Gottes im Jesuskind, während seine Nacktheit die Menschwerdung Gottes verkörpert: Jesus als Gott und Mensch in einem.

Francesco del Cossa: Mariae Verkündigung

Eine ganz besondere Freude vermittelt im nächsten Raum Francesco del Cossas Verkündigung der Geburt Jesu. Schon Goethe mochte das Bild und traf auf seinem vierten Besuch in Dresden die Malerin Louise Seidler, die es gerade kopierte und ihn nach der Bedeutung der Schnecke an der Bildkante oberhalb der Predella fragte. Seine Antwort: „Diese Schnecke ist ein Zierrat, meine Freundin, welche die Laune des Malers hier anbrachte ... Die Maler haben oft solche Phantasien, denen nicht immer eine tiefere Bedeutung zugrunde liegt."

Natürlich hatte Francesco del Cossa, der 1470 von Ferrara nach Bologna gewechselt war, die Schnecke als Symbol der Reinheit Mariens angebracht. Man glaubte damals, dass der Tau oder eben der Heilige Geist sie befruchte, nachdem es keine männlichen und weiblichen Schnecken gab. Alle Tiere im Bild sind symbolträchtig. Der schwarze Hund, der davonschleicht, ist eine Parabel des Bösen. Die Taube symbolisiert den Heiligen Geist, den Gottvater – sichtbar im Himmelsausschnitt – aussendet als Schlüssel zu Marias unbefleckter Empfängnis. Die als Reinheitsmotiv geltenden Lilien schmücken in stilisierter Form die Reliefs in den Rundbögen, die sich über Gottvater, dem Enkel und Maria wölben.

Erzengel Gabriel verkündet Maria die Geburt des Jesuskinds (Lukas 1,26–38). Beide, aus dem Hintergrund von einer irdischen Dame mit Kind beobachtet, treten plastisch, gestochen scharf in allen Details hervor. Cossas zentralperspektivischer Bildaufbau folgt dem Grundgestus ferraresisch linienbetont-emotionaler Malerei, die sich hier bereits mit Bologneser Brillanz und Eleganz, toskanischer Kompositionslehre sowie umbrischer Landschaftlichkeit verbindet. Letztere vor allem in der Predella, in der die Geburt Christi in fantasievoll-morgenländischer Viskosität dargestellt ist.

→ Francesco del Cossa, **Mariae Verkündigung**, 1470–72

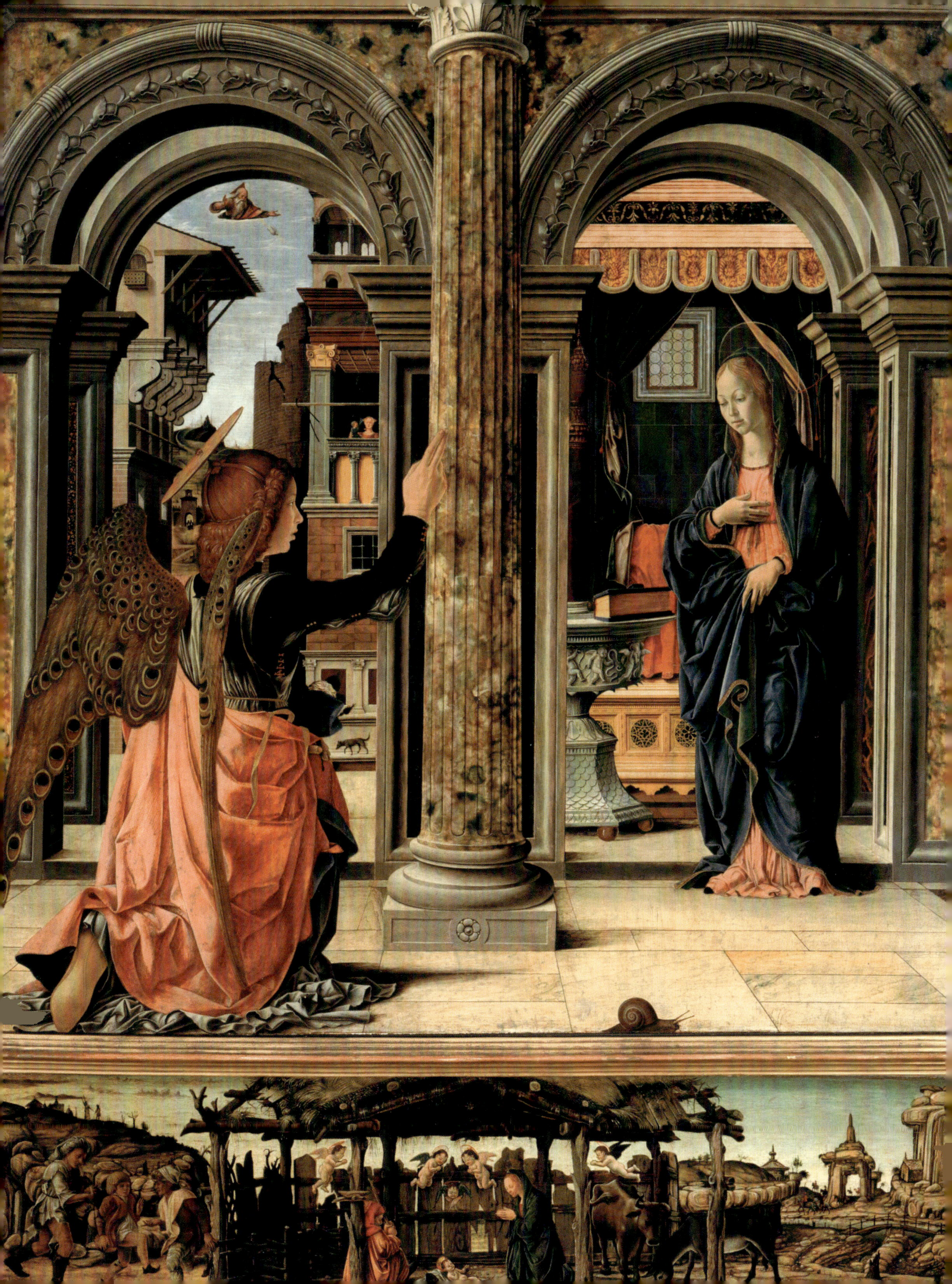

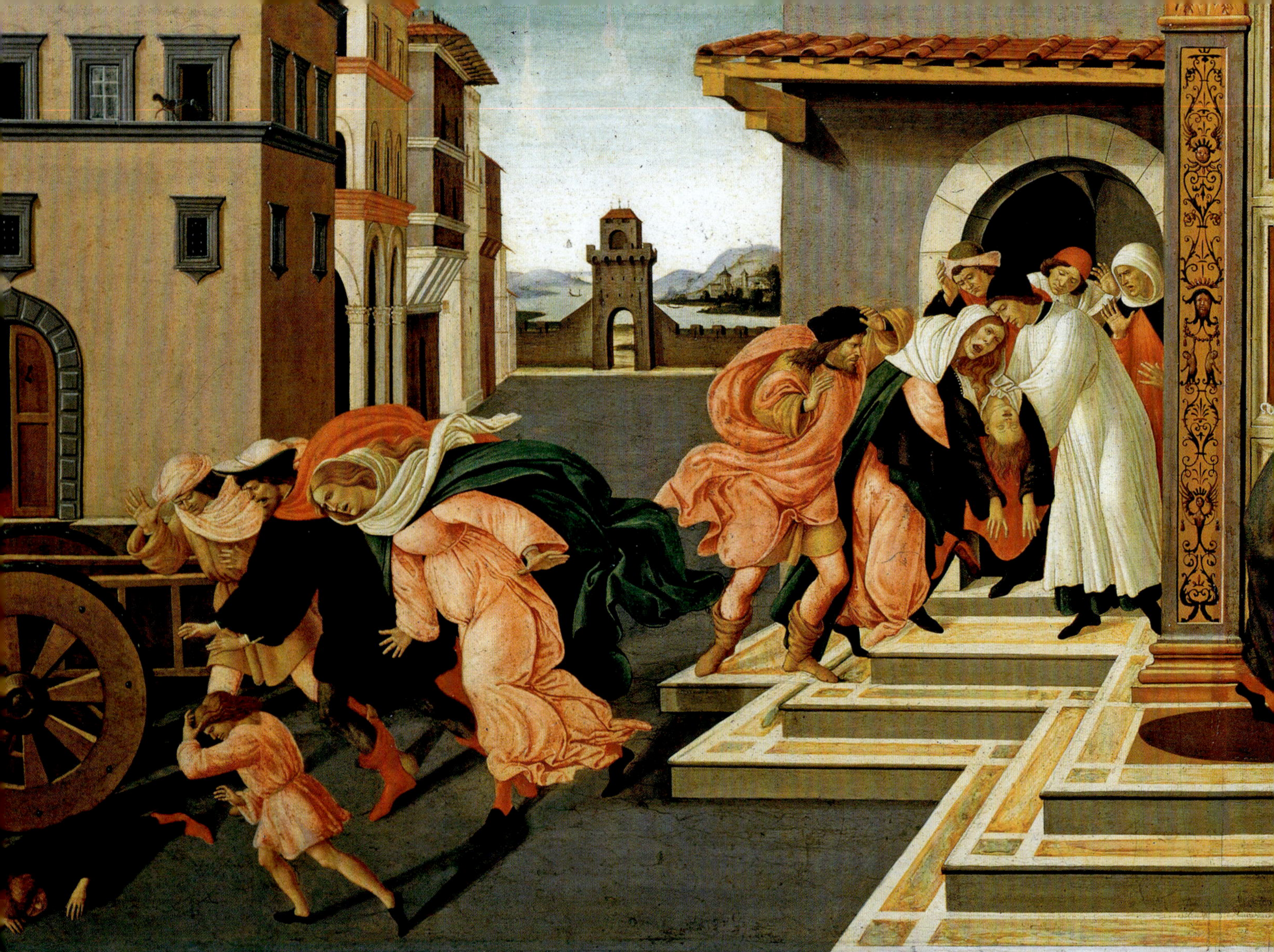

Sandro Botticelli: Aus dem Leben des heiligen Zenobius

Der Maler Sandro Botticelli, eigentlich Alessandro di Mariano Filipepi, wuchs in Florenz als jüngster Sohn eines Lohgerbers auf. Als Protegé Lorenzo de' Medicis trug Botticelli auch zum Ruhm dieser Familie bei. Zwischen 1481 und 1482 wurde er mit Ghirlandaio, Signorelli und Perugino von Papst Sixtus IV. nach Rom berufen, um die neu errichtete Sixtinische Kapelle im Vatican mit Fresken auszustatten.

Aus dem Leben des heiligen Zenobius zeigt Szenen aus dem Leben des Heiligen, den der Auftraggeber Francesco de Girolamo zu seinen Vorfahren zählte. Eingebettet in eine

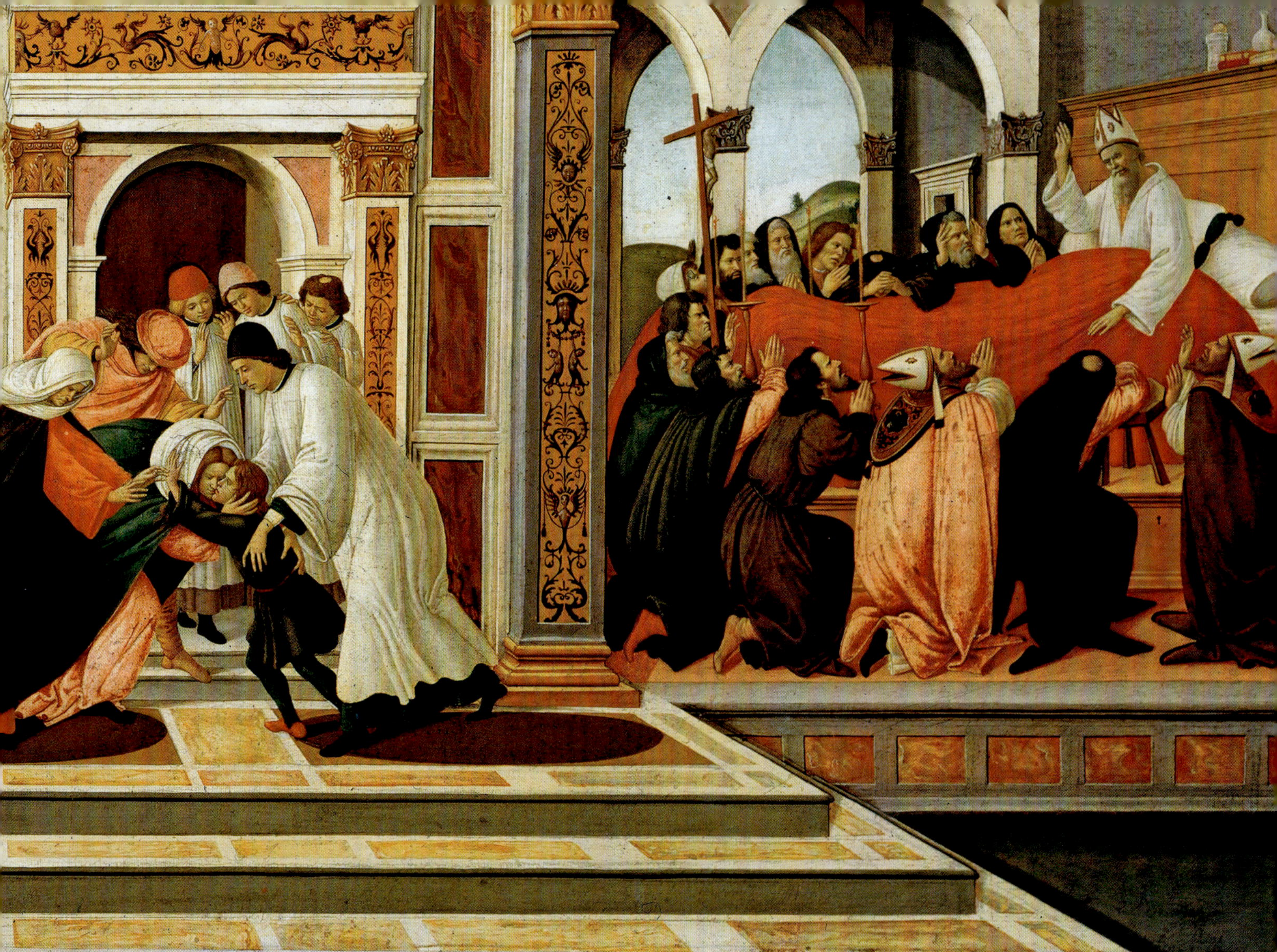

Sandro Botticelli,
Aus dem Leben des heiligen Zenobius, um 1500

reich gegliederte, farbenfrohe Renaissancearchitektur werden vier Szenen einer Bildgeschichte erzählt – ein Junge wird von einem Wagen überrollt, von seinen verzweifelten Eltern in das Haus des Diakons Zenobius getragen und von diesem geheilt, bevor er im letzten Bildfeld stirbt.

Ein ähnlicher Unfall passierte Botticelli selbst kurz darauf, was ihn einige Jahre nach Fertigstellung des Wandbilds bis zu seinem Tod auf Krücken zwang und verarmen ließ. Immerhin wurde er in der Kirche, um die sich der größte Teil seines Lebens und Wirkens abspielte, in San Salvatore di Ognissanti, nicht weit von seinem Idol Simonetta Vespucci zur letzten Ruhe gebettet.

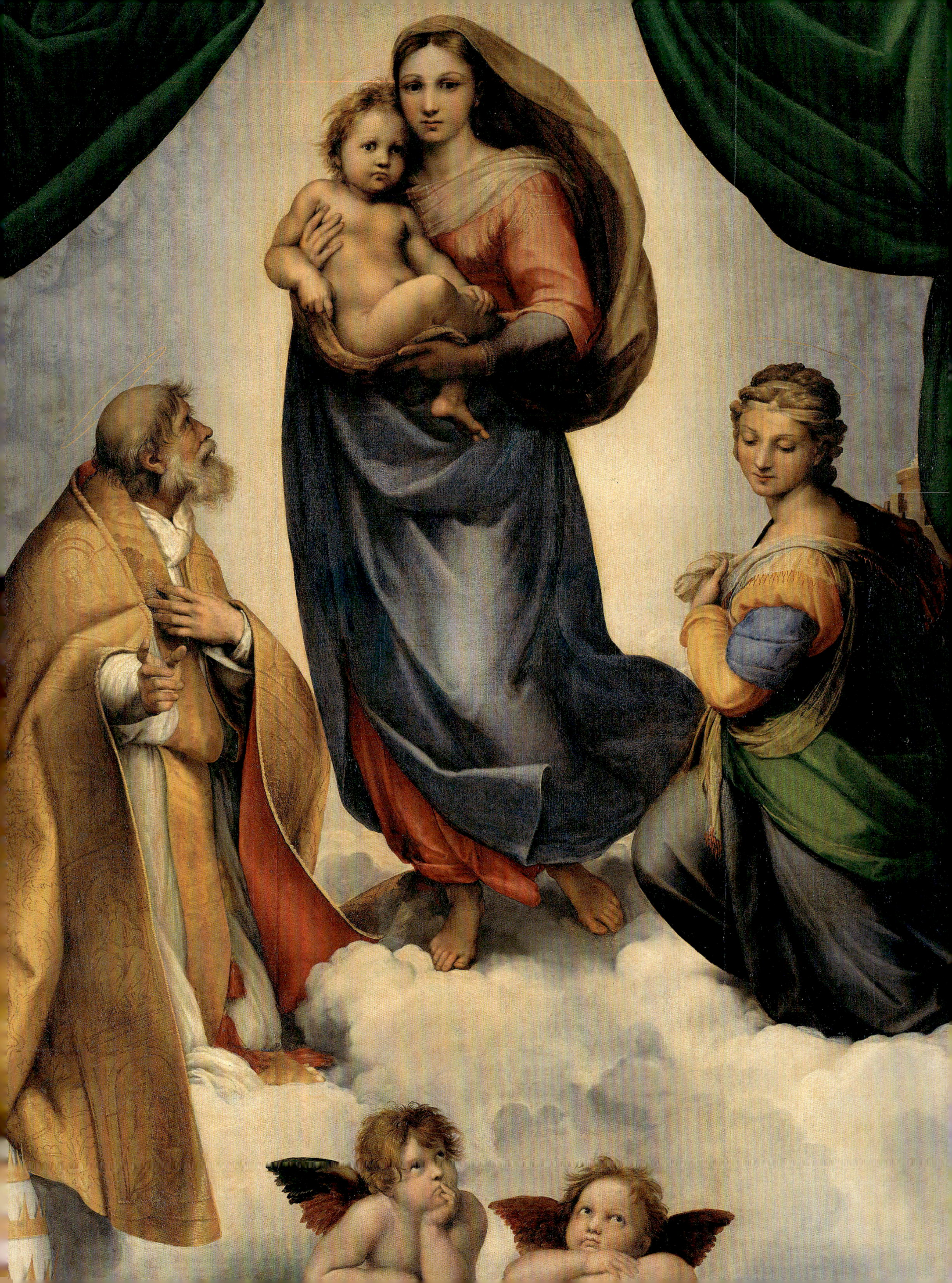

Raffael: Sixtinische Madonna

Unbestrittener Höhepunkt eines jeden Besuchs bei den Alten Meistern in Dresden ist die Begegnung mit Raffaels *Sixtinischer Madonna*.

Raffaello Sanzio da Urbino, kurz Raffael, kam 1483 in der Bergstadt am Fuße des Appenin zur Welt. Er lernte die Grundzüge seiner Profession beim früh verstorbenen Vater und ging schon als Kind nach Perugia, wo er in die Werkstatt Peruginos, eigentlich Pietro Vanuccis, eintrat. Bald bekam er erste Aufträge in der benachbarten Toskana und arbeitete mehrere Jahre als Porträtist und Madonnenmaler in Florenz. 1520 starb er im Alter von nur 37 Jahren und wurde im Pantheon in Rom begraben. Neben der Ausmalung der Stanzen, der päpstlichen Zimmer im Vatikan, und den Entwürfen für die Apostelteppiche für die Sixtinische Kapelle erlangte die 1512 entstandene *Sixtinische Madonna* für den Hochaltar der Klosterkirche des Heiligen Sixtus in Piacenza Weltruhm.

Ein Wunder, dass es August III. gelang, das Kunstwerk nach Dresden zu holen. Hauptvermittler war der Bologneser Maler Carlo Cesare Giovanni. Zwei Jahre wurde ab 1752 mit den Benediktinern des Klosters San Sisto verhandelt. Nach fünfwöchigem Wintertransport in Ochsenkarren und Pferdewagen über die Alpen kam die Madonna im März 1754 in Sachsen an.

Dieser Kunstgriff Raffaels, die sanft aus den Wolken auf die Gemeinde hin schreitende Madonna, macht einen Teil ihres Zaubers aus. Durch den sich öffnenden Himmelsvorhang betritt sie die irdische Bühne, bringt Heil und Hoffnung in Gestalt ihres Sohns, auf berührende Weise an seine Geburt erinnernd. Mit Ernsthaftigkeit in den Zügen – entsprechend dem Wissen um kommendes Leid und das Opfer Jesu, das er den Menschen darbringen wird.

Die fast schon theatralische Bildkomposition wird perfektioniert durch die Geste des heiligen Sixtus. Der Stifter des Gemäldes ist Julius II. aus dem Geschlecht der della Rovere (der Herren von der Eiche), woran die Eichel auf der Tiara ganz unten links erinnert. Die heilige Barbara, rechts im Bild, schlägt züchtig die Augen nieder und schafft so die Verbindung zu den Gläubigen, die der heiligen Messe lauschen wie die beiden Engel, die für manchen Betrachter die heimlichen Stars im Bild sind. Sie wurden ganz am Ende des Kompositionsprozesses von Raffael eingefügt.

Wer aber war die Madonna wirklich? Raffael, den zu Lebzeiten jeder nur bei seinem Vornamen nannte, war ein etwas scheuer, aber umgänglicher und weltzugewandter Macher (eine Zeitlang auch Baumeister am Petersdom und Chef der Antikensammlung). Sein ganzes Werk galt dem Ideal der Schönheit. Als er dem Sieneser Bankier Agostino Chigi eine Villa ausmalte, mag er Margherita Luti kennengelernt haben, die kleine Bäckerstochter. Ihre Züge trägt die *Madonna*.

Raffael, **Sixtinische** ← **Madonna**, 1512/13

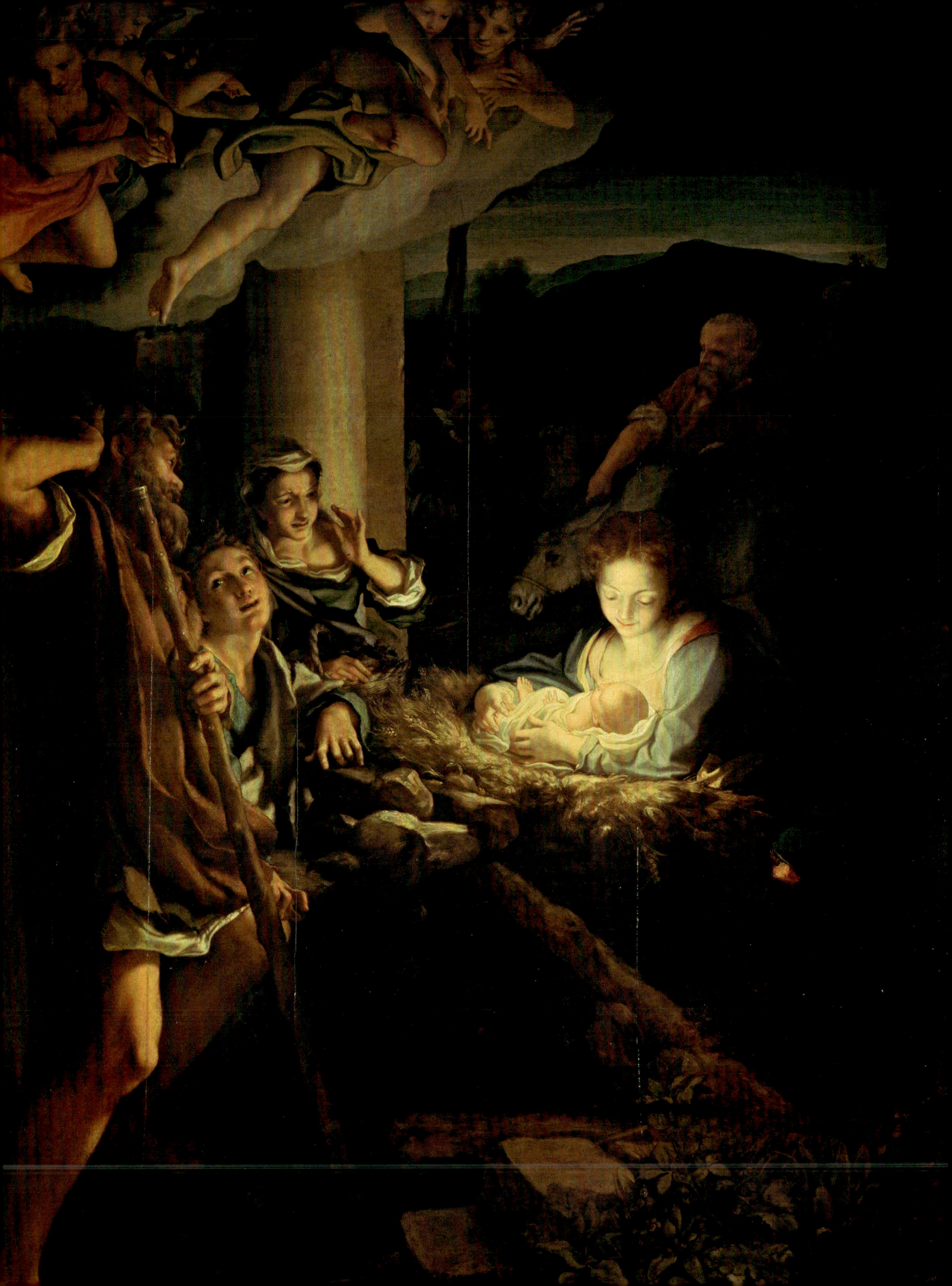

Antonio da Correggio: Die heilige Nacht

Im selben Raum wie Raffaels *Madonna* hängt das einst sogar noch höher geschätzte Werk Correggios: *Die heilige Nacht*.

Als bei Maria die Wehen einsetzten, fand Joseph für sie nur eine offene Höhle, so wie sie bisweilen heute noch im Mittelmeerraum als Stallungen genutzt werden. Dann suchte er Hilfe. Als er zurückkam, verdeckte eine Wolke die Höhle. Drin strahlte ein helles Licht, das die Augen nicht aushielten. Es ging vom Jesusknaben aus. Ein Sujet, das zunächst flandrische Maler für sich entdeckten.

Beseelte Atmosphäre von konzentrierter, würdevoller Stille, verhaltener Freude mit erlösendem Akzent, Intimität und gezügelter Aufregung; noch 1800 war die *Heilige Nacht* das erste monumentale Nachtstück in der italienischen Malerei, berühmtestes Gemälde der Dresdner Sammlung – noch vor Raffaels *Madonna*. Die doppelte Diagonale des Andreaskreuzes bestimmt den Bildaufbau. Dicht neben dem Kreuzungspunkt des goldenen Schnitts sitzt die Madonna mit dem Kind hell in dessen warmes Licht getaucht, das eine junge Hirtin, Zeugin des überirdischen Augenblicks, beinahe blendet. Eine zweite himmelt den kraftvollen Hirten neben ihr an. Darüber fünf Engel, schwebend auf schwindender Wolke mit bereits barock beschwingter Draperie, getragen von der Kühnheit Correggios perspektivischer Untersicht. Die Beweglichkeit der Figuren in Luft und Licht sendet suggestive Illusionskraft aus. Malerisches Kleinod: Marias kunstvoller Mittelscheitel, höfische Haarmode – Correggios Zugeständnis an die Mode!

Die Geschichte des Gemäldes lässt sich komplett zurückverfolgen bis zu dem Tag, an dem die Idee für das Bild in einem Schriftstück niedergelegt wurde. In Reggio nell'Emilia wurde ein Vertrag zwischen Alberto Pratoneri und Antonio Allegri, genannt il Correggio, abgeschlossen: „Reggio, 14. October 1522. Durch diese Schrift von meiner Hand thue ich, Alberto Pratonero, einem Jeden kund und zu wissen, dass ich mich anheischig mache, dem Meister Antonio da Correggio, Maler, zweihundert und acht Lire alter Münze von Reggio zu geben und zwar als Bezahlung einer Tafel, auf welcher die Geburt unseres Herrn gemalt sein soll, mit allen den dazu gehörigen Figuren, nach den Maassen und der Grösse, die auf der eigenhändigen Zeichnung angegeben ..." Antonio Lieto aus dem benachbarten Correggio quittierte „mit eigener Hand" eine Anzahlung von 40 Lira.

Correggio war noch einige Monate Schüler bei Andrea Mantegna in Mantua. Als der Meister 1506 starb, gestaltete er mit weiteren Eleven dessen Grabkapelle in San Andrea, wo wir in einem seiner drei Tondi bereits die heilige Familie erblicken. Ab 1516 hielt sich Correggio meist in Parma auf, wo er die Manieristen Parmigianino und Michelangelo Anselmi aus Lucca kennenlernte und Girolama Francesca di Braghetis aus seinem Heimatort Correggio heiratete – seine Maria nicht nur im Gemälde der *Heiligen Nacht*. Auch in der Parmeser Domkuppel und in *Noli me tangere* ist sie zu sehen, das als erstes seiner Bilder international Furore machte.

Pratoneri hatte die *Heilige Nacht* seiner Kirche San Prospero in Reggio nell'Emilia vermacht. Schon vor 1590 hatte sich Alfonso II. d'Este interessiert, und, nachdem Pratoneris Erben wie die Geistlichkeit in Reggio es ablehnten, das Bild zu veräußern, ließ es Herzog Francesco I. d'Este kurzerhand für seine Galerie in Modena stehlen.

Zwei Generationen später bewunderte Friedrich August II. auf seiner Prinzenreise die Sammlung und ergriff, als Herzog Francesco III. d'Este nach verlorenem Krieg gegen Österreich Geld brauchte, die Gelegenheit, es zusammen mit 100 weiteren Werken der Modenesischen Pinakothek für 100 000 Zechinen zu erwerben. Seit September 1746 ziert Correggios *famosa notte*, wie sie fortan genannt wurde, die Gemäldegalerie.

Antonio da Correggio, ←
Die heilige Nacht, 1522-30

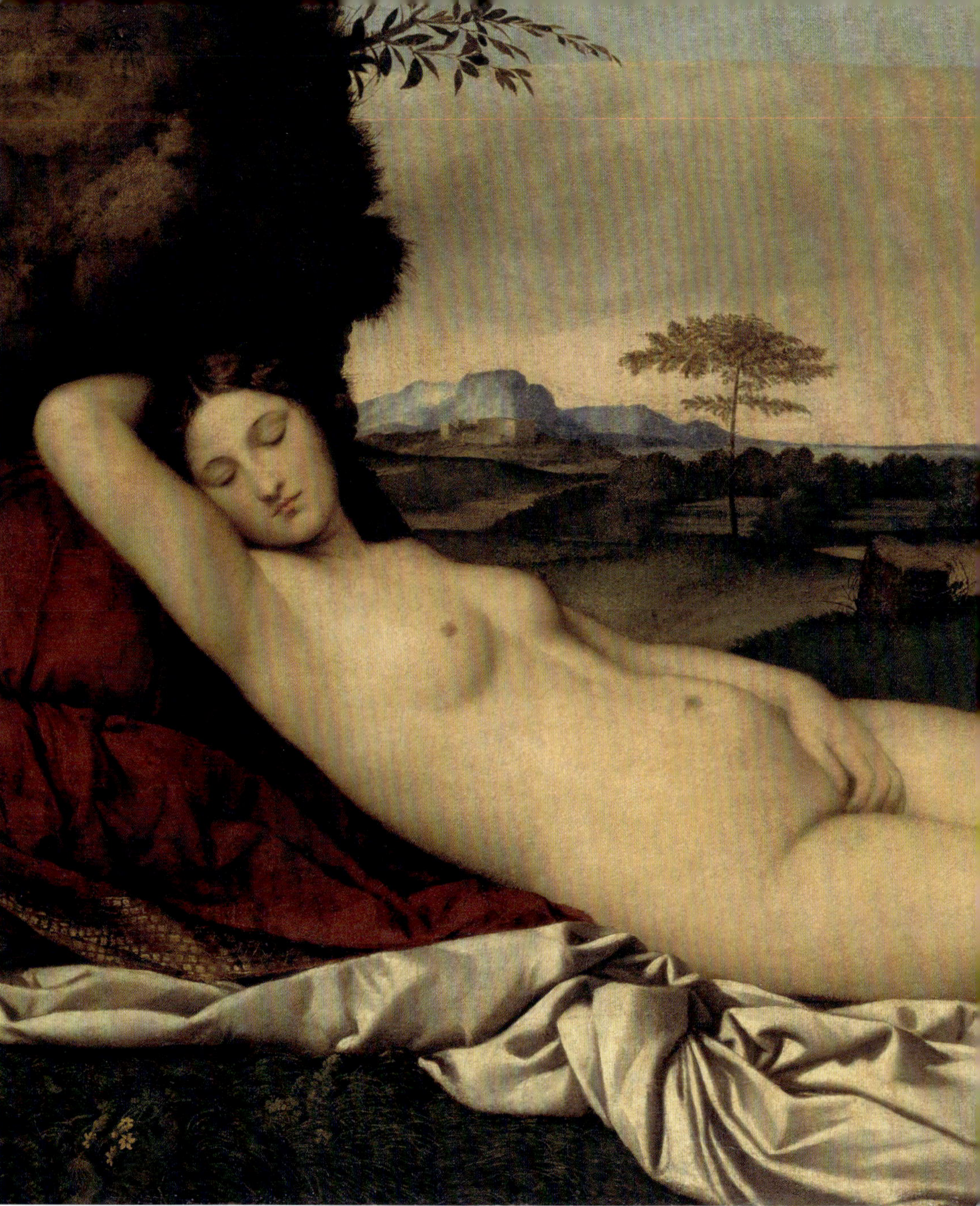

Giorgione, Tizian,
Schlummernde Venus,
1508–10

Giorgione, Tizian: Schlummernde Venus

Die Pest war im späten Mittelalter eine ständige Bedrohung, der Venedig als Handelsmetropole besonders ausgesetzt war. So starb auch der berühmte Maler Giorgione 1510. Hinterlassen hat er das bezaubernde Gemälde seiner Geliebten Cecilia als ruhende Venus. War das Bild ein Auftragswerk für die Hochzeit Jeronimo Marcellos mit Morosina Pisani im Jahr 1507? Venus vor ihrem großen Auftritt als Hochzeitspatronin? Wie dem auch sei: Einen solchen liegenden Akt hatte seit der Antike niemand gemalt. Es war in der mittelalterlichen Vorstellungswelt noch nicht einmal daran zu denken, andere Personen als biblische Heilige bildhaft-real darzustellen. In konsequenter Umsetzung der Renaissanceidee griff Giorgione das antike Ideal der *Venus pudica* (keusche Venus) – Nacktheit als Verkörperung der Tugend – auf. Die in der Landschaft friedvoll ruhende Schöne vereint Mensch und Natur in ganzheitlicher Harmonie und inspirierte so die folgenden Malergenerationen mit ihrem „Giorgionismus“.

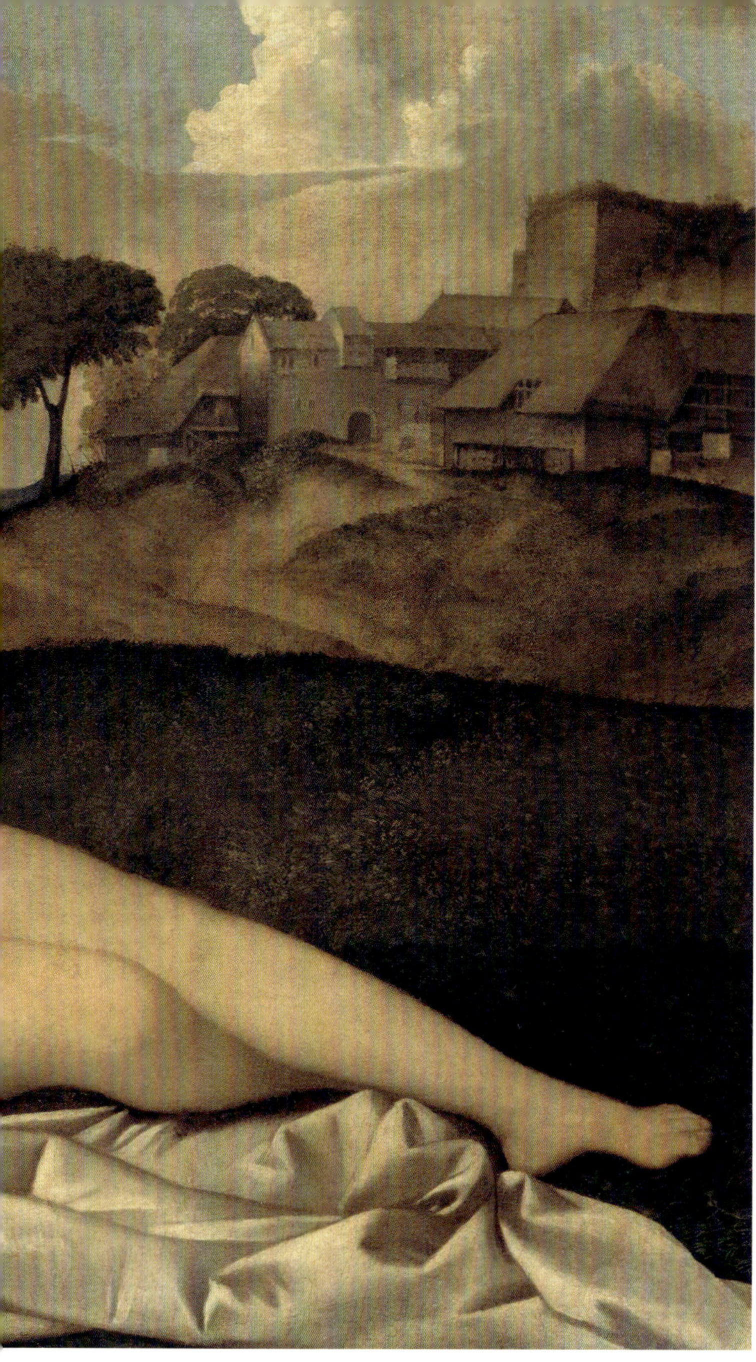

Eingeschlossen Tizian, dessen Autorenname neben Giorgiones am Bild zu finden ist. Wie Giorgione war Tizian von Giovanni Bellini beeinflusst und setzte dessen Stilistik im Sinne Giorgiones fort, so dass es ihm möglich war, das Venusbild kongenial zu vollenden. Seine Zutaten sind ein nur noch im Röntgenbild erkennbarer Cupido zu Füßen der Liegenden – keine Venus ohne Amor –, der später übermalt wurde. Dieser aber war buchstäblich abgegriffen (wie übrigens auch einige Stellen der Venus). Offenbar war das Bild in bestimmten Zeiten als Aufforderung zur Sittenlosigkeit verstanden worden.

Die rote Draperie, auf der Venus ruht, unterscheidet sich stilistisch deutlich von der hellen im Vordergrund; die Wehrdörfer und Dolomitenberge sind von Tizian. Der venezianische Grundgestus stammt von Giorgione: Malerei voll innerer Musikalität.

Wie dicht Schönheit und Tod, Liebe und Grauen beieinanderliegen, kann rasch in Vergessenheit geraten. Im Hintergrund brennen die Leichenberge der Pesttoten.

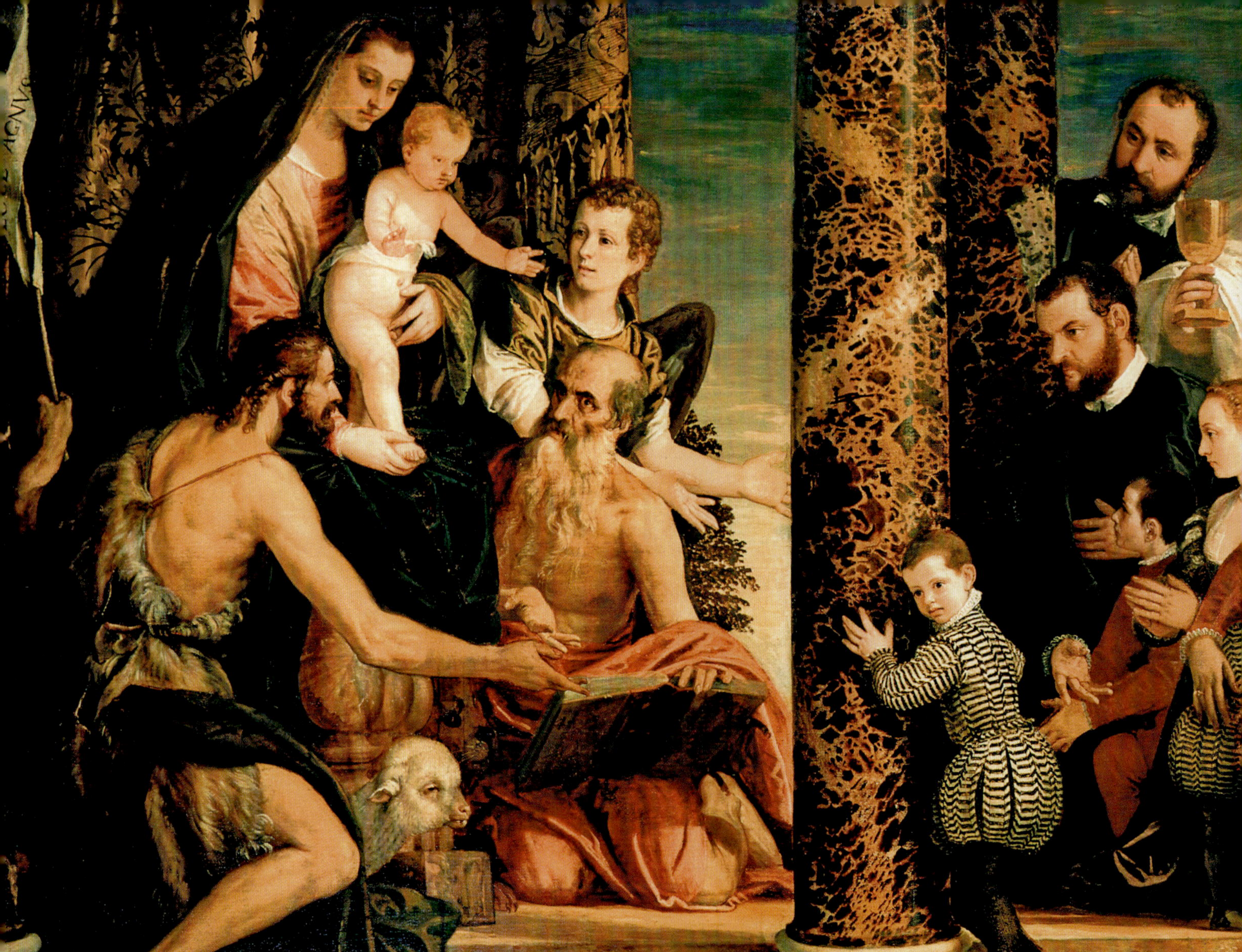

Paolo Veronese: Die Madonna der Cuccina-Familie

Von Paolo Veronese um 1571 im Auftrag der aufstrebenden Kaufmannsfamilie Cuccina für den Festsaal ihres neuen Palazzo am Canal Grande in Venedig geschaffen, gehört das Bild *Madonna der Cuccina-Familie* zu einem Zyklus aus vier großformatigen Ölgemälden (*Madonna mit Familie, Die Anbetung der Könige, Die Hochzeit zu Kana* und *Die Kreuztragung Christi*).

Veroneses Kompositionen spielen sich oft in prächtigen, fast bühnenhaften Architekturkulissen ab. Die figurenreichen Darstellungen zeichnen sich durch künstlerische Qualität sowie große Detailfreude, Wirklichkeitsnähe und feierliche Stimmung aus. Die besten Beispiele dafür sind die Sacra conversazione Mariens mit dem Jesuskind, Erzengel Gabriel, dem heiligen Hieronymus und Johannes dem Täufer (*Maria mit dem Kind und vier Heiligen*) und die *Madonna der Cuccina-Familie*, die gleichzeitig ein Familienporträt mit ihrem neuen Palast im Hintergrund ist.

Die Familie wird von den drei christlichen Tugenden Glaube in Weiß, Caritas, die sorgende Liebe in Rot und die Hoffnung in Grün begleitet. Besonders ist Antonio Cuccina, der Bruder des Familienchefs Alvise mit Tochter, Frau, anderem Bruder und Bubenschar gleich hinter der Säule. Antonio war krank, als das Bild entstand und starb

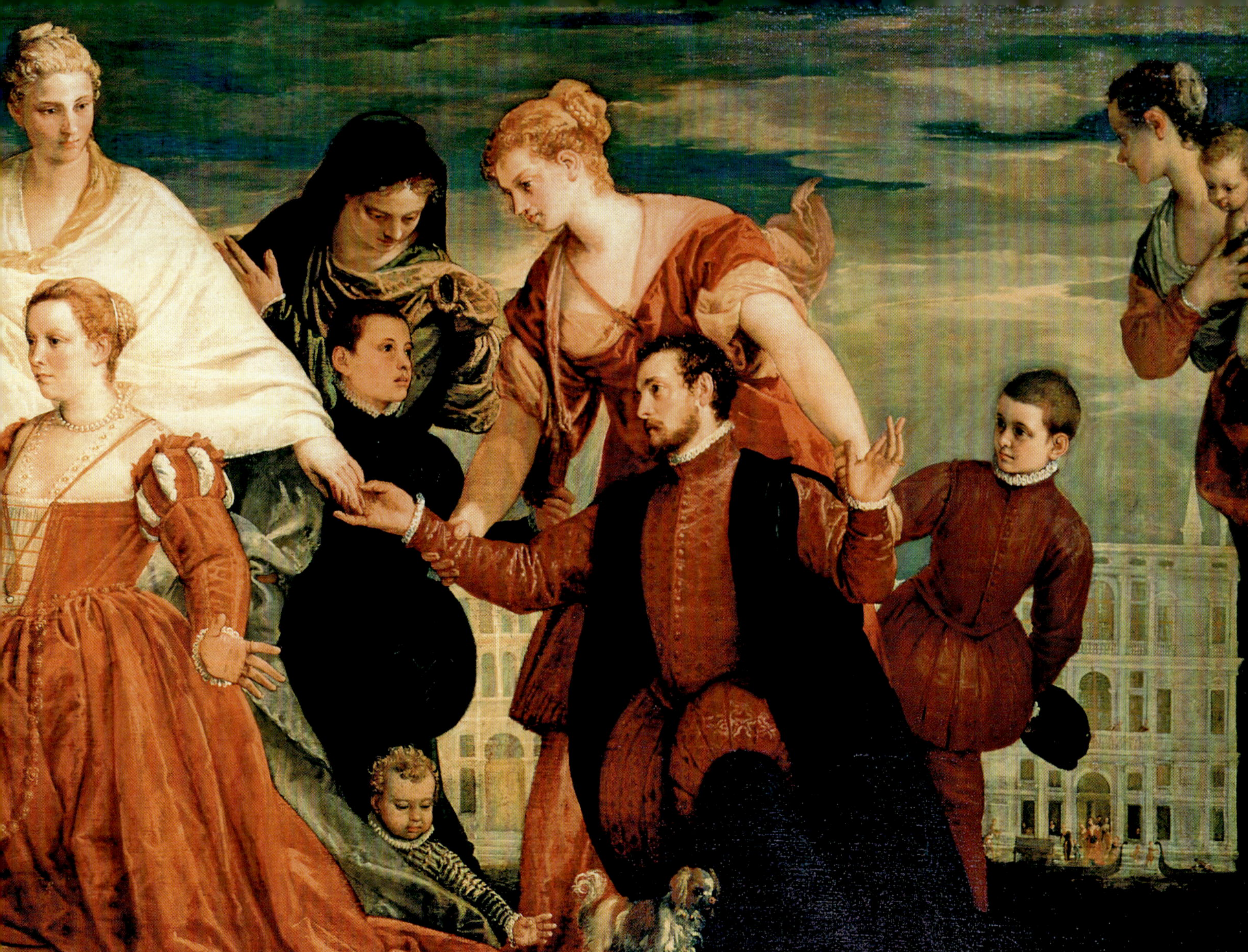

Paolo Veronese,
Die Madonna der Cuccina-Familie, 1571

wahrscheinlich, kurz bevor es eingeweiht wurde. Seit 1746 gehört das Bild zur Dresdner Sammlung; es war Teil der 100 Bilder des berühmten Ankaufs aus Modena.

Ein festlich-heiterer Grundton prägt die Atmosphäre, helles, freundliches Licht mit feinem silbrigen Schimmer changiert über die edlen Stoffe, die keiner so ins Bild setzten konnte wie Veronese. Er war ein Meister des Kolorits mit reicher, chromatisch abgestufter Farbpalette, mit einer Vorliebe für komplementäre Farbigkeit und vielleicht einem gewissen Hang zu Pastelltönen.

Veronese kannte schon die kostbare mexikanische Cochenillelaus, die als Malfarbe Karminrot Berühmtheit erlangte, aber auch die Textilien der reichen Familien färbte. Familie Cuccina war am Importmonopol des Blattlausfarbstoffs beteiligt. Veronese setzte den roten Farblack fast invasorisch-werbend in diesem Familien-Zyklus ein.

Schon im 18. und 19. Jahrhundert mussten seine Bilder restauriert werden – eben wegen seiner Farbzusammensetzungen und der virtuosen Maltechnik, für die Veronese instabile Pigmente verwendete. So verbräunten insbesondere die blauen und grünen, aus kupferhaltigen Pigmenten bestehenden Farbtöne. Die Haftung zwischen den Grundierungsschichten und der Malschicht entglitt und führte immer wieder zu minimalen Pigmentverlusten.

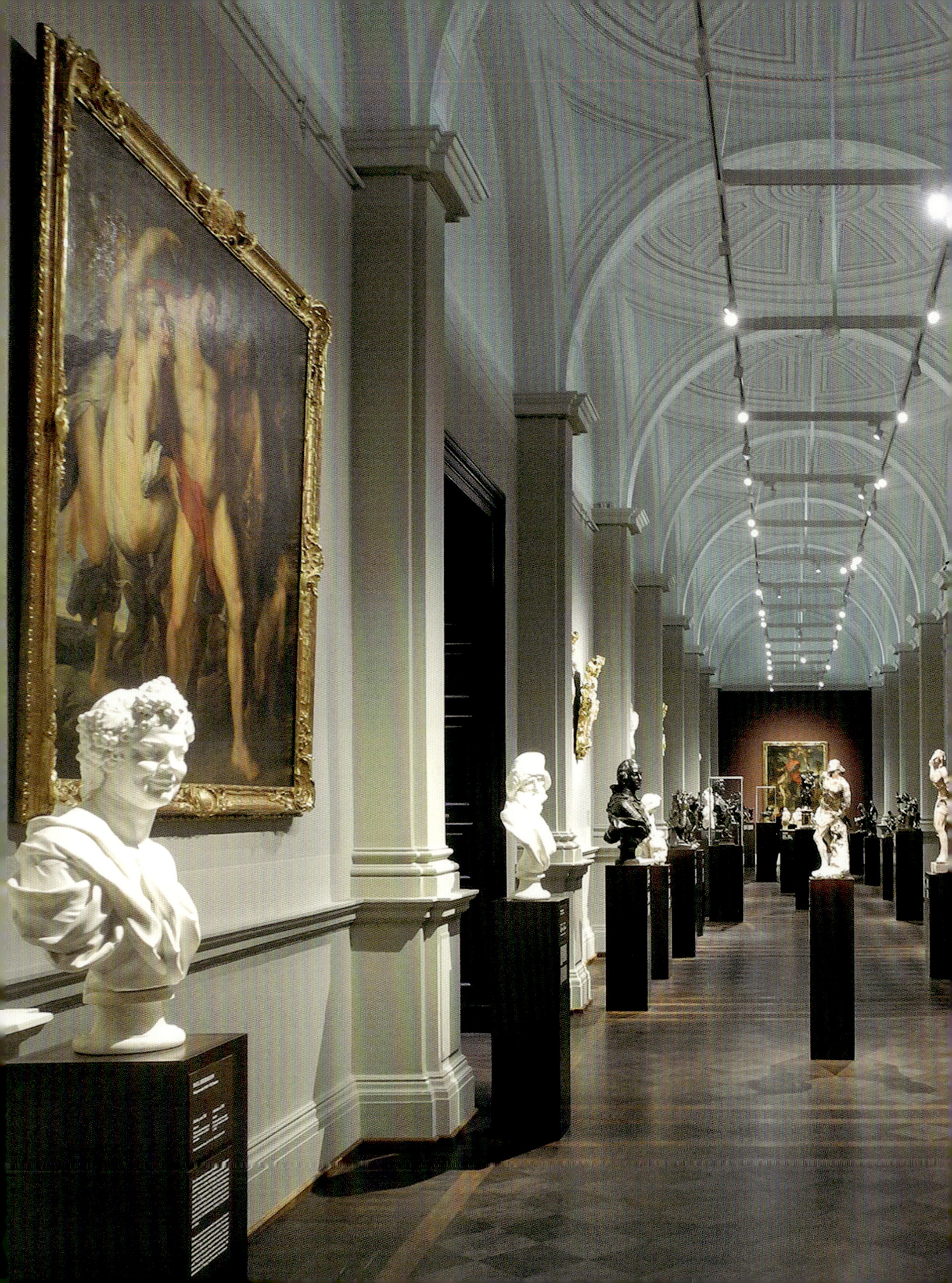

SKULPTUREN 15. BIS 18. JAHRHUNDERT

Der Skulpturengang vereint Bildhauerarbeiten aus der Renaissance und dem Barock, von Giambologna bis Permoser. Während Kleinbronzen, Büsten und Marmorplastiken in der Sammlung oft im direkten „Wettstreit" mit Gemälden wirken, sind sie hier weitgehend unter sich.

In seinem letzten Lebensjahrzehnt schuf Balthasar Permoser mindestens drei Fassungen seines *Schmerzensmanns* mit dem „roten Stein vom Untersberg", der nicht weit von seiner Chiemgauer Heimat stammt. Die erste annähernd lebensgroßen Fassung von 1721 entstand für die Hofkirche, die zweite 1725 für die Moritzburger Schlosskapelle, die dritte 1728, *Christus an der Geißelsäule*, hängt hier. Sie trägt auf der Rückseite ein Selbstporträt des 77-jährigen Künstlers. Sein *Christus* aus Untersberger Plassenkalk, jenem marmorartigen Kalkstein mit rötlichen Adern, erweckt schon durch die Wirkung des Steins und die Körperhaltung den schmerzvollen Eindruck seines leidvollen Martyriums.

Im Semper-Kabinett bleibt die neue Präsentation der Gemäldegalerie durch die dort gezeigten Sonderausstellungen lebendig, setzt Akzente und lässt Bilder und Skulpturen in immer neue Beziehungen treten. Ein Museumskonzept auf der Höhe der Zeit(en).

Treten wir nun ein in die tiefblau ausgekleidete Welt der französischen und spanischen Meister.

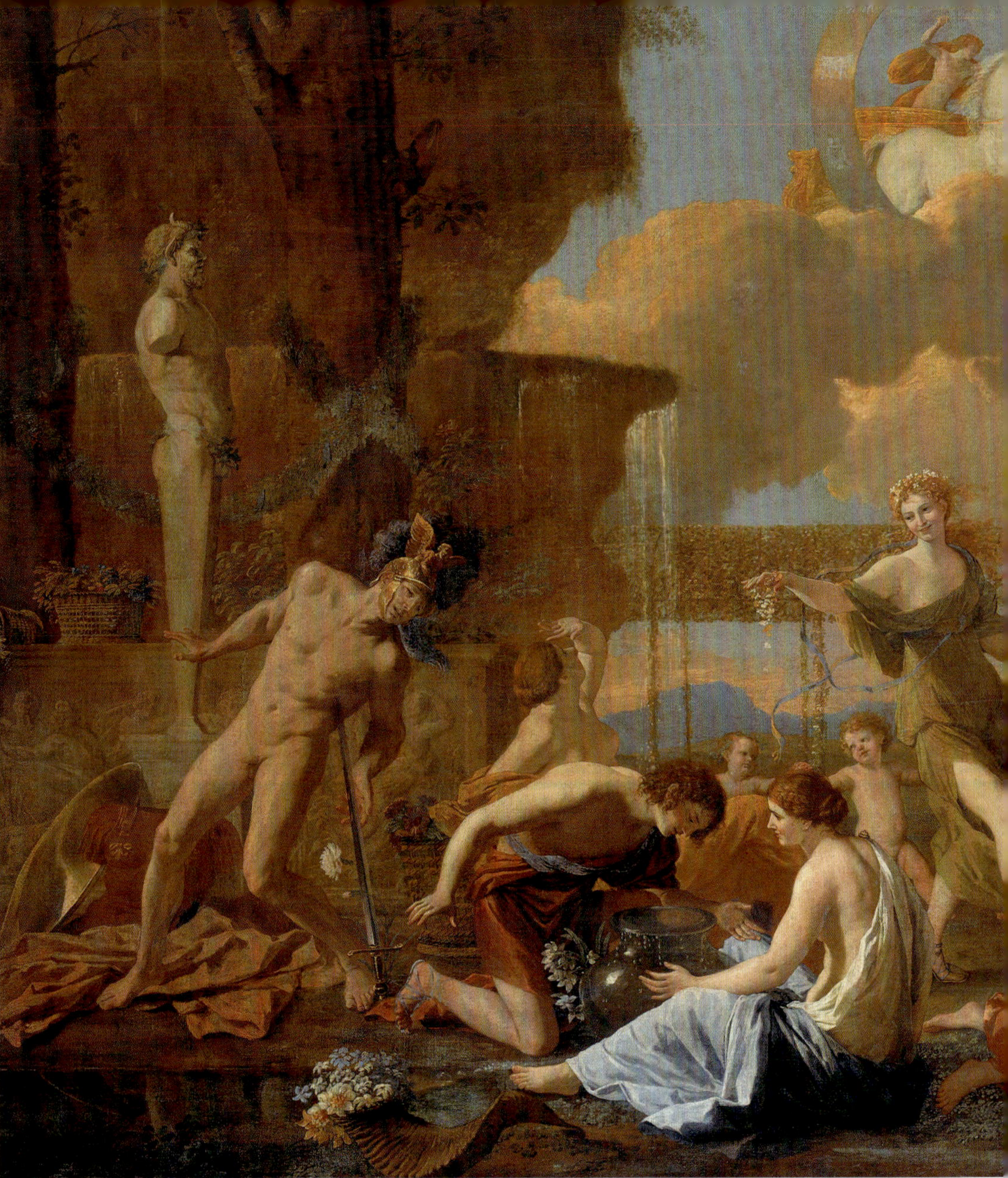

Nicolas Poussin, **Das Reich der Flora**, 1630–31

FRANZÖSISCHE MALEREI DES 17. JAHRHUNDERTS
Nicolas Poussin: Das Reich der Flora
Ihr Reich in Gestalt eines frühlingshaften Barockgartens durchschreitet Flora, die heitere Göttin der Blüten, vom Westwind Zephir getrieben, und begegnet einem illustren Figurenreigen. Der Maler Nicolas Poussin entnahm das Motiv Ovids *Metamorphosen*, jenen „Büchern der Verwandlungen“, in denen Ovid Götter wie Helden zu Blumen oder Sternen werden lässt. Ein dankbares Thema, zumal es in die spielerisch-höfische Barockwelt des Zwingers passt wie kaum ein anderes Sujet.

Ajax, der tapfere Held des Trojanischen Kriegs, stürzt sich in sein Schwert – er wurde von der Göttin Athena in den Wahn getrieben, so dass er Tiere mit Feinden verwechselte und tötete. Wieder bei Sinnen, trieb ihn die Scham in den Tod und er verwandelte sich in eine weiße Nelke. Am Himmel wird Apoll von vier weißen Rossen durch ein Wolkenmeer gezogen, sehnsüchtig gefolgt von den schmachtenden Blicken der Nymphe Klytia, seiner einstigen Geliebten, die bald zur Sonnenrose erblüht. Im Vordergrund betrachtet Narziss sein Spiegelbild in einem Aquarium, ohne die verzweifelte Bergnymphe Echo

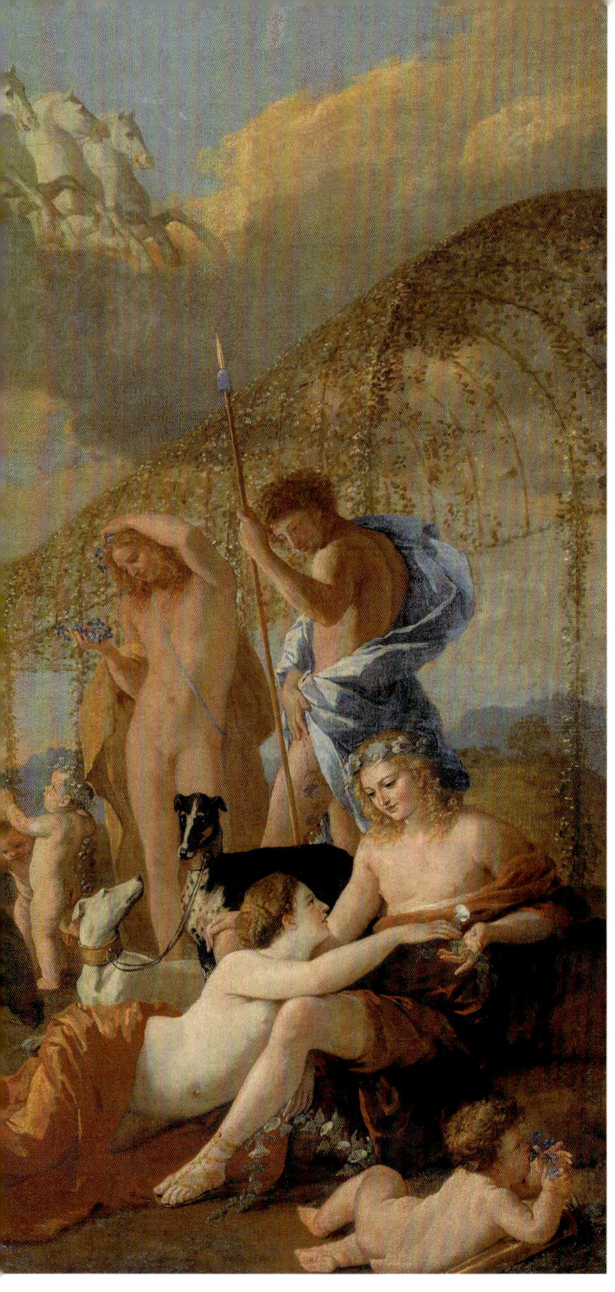

zu beachten. Rechts umwindet die Nymphe Smilax vergeblich den Jüngling Krokos, den die Göttin für seine Verachtung in den Frühlingskrokus verwandelt, aus dessen orangeroten Narbenfäden Safran, das Gewürz der Liebesfähigkeit gewonnen wird. Die Nymphe wuchert als Winde in Wald und Garten. Im Vordergrund holt sich ein kleiner Putto schon mal eine Prise Duft.

Vom Jagdhund beschnuppert wird Adonis, der Geliebte der Liebesgöttin höchstselbst. Kriegsgott Ares ist in Aphrodite verliebt und tötet den jagenden Jüngling in Gestalt eines wilden Ebers. Das aus seiner Wunde rinnende Blut verwandelt die Göttin in Adonisröschen. In ein blaues Tuch gewandet steht rechts davon Hyazinth, auf dessen Schönheit Apoll am Himmel zueilt – noch bevor er ihn trifft, erreicht ihn sein im Freudentaumel geworfener Diskus und beendet die Liebe, bevor sie fruchtet – der Jüngling lebt fort in der Hyazinthenblüte, deren Form den griechischen Klageruf AIAI abbildet.

Mit seinen geistreichen Kompositionen mythologischer Landschaften gewann Poussin eine wachsende Anhängerschar seiner sinnlichen, atmosphärisch dichten Schilderungen einer wandelbaren Welt voller Poesie und immer neuer Überraschungen.

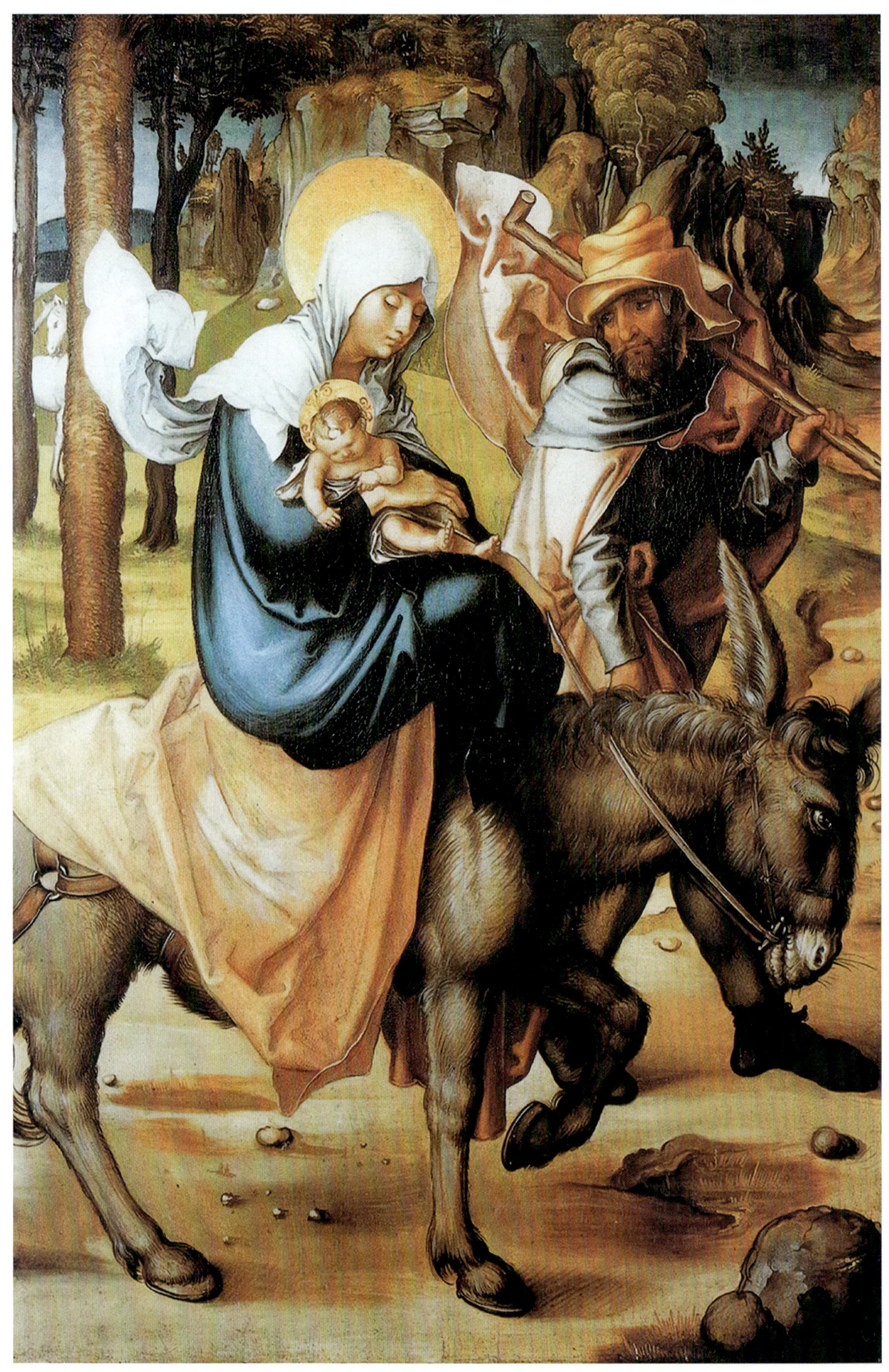

DEUTSCHE MALEREI 16. BIS 18. JAHRHUNDERT

Spanischen, niederländischen und deutschen Meistern folgen wir nun ins Eckgemach der Altäre des 16. Jahrhunderts. Genau darüber ist ein Bilderkabinett ganz dem großen deutschen Meister Lucas Cranach d. Ä. und seinem Sohn gewidmet, so dass wir Dürer, Holbein und die Cranach-Werkstätten in bester Nachbarschaft vereint finden.

Albrecht Dürer: Die Flucht nach Ägypten

Dürers *Flucht nach Ägypten* war Teil des Tafelbilds *Die Sieben Schmerzen der Maria*, sein erster Auftrag für den sächsischen Kurfürsten Friedrich den Weisen, kurz nachdem er sich in Nürnberg selbstständig gemacht hatte. Gedacht war es für die Schlosskirche in Wittenberg, wo der Kurfürst residierte und Martin Luther 20 Jahre später seine Thesen ans Tor schlagen sollte.

Das Sujet folgt der christlichen Überlieferung, nach der Maria bei der Beschneidung Jesu vom Propheten Simeon geweissagt wurde, dass ihr durch das Schicksal ihres Sohns dereinst „ein Schwert durch die Seele dringen“ würde. Diese Weissagung wird als der erste der sieben Schmerzen Mariens bezeichnet, die sie im Laufe ihres Lebens durch die schlimmen Prüfungen erlitt, die ihrem Sohn Jesus widerfuhren.

Das zweite Leid war die hier dargestellte Flucht vor dem kindermordenden Herodes nach Ägypten. Nach ihrer Rückkehr debattierte der zwölfjährige Jesusknabe mit den Priestern im Tempel, während Maria und Joseph ihn aus den Augen verloren. Drei Tage lang suchten sie nach ihm und glaubten ihn verloren: das dritte Leid. Vierfach ist der Schmerz, den Maria an den Stationen des Kreuzwegs Jesu erlebt, Kreuztragung, die Kreuzannagelung, Kreuzigung und Beweinung Christi sind im Dresdner Bild vereint. Diese sieben Szenen ihres Schmerzes gruppierten sich um eine große Darstellung der *Schmerzensreichen Madonna* in der Mitte der Tafel, die sich heute in der Alten Pinakothek in München befindet.

Die Bildtafeln gelangten in die nicht weit von der Schlosskirche in Wittenberg entfernte Werkstatt der Hofmaler der Kurfürsten von Sachsen, Lucas Cranachs und seines Sohns. Dort wurde es zu Studienzwecken kopiert und die Tafeln auseinandergesägt. 1588 wurden sie von Cranachschen Erben an die Dresdner Kunstkammer verkauft.

Albrecht Dürer,
Bernhard von Reesen, 1521

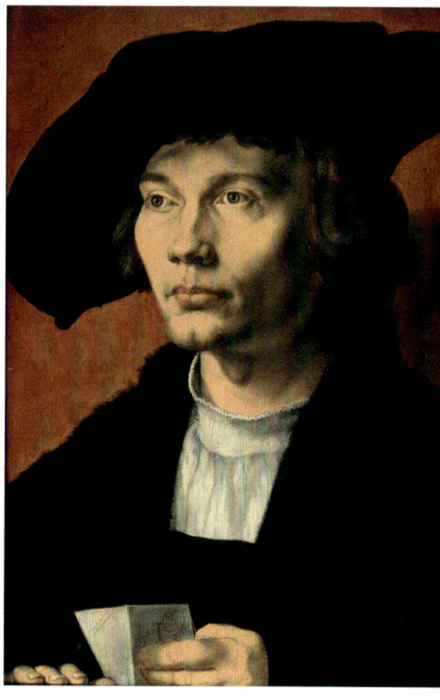

Albrecht Dürer: Bernhard von Reesen

Albrecht Dürer arbeitete später für Kaiser Maximilian, reiste auch in politischer Mission für ihn zweimal nach Italien und seinem Enkel und Nachfolger Karl V. entgegen nach Flandern. Dort traf er den Danziger Kaufmann Bernhard von Reesen, der sich – schwer erkrankt – von Dürer in Antwerpen porträtieren ließ. Durchgeistigt scheint sein Blick das Leben Revue passieren zu lassen. Feinsinnig und präzise, erweist sich hier ein Porträtist von Weltgeltung. Impetus und Typus des Bilds verleugnen nicht den Einfluss flämischer Porträtkunst.

Albrecht Dürer, **Die Flucht nach Ägypten, aus: Die Sieben Schmerzen der Maria**, um 1494–97 ←

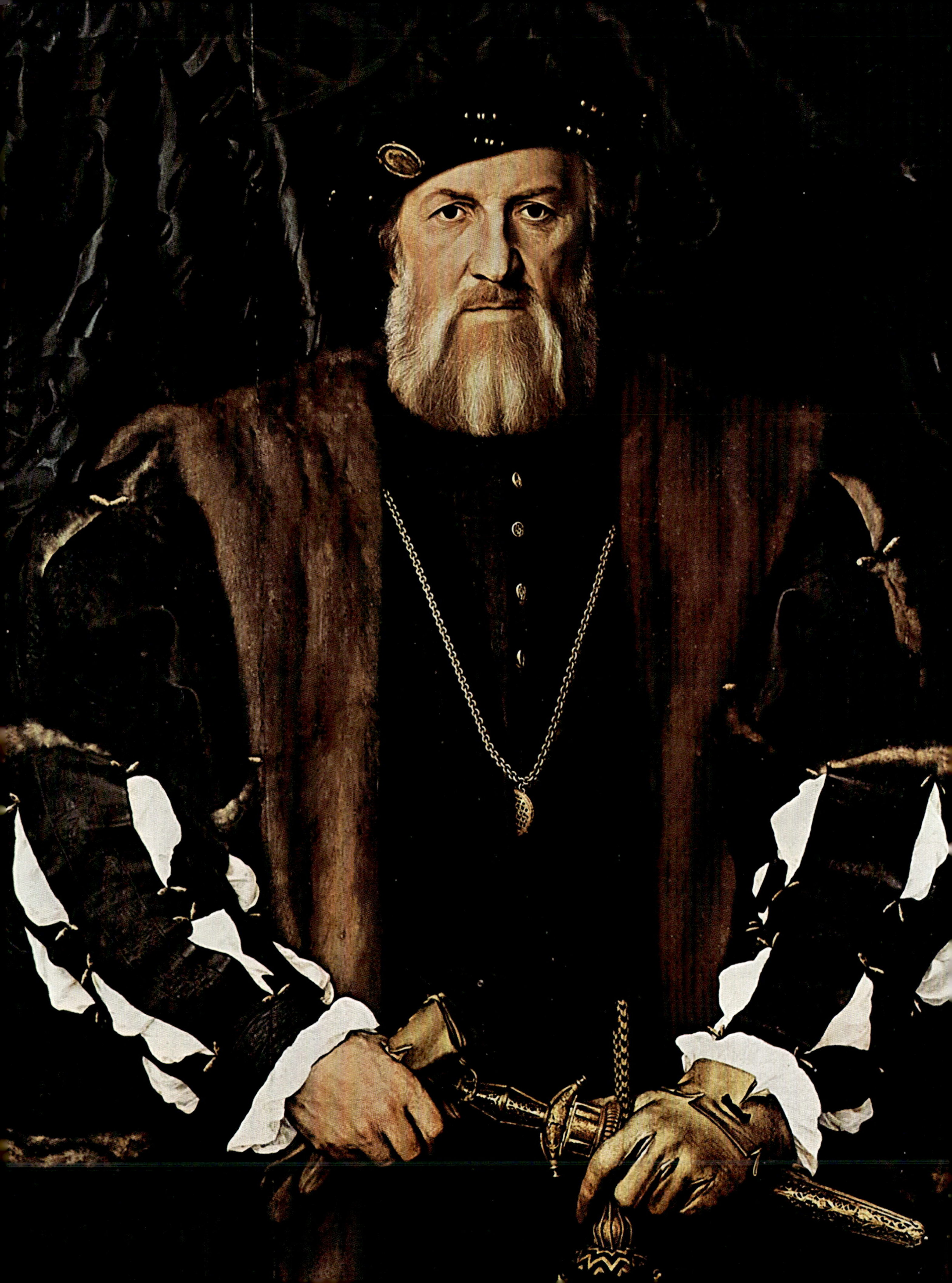

Hans Holbein d. J.: Charles de Solier, Sieur de Morette

Bevor Holbein Hofmaler des englischen Königs Heinrich VIII. wurde, verließ er mit seinem Vater, bei dem er das Malerhandwerk erlernt hatte, die schwäbische Heimat in Richtung Basel. In der Hauptstadt des Buchdrucks und der humanistischen Ideen hofften sie, als Illustratoren Erfolg zu haben. Holbein porträtierte mehrmals den niederländischen Humanisten Erasmus von Rotterdam. Neben den ersehnten Buchaufträgen schuf er seine beiden berühmten Madonnenbilder.

1521 wurde Holbein mit der Bemalung des Grossratssaals im Rathaus zu Basel betraut. Nach einem Aufenthalt in London brach er jedoch seine Zelte in Basel ab, um ab 1532 endgültig in der britischen Hauptstadt zu wirken. Sein *Sieur de Morette* wurde zunächst für einen Leonardo da Vinci (und der Dargestellte für Ludovico Sforza, Herzog von Mailand) gehalten, als er 1746 im Konvolut mit den Bildern aus Modena in Dresden eintraf.

Charles de Solier, Sieur de Morette, war ein Piemonteser Militär und französischer Diplomat, Gesandter am Hof König Heinrichs VIII. von England, des Mannes, der sechs Frauen ehelichte, was einige nicht überlebten. In der spannungsgeladenen, bisweilen tödlichen Umgebung des herrischen Königs brauchte Charles de Solier Machbewusstsein – seine entblößte Rechte fest am Griff seines Dolchs – und die Aura der Unnahbarkeit, ja Undurchschaubarkeit.

Holbeins Porträtkunst lässt dennoch Güte und menschliche Nähe spüren, was *Sieur de Morette* auf der Beliebtheitsskala der Galeriebesucher ganz nach oben klettern ließ.

Hans Holbein d. J., ←
Charles de Solier, Sieur de Morette, 1534–35

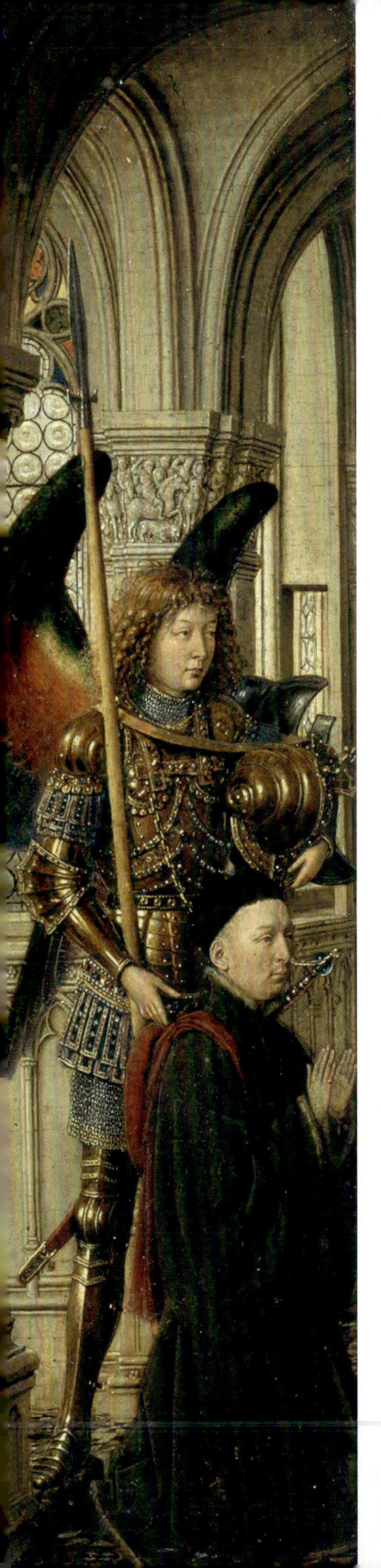

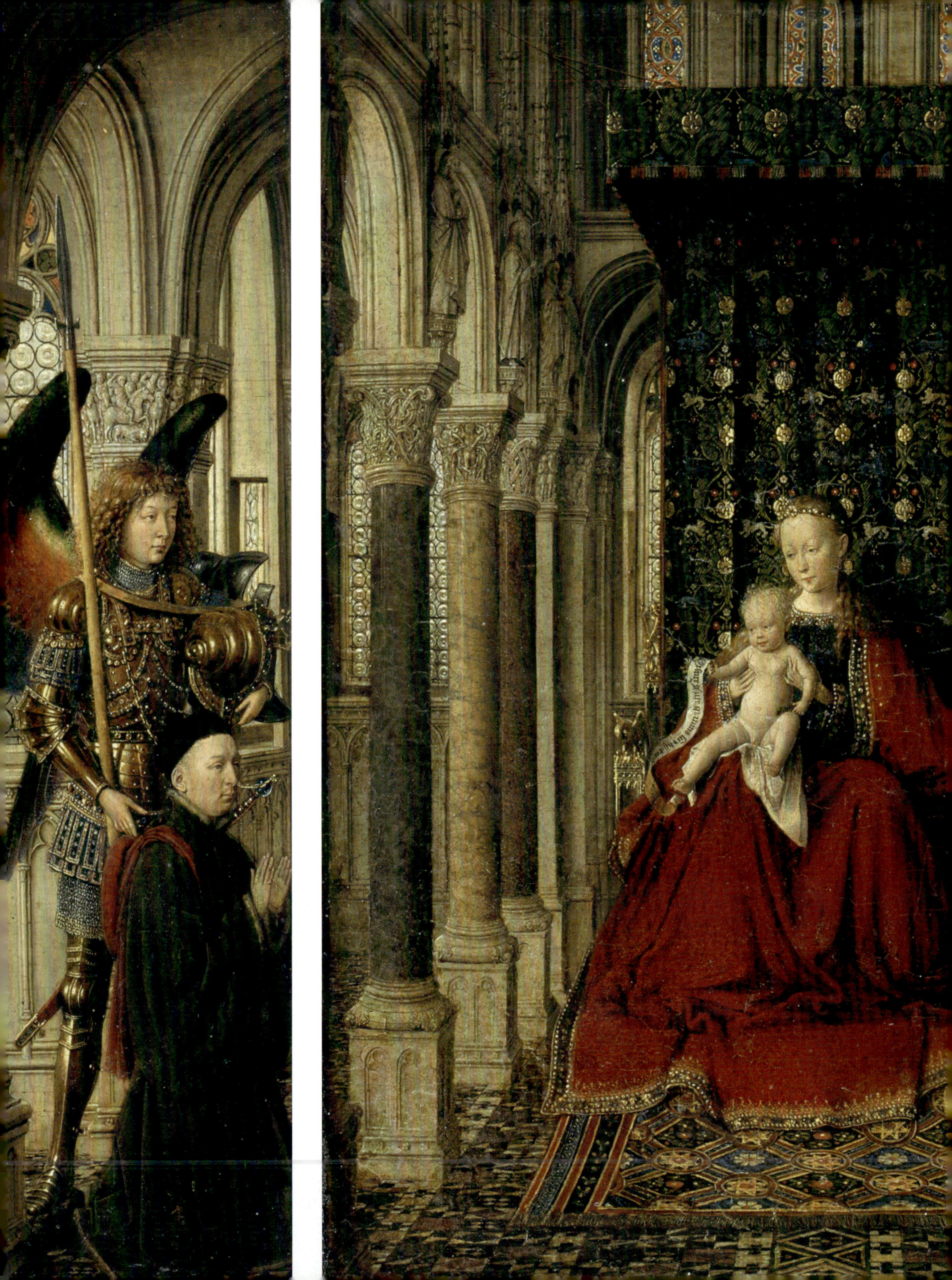

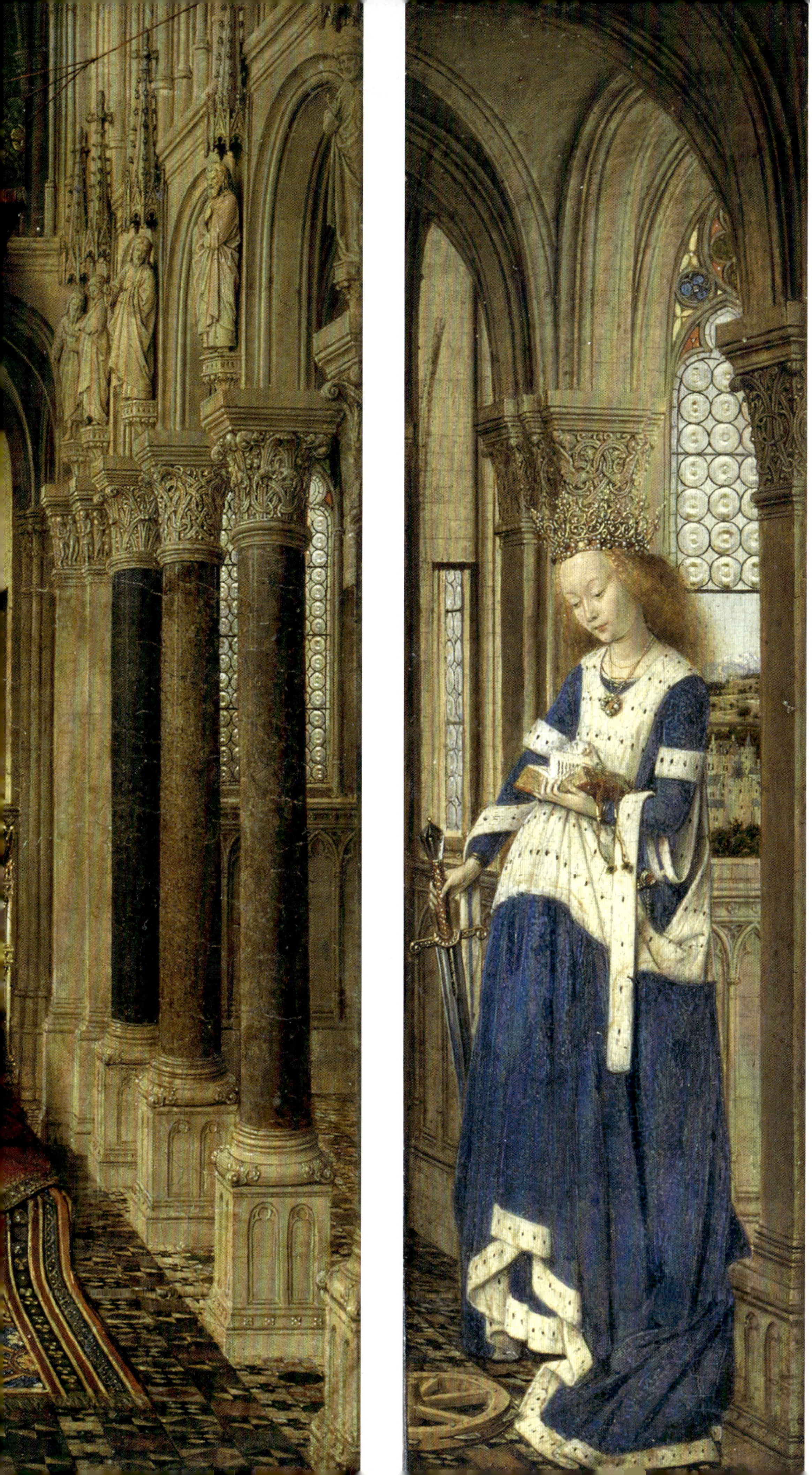

Jan van Eyck,
Dresdner Marienaltar, 1437

Jan van Eyck: Dresdner Marienaltar

Um 1390 wurde van Eyck in Maaseyck bei Maastricht geboren. Er wirkte als Hofmaler des burgundischen Herzogs Philipp der Gute, war Diplomat, Unterhalter, Gelehrter und gilt als der bedeutendste Vertreter der altniederländischen Malerei. Er hat Dürer und Holbein nicht wenig beeinflusst. Der *Uomo universale burgundensis* bereiste in seiner Jugend das Heilige Land. Bisweilen arbeitete er mit seinem älteren Bruder Hubert van Eyck zusammen – wie am *Genter Altar.*

Sein *Dresdner Marienaltar* entstand schon in reifen Jahren um 1437 als kleinformatiges Triptychon. Gemalt mit Öl auf Eichenholz, zeigt er in geöffnetem Zustand die thronende Maria, rechts die bekrönte heilige Katharina mit ihren Attributen Schwert, Rad und geöffnetem Buch, links den Erzengel Michael mit dem Stifter; auf den Außenflügeln eine Verkündigung in Grisailletechnik.

Flügelaltäre wurden in der Fastenzeit geschlossen, um die Enthaltsamkeit auch beim Sehen nicht durch bunte Farben und Goldtöne zu stören, daher Grautonmalerei auf der Fastenseite; zugleich eine echte Augentäuschung im Sinne des trompe-l'œil. Verkündigungsengel Gabriel und Maria sind jeder in eine Nische gemalt und scheinen wie Statuen dreidimensional auf Podesten einander gegenüber zu stehen.

Das elaborate Werk ist nur 33 Zentimeter hoch, die Flügel sind je 13,5 Zentimeter breit, der Mittelteil 27,5 Zentimeter. Aufgrund des kleinen Formats muss es sich um ein privates Andachtsbild handeln, einen Reisealtar.

Die Madonna thront inmitten einer spätromanischen, überaus festlichen Basilika auf blumengeschmücktem Thron, vor dem ein kostbarer Orientteppich ausgelegt ist. Maria ist mit gotischem Faltenwurf in einen geradezu kaiserlichen roten Mantel gehüllt, das goldige, puppenhafte Jesuskind mit Tuch und Spruchband auf dem Schoß. „Folgt mir, denn ich bin sanftmütig und von Herzen demütig“, steht darauf.

Hat der Stifter diesen Text selbst ausgearbeitet? Der kleine Jesus scheint ihn geradezu anzulächeln; selbst die Madonna blickt gewinnend in seine Richtung. Ohne Gemahlin dargestellt, scheint er von sakralem Stand; seine Erscheinung von reformatorischer Zurückhaltung geprägt. Ein übermaltes Wappen verweist auf Lorenzo Giustiniani, den venezianischen Gelehrten und Bischof. In Venedig wurde er in Gemälden von Gentile Bellini, Luca Giordano und als Statue an San Rocco sowie am Dom von Padua dargestellt. Auch Jan van Eyck selbst traut man diesen außergewöhnlichen Text zu. Sein Bild ist ein echtes Pendant zur *Sixtinischen Madonna* – auf Augenhöhe.

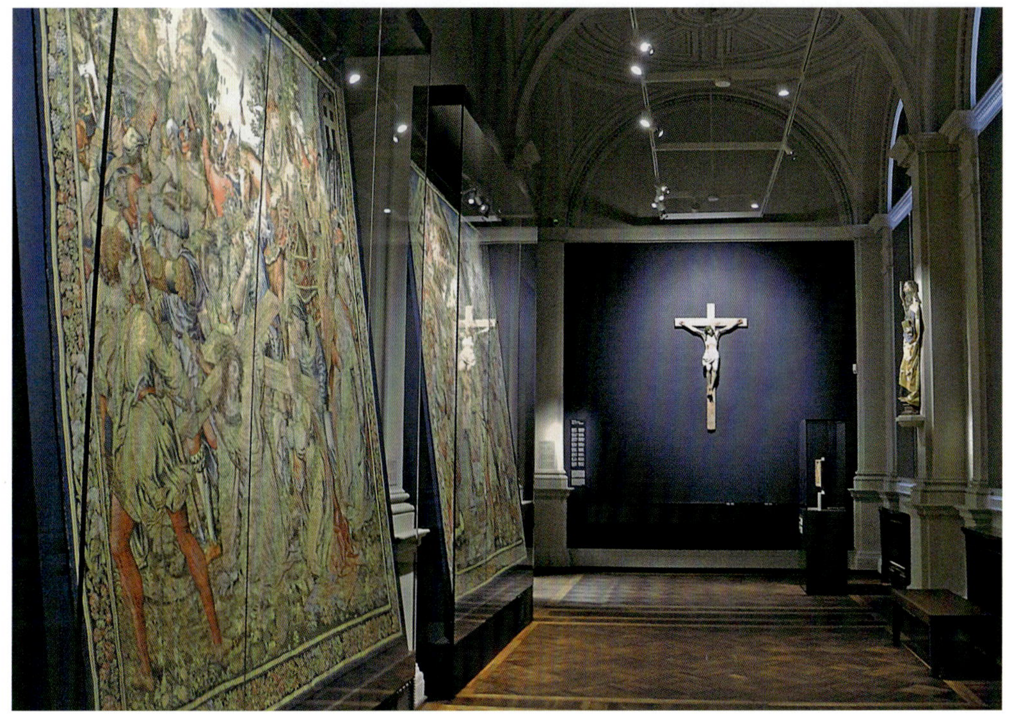

TAPISSERIEN-KABINETT

Einmal im frühen 15. Jahrhundert, bleiben wir dabei und betreten einen der stimmungsvollsten Ausstellungsräume, das Tapisserien-Kabinett. Vier Bildteppiche sind dort, wundervoll verhalten ausgeleuchtet, in Szene gesetzt: Die *Kreuzigung* von Peter de Pannemaker ist aus Wolle, Seide und Metallfäden gewoben. Drei Wandteppiche stammen von Pieter Coecke van Aelst aus Ostflandern: die *Anbetung der Hirten*, *Christi Kreuztragung* und *Himmelfahrt Christi*.

Van Aelst wurde um 1450 in Waterloes, einem Weiler in der Nähe von Aalst, geboren. In Brüssel unterhielt er ein eigenes Atelier. Nachdem er für das spanische Königshaus tätig war, fertigte er ab 1515 die von Raffael entworfenen Wandteppiche der *Apostelgeschichte* für die Sixtinische Kapelle. Während sieben der zehn Kartons von Raffael inzwischen im Victoria & Albert-Museum in London ausgestellt werden, sind Wiederholungen der Teppiche in Madrid, Paris, Berlin, Wien und auch in Dresden vertreten.

Gobelinsaal

Teppichweberei besaß in niederländischen Provinzen jahrhundertealte Tradition. Zu Beginn des 14. Jahrhunderts war die Stadt Arras Zentrum der kunstvollen Verarbeitung aus England eingeführter Schafwolle. Der Krieg zwischen Karl dem Kühnen und Ludwig von Frankreich führte jedoch zum Verfall der Bildwirkerei in dieser Gegend. Brüssel übernahm die Rolle einer Hauptstadt der Gobelinwirkerei. Glanzvoll waren das 16. und 17. Jahrhundert, eine Zeit, aus der sowohl die Raffaelschen Apostelwebereien als auch die unter Verwendung von Motiven Pieter de Pannemakers und Pieter Coecke van Aelsts vorwiegend in Gold und Seide gewirkten Passionsdarstellungen hervorgingen. Wahrscheinlich hatte bereits Georg der Bärtige von Sachsen zu Beginn dieser Periode einen Zyklus Teppiche geordert, die zunächst Zimmerfluchten des alten Markgrafenschlosses auf dem Taschenberg schmückten. Die in den Jahren danach mehr und mehr vervollständigte Sammlung wurde zum Teil 1701 beim großen Dresdner Schlossbrand vernichtet. Im Magazin des Schlosses gerieten die wenigen noch vorhandenen Arrazzi in Vergessenheit. Von 15 Wandteppichen, die zurzeit Herzog Georgs des Bärtigen erworben worden waren, blieb nur die Kreuzigung Christi erhalten, die heute im Tapisserien-Kabinett einen Eindruck von der hohen Kunst der Teppichwirkerei dieser Zeit vermittelt. 1855 fand ein weiterer kostbarer Wandteppich, die *Himmelfahrt Christi* Pieter Coecke van Aelsts, eine Heimstatt im Semperschen Galeriegebäude. Die Idee zu einem Gobelinsaal entstand, die nun im Tapisserien-Kabinett fortlebt.

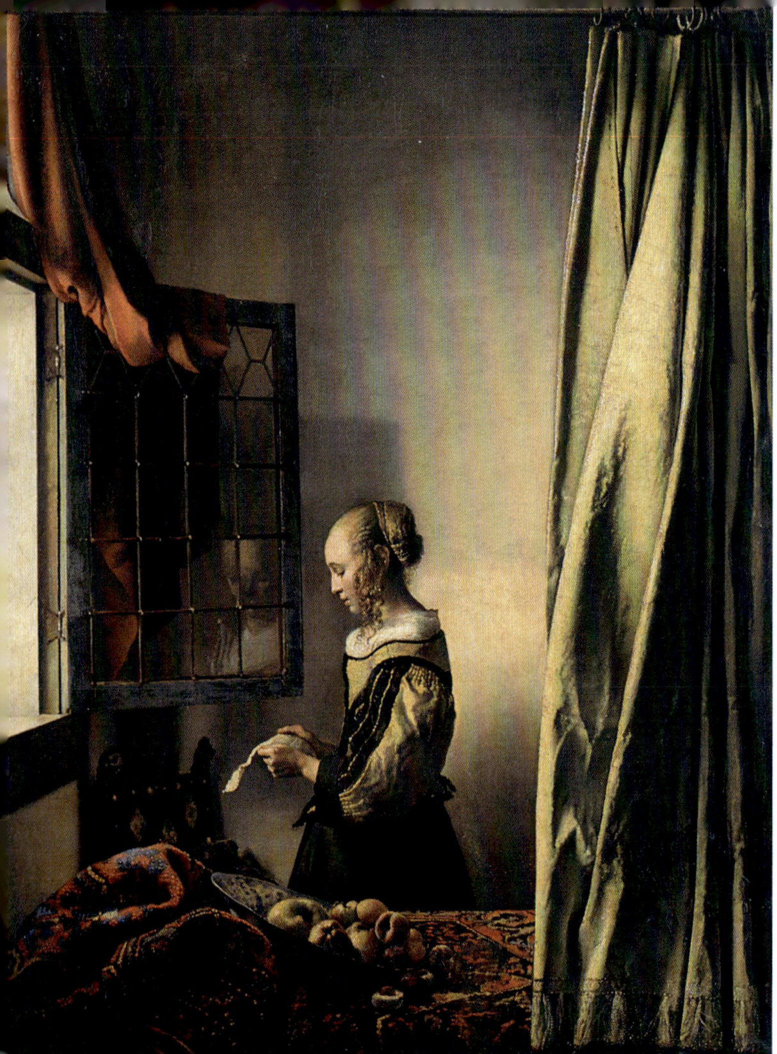

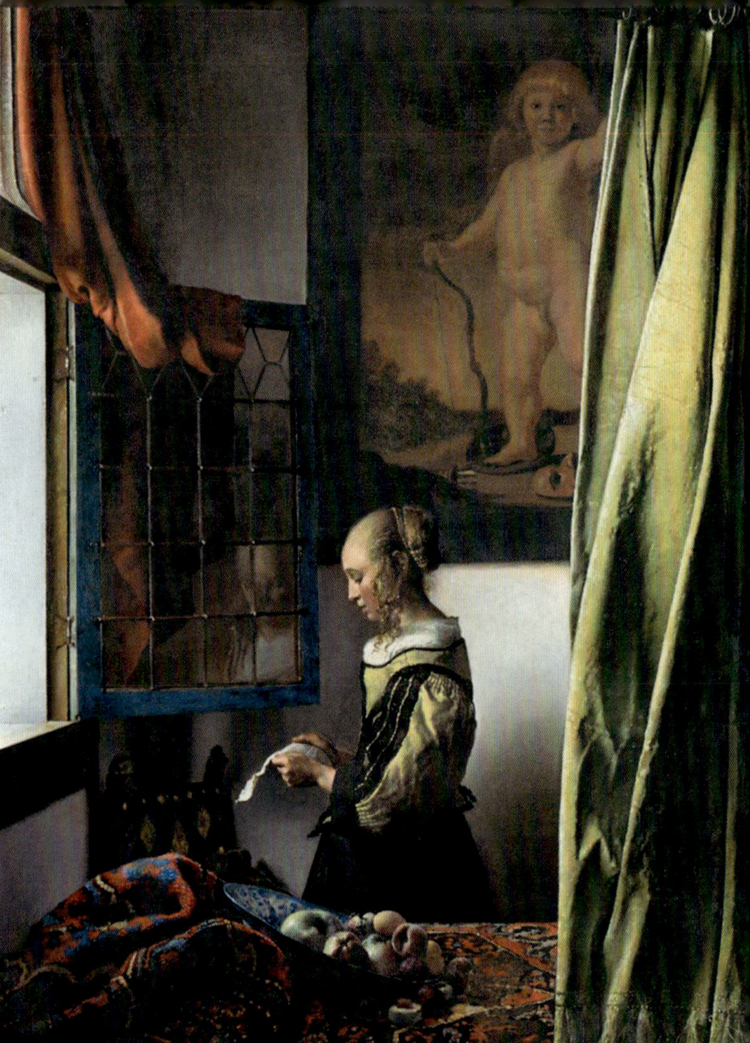

Johannes Vermeer, **Brieflesendes Mädchen am offenen Fenster**, um 1659, vor der Restaurierung 2017–20

Nach der Restaurierung 2017–20

Johannes Vermeer: Brieflesendes Mädchen am offenen Fenster

Seit 2017 wurde das frühe Hauptwerk von Johannes Vermeer *Brieflesendes Mädchen am offenen Fenster* untersucht und aufgearbeitet und war im Herbst 2021 Mittelpunkt einer großen Sonderausstellung. Forschungen erwiesen, dass eine großflächige Übermalung im Hintergrund des Bilds nicht von Vermeer stammt.

Nach Abnahme dieser Übermalung kam die Darstellung eines Cupidos als „Bild im Bild" an der Zimmerwand ans Licht. Ein Kunstgriff, den Johannes Vermeer schon in frühen Bildern mit Werken aus der Sammlung seiner Schwiegermutter kannte. Der Bildeindruck – verändert. Verändert die Sicht auf das Meisterwerk, dessen Rezeption und kunsthistorische Einordnung in vielem neu zu bestimmen ist.

Das Gemälde ist der Beginn einer Reihe stiller Interieurszenen mit wenigen Figuren, die seit Ende der 1650er Jahre für Vermeers Schaffen charakteristisch sind. Insbesondere das Thema der mit dem Verfassen oder Lesen eines Briefs beschäftigten Frau findet sich mehrfach in seinem Werk; Briefeschreiben kam damals in Holland in Mode.

Der Blick des Betrachters wird in die Ecke des Raums gelenkt, in dem ein Mädchen, am früchtebedeckten Tisch stehend, einen Brief liest. Ihr Profil spiegelt sich im offenen Fenster, durch das Licht hereinfällt und den Brief und das Gesicht des Mädchens beleuchtet.

Der stille Vorgang des Lesens steht im Zentrum der Darstellung. Der Cupido an der Wand erzählt in Vermeers Sprache voller Anspielungen und Bezüge vom amourösen Geschehen, das sich anbahnt. Die Briefkultur veränderte ganze Beziehungsgefüge. Auch Äpfel und Pfirsiche, caravaggesk ausgeleuchtet auf dem Tisch, sind Vorboten des

Geschehens. Pfirsiche gelten als Frucht der Erkenntnis in der Bildwelt der niederländischen Barockmalerei. Sie lassen die Vermutung zu, dass der Inhalt des Briefs die gut situierte Ehefrau auf Abwege bringt; die Faszination in ihrem Gesichtsausdruck verrät, dass sie schon auf ihnen schreitet. Der zurückgeschobene Vorhang ist ein häufig anzutreffendes Requisit in den Genrebildern von Vermeer. Er eröffnet zugleich eine Bühne und bringt den Luftzug des Unaufhaltsamen ins Bild. Die Vorhangstange bildet den oberen, die Borte den unteren Bühnenabschluss. Vermeer brilliert – darin Rembrandt verwandt – mit der Darstellung von Stofflichkeit wie Vorhang, Tischtuch, Perserteppich, deren Materialien und Lichtreflexe. Räumliche Tiefe erzeugt er mittels überzeugender Schichtung von Staffage. Nur etwa 40 Gemälde sind von Vermeer bekannt, der kein langes Leben hatte. Keines ist ein erzählerisches Bild. Vermeer kommt mit einem Minimum an Handlung und ohne Bewegung aus – nur der rote Vorhang weht ein wenig, der grüne antwortet verhalten.

Johannes Vermeer: Bei der Kupplerin

Dirnenanstalt hieß das Gemälde *Bei der Kupplerin* von Johannes Vermeer einmal. Wären nicht die Hände des Freiers, könnte man das Gemälde auch für ein Genrebild einer Teppichhandlung halten. Aber warum brennt im Hintergrund die Stadt wie Sodom und Gomorra? Delft ein Sündenpfuhl?

Johannes Vermeer war noch jung, als er dieses Bild malte, gerade einmal 24 Jahre alt. Er hatte das Bild *Die Kupplerin* von Dirck van Baburen entdeckt und war fasziniert von dessen Hell-Dunkel-Malerei. Van Baburen gehörte den Utrechter Caravaggisten an, die allerdings schon in den 1620er Jahren ihre Blütezeit hatten.

Johannes Vermeer,
Bei der Kupplerin, 1656

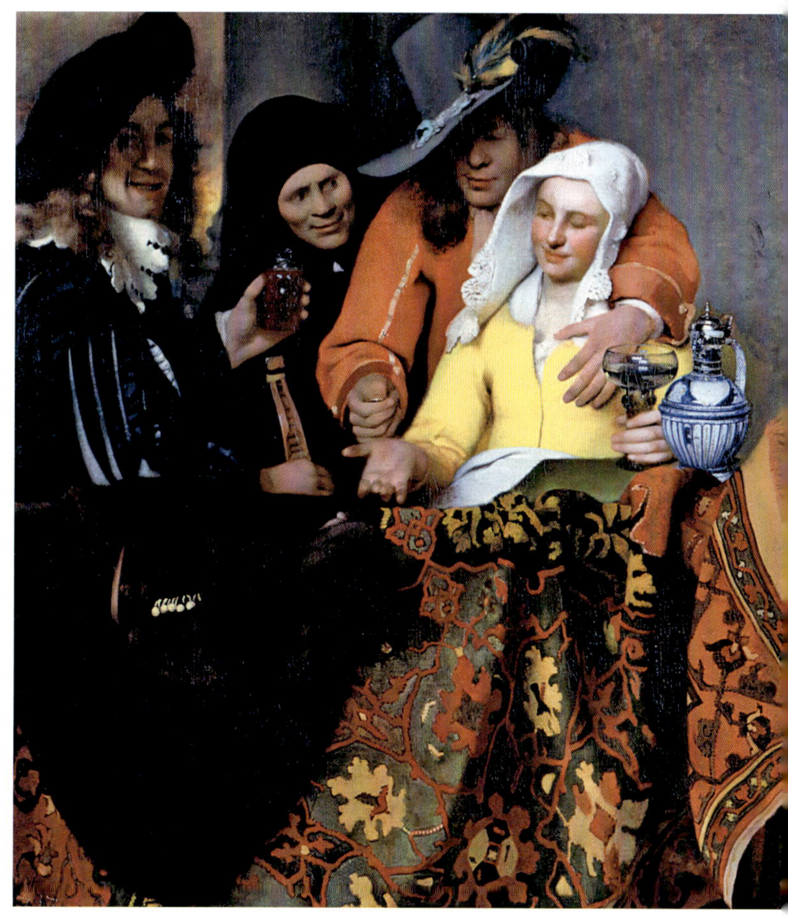

Vermeer legte seine Bilder nicht als bloße Genreszenen an. *Bei der Kupplerin* ist das beste Beispiel: Bezüge zu biblischen Stoffen, hier das Gomorra-Motiv, Anspielungen auf historische wie antike, aber auch private Begebenheiten, Gleichnisse und Symbolismen – etwa Obstsorten, Blumen oder Bilder an der Wand – durchziehen sein Werk. Der Feuerschein in der *Kupplerin* spielt wohl auf den Delfter Donnerschlag an, eine Pulverexplosion, die sich kurz vor der Bildentstehung 1654 in Delft ereignet hatte und hunderte Menschenleben forderte.

So könnte das Bild auch als ein „Carpe diem!" verstanden werden. Genieße das Schöne: orientalische Teppiche, kostbare Spitze, Perlen, Delfter Keramik, guten Wein in wertvollen Gläsern und natürlich schöne Frauen! Der Handel – links im Bild ein reicher Kaufmann – macht es möglich. Es mag zugleich der Vater Johannes Vermeers sein, Reynier Jansz. Er stellte Kaffa – Seidensatin aus Baumwolle – her, handelte damit wie auch mit Bildern und führte eine Gastwirtschaft. Als Kunsthändler war er Mitglied der Malergilde, in die Vermeer gerade noch zu dessen Lebzeiten aufgenommen wurde. Seinem Vater, der genau zwei Jahre vor dem Delfter Donnerschlag begraben worden war, setzte er so ein Denkmal.

Rembrandt Harmensz. van Rijn:
Rembrandt und Saskia im Gleichnis vom verlorenen Sohn

Einer der ganz großen am niederländischen Bilderhimmel, der noch persönlich in Kontakt mit den Utrechter Caravaggisten gestanden hatte, ist in der Dresdner Sammlung besonders gut vertreten: Rembrandt.

Rembrandt Harmensz. van Rijn hatte seine Frau Saskia van Uylenburgh als früh verwaiste, vermögende Nichte seines Amsterdamer Kunsthändlers kennengelernt, der ihm beizeiten Porträtaufträge vermittelte. Nicht lange vor Entstehung des Doppelporträts *Rembrandt und Saskia im Gleichnis vom verlorenen Sohn* wurde Hochzeit gehalten. Der Titel des Gemäldes sollte sich geradezu als prophetisch für Rembrandts Leben herausstellen: wie im biblischen „Gleichnis vom verlorenen Sohn“, der mit seinem ausbezahlten Erbteil in die Welt zog, um sein Glück zu machen – aber es verspielte.

Manchmal holt das Leben ein Kunstwerk ein – denn der kaum 30-jährige Rembrandt konnte höchstens ahnen, dass auch ihm (wie seinem Heimatland) das goldene Erbe allzu bald entgleiten würde. Er war ein Workaholic. Den Kauf eines überteuerten Hauses und seine Sammelwut kostbarer Stoffe, Waffen, Schmuck und Bilder konnten er und seine große Werkstatt aber kaum erarbeiten, zumal die Aufträge bald dahinschmolzen, Stilauffassung, Zeitgefühl und Geschmack sich änderten. Als endlich ein Sohn geboren wurde, starb kurz darauf die Mutter, Saskia. Das Genie Rembrandt, der Meister der Hell-Dunkel Kontraste, hatte sein Schicksal, Aufstieg und Erfolg mit Saskia verknüpft. Nach deren Tod konnte auch die Verbindung mit Kinderfrau Hendrickje Stoffels den Niedergang nicht aufhalten.

Doch die Vereinsamung und die Verarmung gingen einher mit zunehmender Verinnerlichung und außergewöhnlicher Vergeistigung in seinem Spätwerk. Rembrandt zelebrierte Hell-Dunkel Kontraste zu einzigartiger Wirkungstiefe. In seinem unerbittlichen Blick und mit seinem Können stellt Rembrandt in seinem letzten Porträt sich selbst als dementen, dem Leben entglittenen Greis hellsichtig dar. In *Rembrandt und Saskia im Gleichnis vom verlorenen Sohn* erscheint diese prophetische Gabe das erste Mal: Zur Feier des ersten Hochzeitstags ist auf dem Tisch ein Pfauenbraten angerichtet. Der Pfau gilt als Symbol von Liebe, aber auch der Eitelkeit, des Stolzes und des Hochmuts.

1749 wurde das geniale Gemälde von Théodore Le Leu beim Kunsthändler Noël Araignon in Paris für Kurfürst Friedrich August II. von Sachsen erworben.

→ Rembrandt Harmensz. van Rijn, **Rembrandt und Saskia im Gleichnis vom verlorenen Sohn**, um 1635

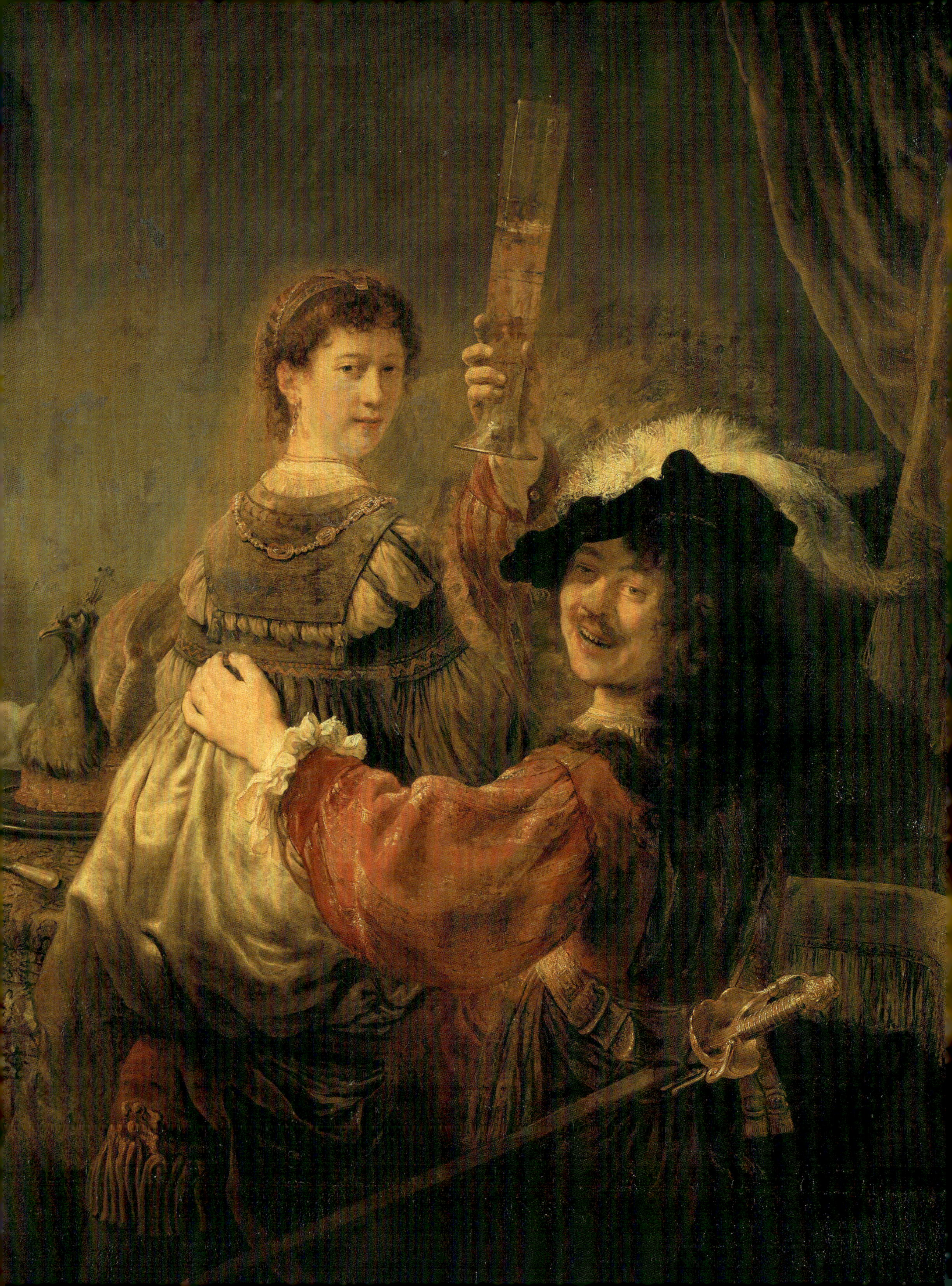

Rembrandt Harmensz. van Rijn: Ganymed in den Fängen des Adlers

In derselben Zeit wie das durchgeistigte *Selbstbildnis mit Saskia im Gleichnis vom verlorenen Sohn* entstand eines seiner heute weltbekannten Bilder – Rembrandts *Ganymed in den Fängen des Adlers*. Der Sage nach verliebte sich Zeus in den trojanischen Königssohn Ganymed, der als Hirtenknabe den Kirschen mehr Aufmerksamkeit schenkte als der väterlichen Herde. Zeus entführte ihn in Gestalt eines Adlers auf den Olymp und machte ihn zum Mundschenk der Götter.

Rembrandt lässt den königlichen Hirtenknaben Kirschen naschen und damit ein Schuldgefühl entwickeln, dass den Raubzug des großen Vogels als Strafe erscheinen lässt – der Knabe geschockt und erschreckt. Betrachter begeistert die elementare Reaktion, wie sie wohl nur ein Niederländer so bildlich darstellen kann. Die Gestalt des Adlers und auch Ganymed wurden von Zeus als Sternbilder in den Himmel versetzt, Ganymed dabei in der griechischen Sagenwelt als Tierkreiszeichen Wassermann.

→ Rembrandt Harmensz. van Rijn, **Ganymed in den Fängen des Adlers**, 1635

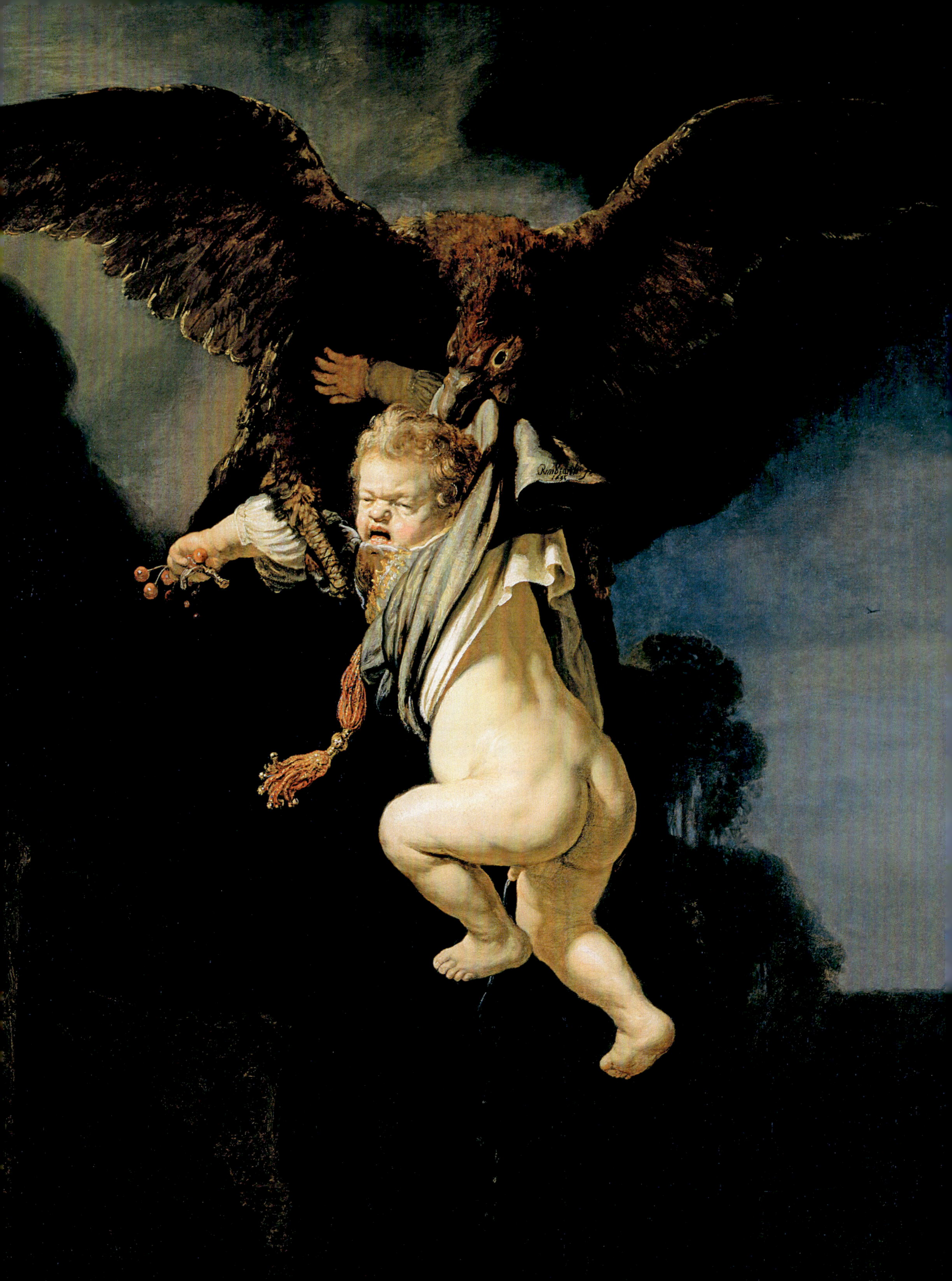

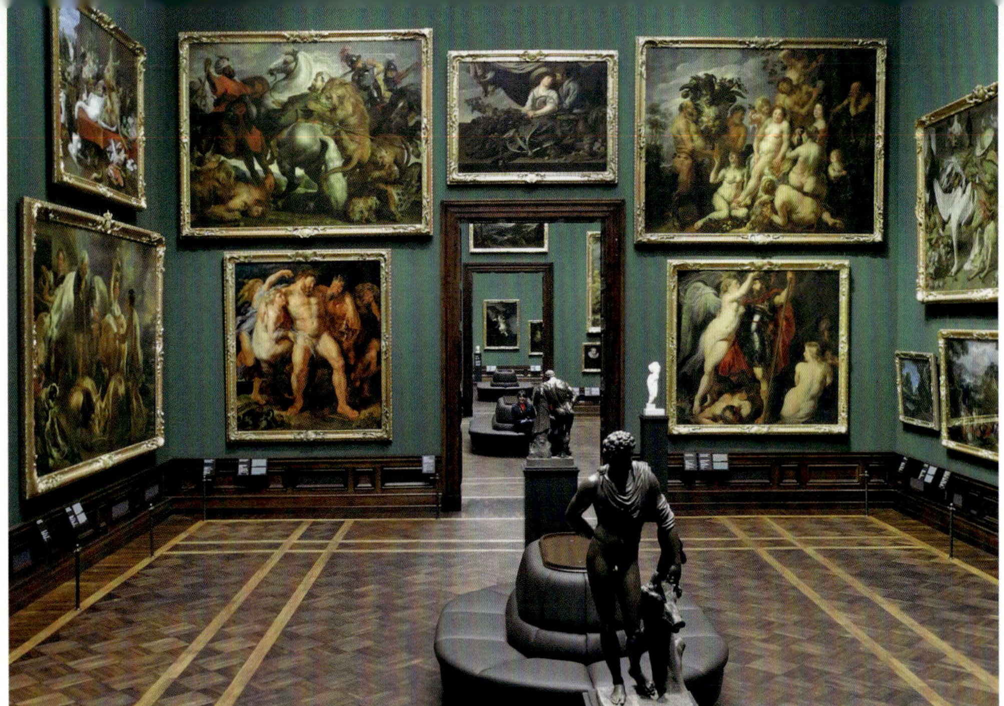

Im **Rubens- und van Dyck-Saal** – Grüntöne schaffen Atmosphäre

Peter Paul Rubens: Bathseba am Springbrunnen

In magischem Grün empfängt uns der Rubens- und van Dyck-Saal. *Bathseba am Springbrunnen* heißt eines von Peter Paul Rubens' durchgeistigsten Bildern, dessen Sujet wir in den Sgraffito-Dekorationen des Dresdner Schlosses und in den Sammlungen wiederholt begegnen. Das Alte Testament (2 Samuel 11,2–4) berichtet von dem mächtigen König David, der eines Abends vom Dach seines Palasts eine schöne Frau beim Baden entdeckte. Er sandte ihr eine Botschaft.

Ähnlich begeistert war der damals bereits 58-jährige Großmeister Rubens von seiner jungen zweiten Frau, Hélène Fourmet, die er (nach dem Tod seiner ersten Frau Isabella Brant) im Alter von 16 Jahren geheiratet hatte und die für Bathseba Modell stand wie von nun an nahezu für alle weiblichen Heldinnen seines Spätwerks.

Rubens verpflanzt König David in seinem Gemälde auf den Balkon eines barocken Palasts. Ein Diener übergibt gerade die Nachricht des Königs, während eine Dienerin der barbusigen Bathseba auf einem kleinen Podest die Haare flicht. Ein kleiner Schoßhund bellt gegen die aufziehende Gefahr an. Vergeblich. Eine uralte Geschichte nahm ihren Lauf. Bathseba folgte der Einladung, obwohl sie mit dem Hetiter Urias verheiratet war und wurde schwanger. Um die Situation zu retten, missbrauchte König David seine Macht und ließ den Feldhauptmann bei der bevorstehenden Schlacht in die vorderste Linie stellen, wo dieser dann starb. So aber auch das Kind. Erst das zweite Kind der im Unrecht begonnenen Verbindung wurde Davids Nachfolger, der weise Salomon.

Rubens' Bilder – etwa 1500 hat er hinterlassen – zeichnen sich durch eine allegorische Bildsprache voller mythologischer Symbolik aus. Sein Bestreben galt dabei höchster Lebendigkeit der Darstellung und koloristischer Wirkung. Wenige Künstler haben auf ihre Zeit einen so nachhaltigen Einfluss ausgeübt wie er. Es gibt keinen Zweig der niederländischen Malerei, auf den er nicht bestimmend eingewirkt hat. Schon zu seinen Lebzeiten wurde er als Künstler-Unternehmer bewundert, seine Werkstatt war in ganz Europa berühmt. Außerordentlich groß war daher auch die Zahl seiner Schüler und Mitarbeiter, darunter Meister von Weltgeltung wie Anthonis van Dyck, Frans Snyders und Jan Wildens, die hier mit eigenen Werken vertreten sind.

→ Peter Paul Rubens, **Bathseba am Springbrunnen**, 1635

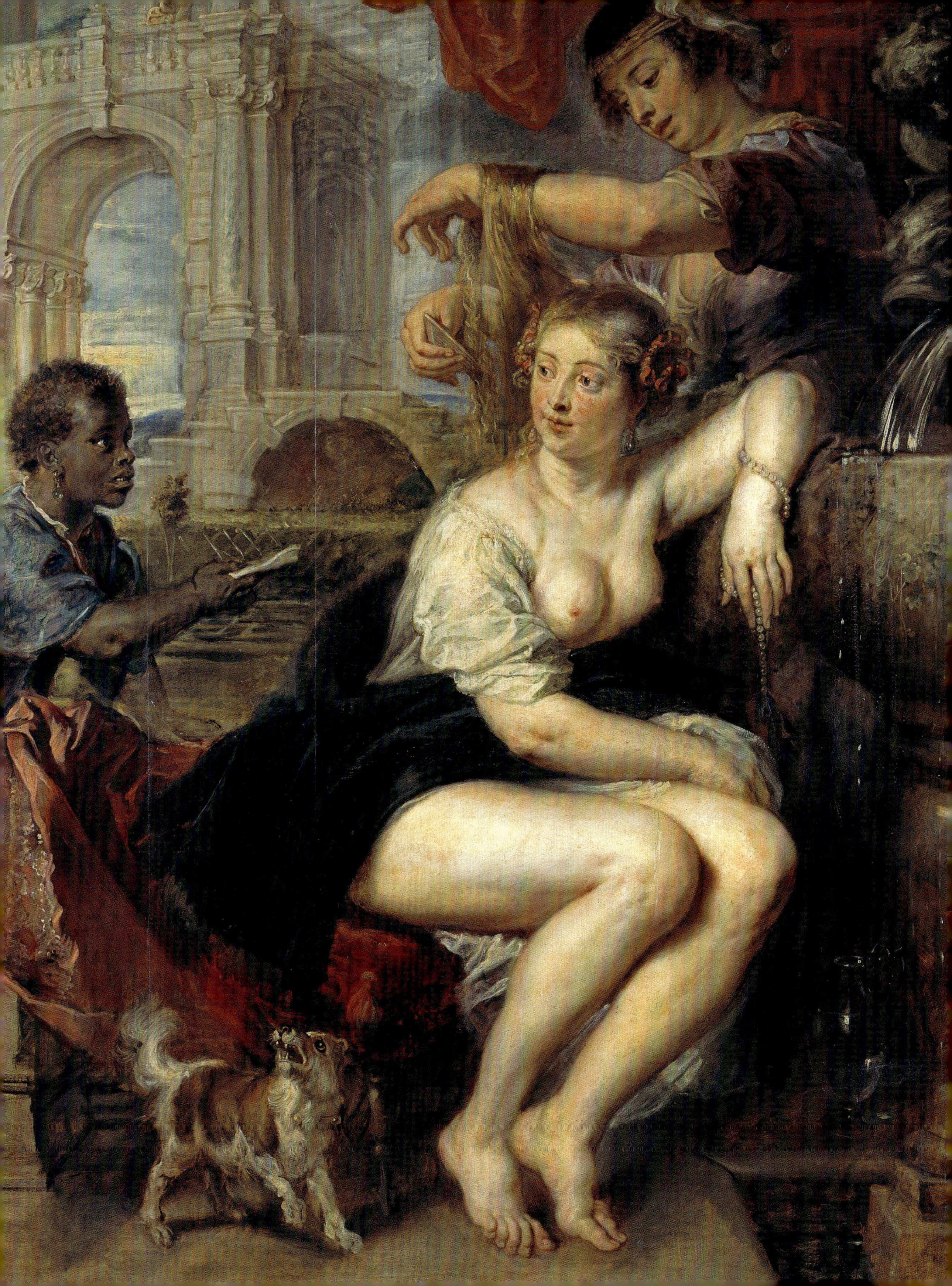

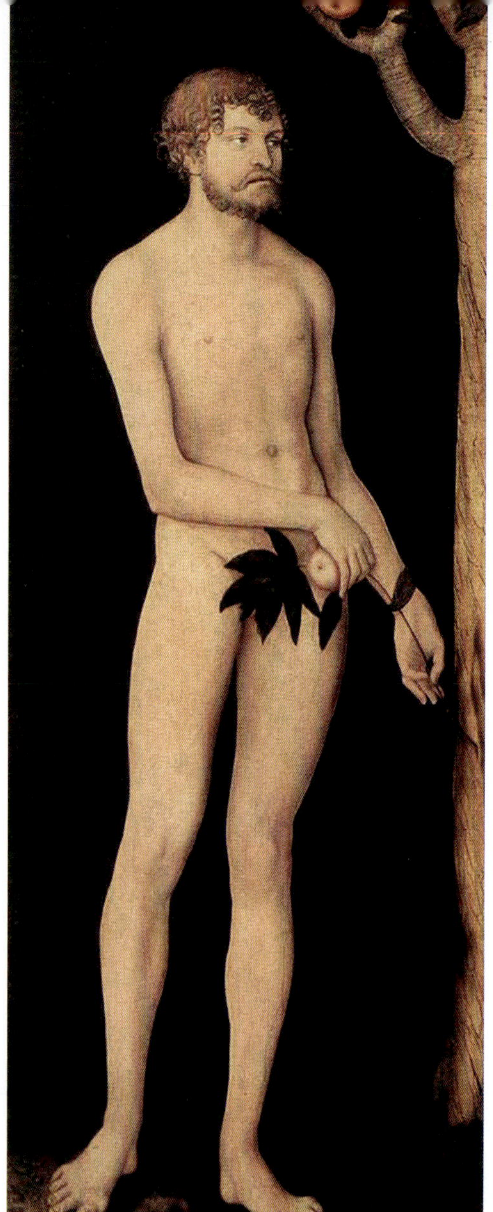
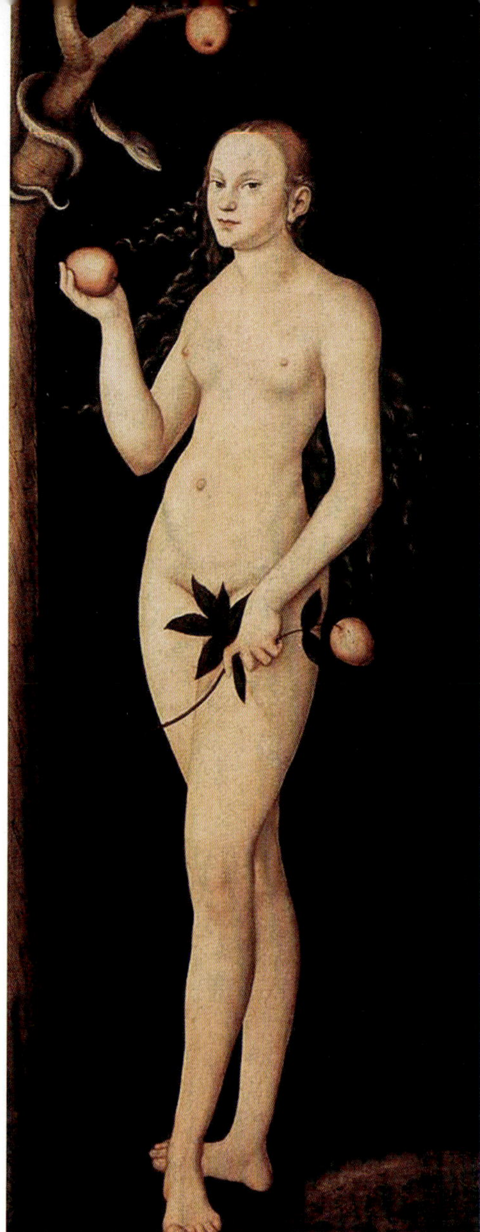

Lucas Cranach d. Ä.,
Adam, Eva, 1531

DEUTSCHE MALEREI 16. BIS 18. JAHRHUNDERT
Cranach-Saal

Im zweiten Obergeschoss erleben wir im Cranach-Saal noch einmal deutsche Renaissancewelten. Lucas legte sich wie damals mancher Kollege als Nachnamen den Namen seiner Heimatstadt Cranach, des heutigen Kronach in Oberfranken, zu. Adam und Eva, das Paradies, der Sündenfall und die Vertreibung aus dem Paradies waren Themen, die ihn zeit seines Lebens nie losließen. Bereits ab 1509 malte er immer wieder Versionen des ersten Menschenpaars.

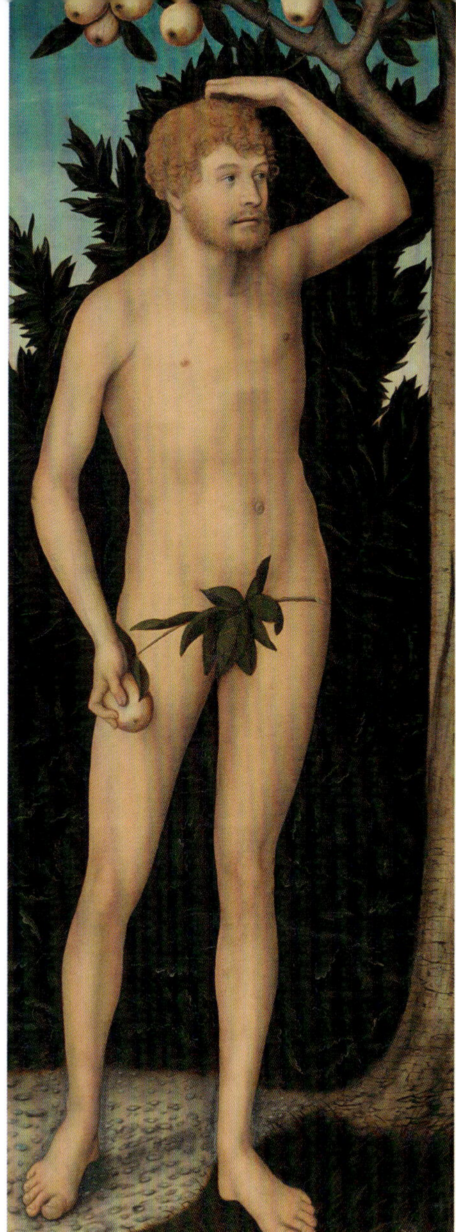
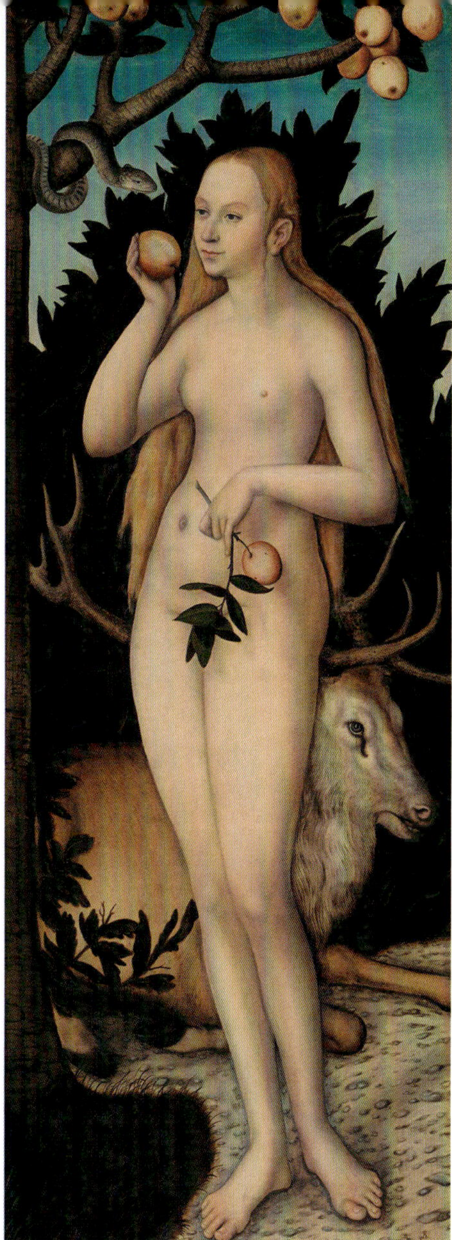

Lucas Cranach d. J.,
Adam, Eva, nach 1537

Im Cranach-Saal sind zwei lebensgroße Akte unter dem Baum der Erkenntnis aus dem Jahr 1531 gegenübergestellt. Im Grunde handelt es sich um eine doppelte Gegenüberstellung, da sich sein Sohn nur wenige Jahre später desselben Themas annahm; sein Paar ist nicht nur wohlgenährter, sondern verfällt der Sünde bei Tageslicht in einem etwas paradiesischeren Garten.

Jedenfalls liegt in dieser doppelten Gegenüberstellung ein besonderer Reiz – beim jüngeren Cranach sind religiöse und erotische Bezüge enger miteinander verwoben. Lucas Cranach d. Ä. hat 1530 Adam und Eva in seinem Bild *Paradies* auch in größerem Kontext dargestellt. Während friedliche Tierpaare die Natur bevölkern, verkörpern einzelne Spezies besondere Eigenschaften: der Fuchs die Verschlagenheit, das Einhorn die Unschuld, der Hase die Wollust.

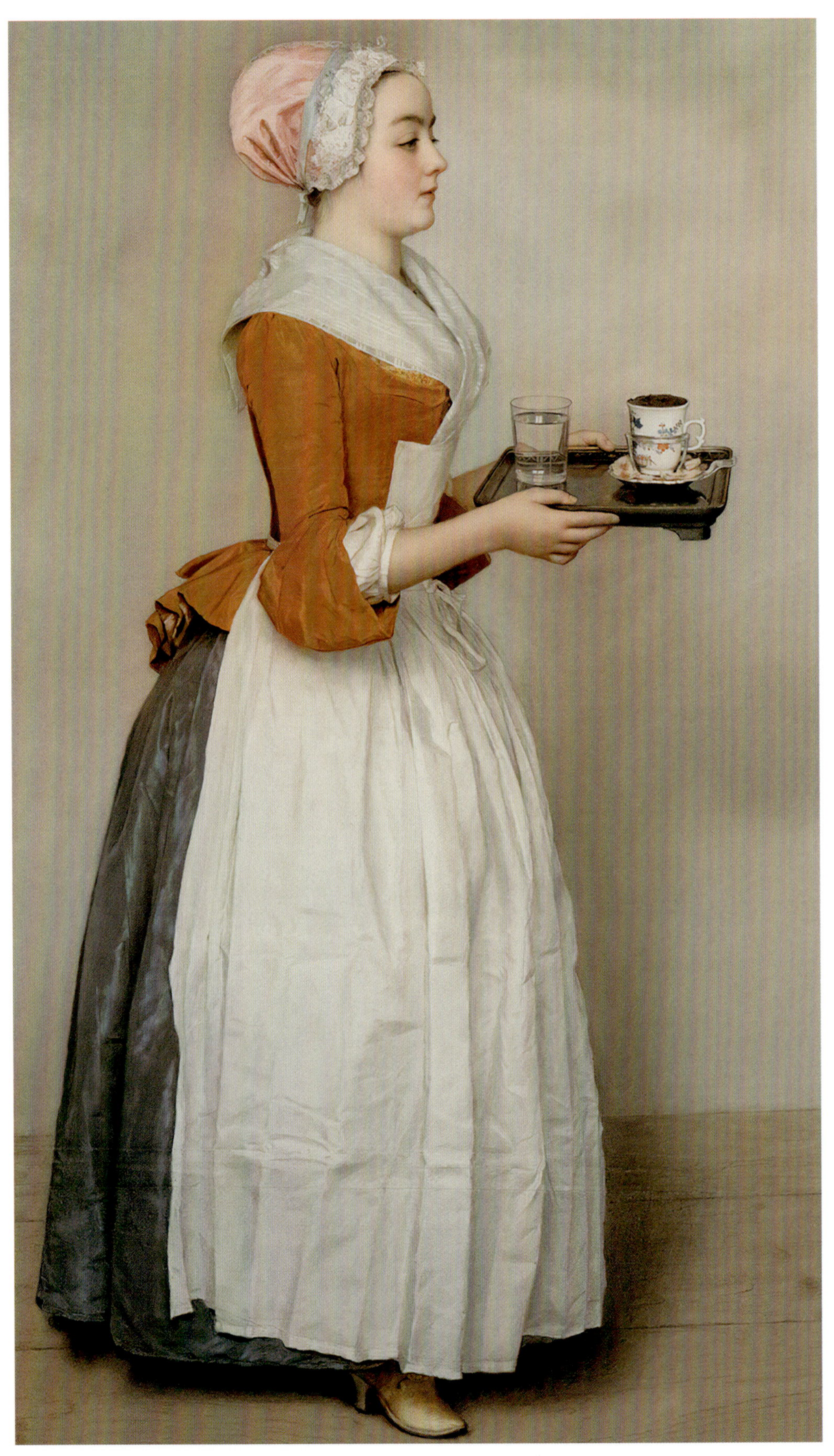

PASTELLKABINETT

Jean-Etienne Liotard: Das Schokoladenmädchen

Deutsche, italienische und Schweizer Maler aus dem 17. und 18. Jahrhundert begleiten uns ins Pastellkabinett, wo wir einem weiteren Kultbild der Sammlung begegnen – einer höchst irdischen „Madonna", dem *Schokoladenmädchen* von Jean-Étienne Liotard.

Mit Rosalba Carriera kam die Pastellmalerei nach Dresden. Farbpigmente aus Kreide werden auf Pergament mit dem Finger oder einem Torchon verwischt und vermischt. Das entsprach dem Geschmack jener Zeit, geprägt von der maladie de porcelaine. Ein Meister dieser Technik war Jean-Étienne Liotard. Er gab sich exotisch und kleidete sich wie ein reicher Osmane, nachdem er einige Jahre in der Türkei gelebt hatte. Später war er dann in Wien auch Hofmaler Maria Theresias.

In Wien war auch die Kammerzofe zu Hause, die das neue Kultgetränk, die heiße Schokolade, servierte. Liotards Pastell *Das Schokoladenmädchen* galt Rosalba Carriera „als das schönste Pastell, das man je gesehen hat". Die Kleidung der Zofe war „Weenerisch", das Lacktablett und die Porzellantasse folgen japanischen Originalen.

Um das Bild nach Dresden zu holen, schlug noch einmal die große Stunde des Kunstagenten und Gemäldejägers Graf Francesco Algarotti. Er schrieb begeistert an seinen Freund Pierre-Jean Mariette, es sei ein „Holbein in Pastell": „Das Werk ... ist in Halbtönen gearbeitet, mit nicht wahrnehmbaren Abstufungen des Lichts ... im Geschmack der Chinesen ..., der vereidigten Feinde des Schattens". 1745 kaufte Algarotti das Bild in Venedig, seither gehört der „Stubenmensch", wie die Kaffeehausbedienung damals im Wiener Sprachgebrauch genannt wurde, nach Dresden und ist nicht mehr wegzudenken.

Jean-Étienne Liotard, **Das Schokoladenmädchen**, 1744 ←

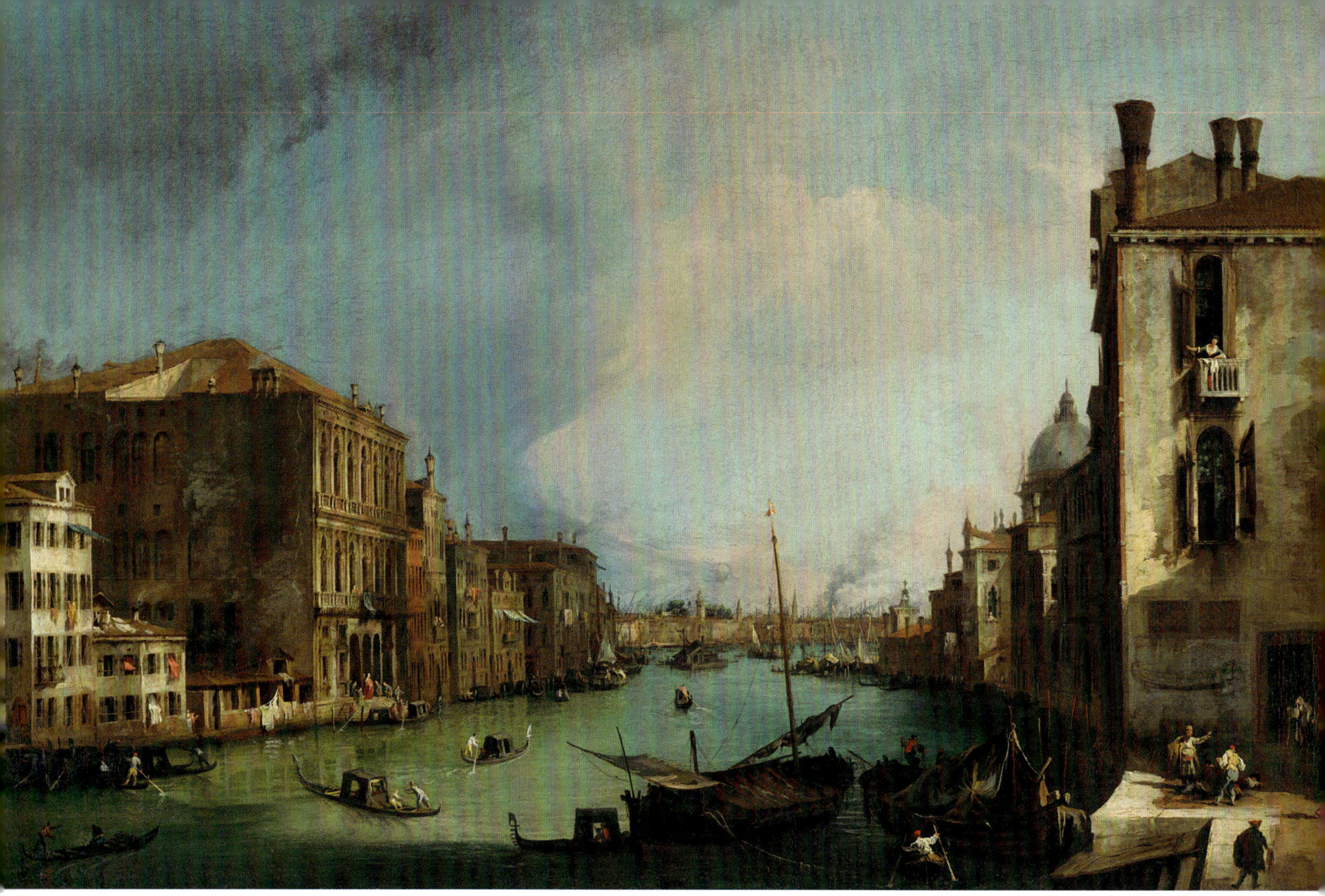

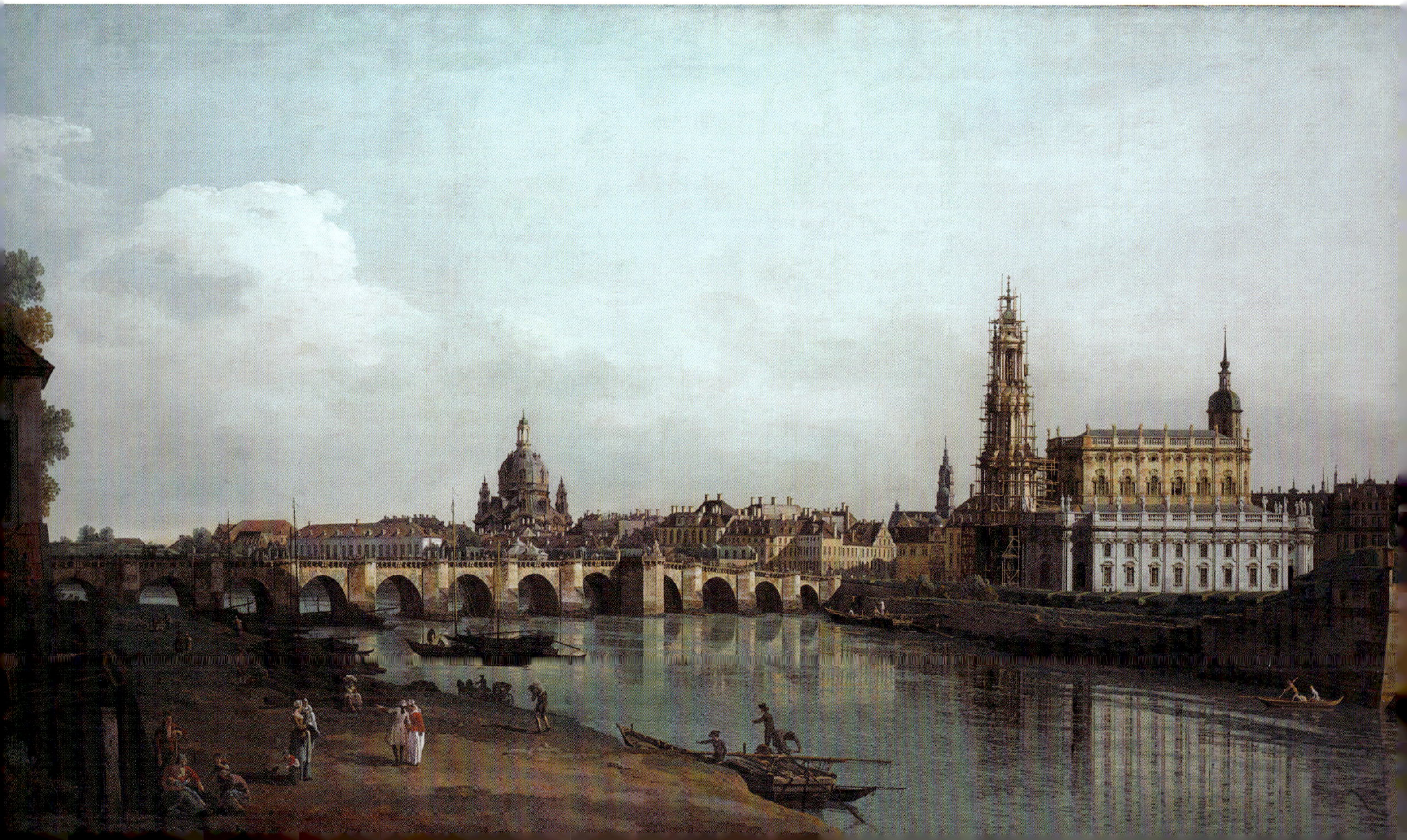

ITALIENISCHE MALEREI DES 18. JAHRHUNDERTS
Giovanni Antonio Canal: Der Canal Grande in Venedig mit der Rialtobrücke
Giovanni Antonio Canal, der Onkel des Dresdner Canaletto, alias Bernardo Bellotto, nannte sich zuerst so und machte den Namen Canaletto zu einer Marke der Vedutenmalerei. Original anmutende Landschaftseindrücke mit ureigener Ästhetik wurden ein Verkaufsschlager an europäischen Höfen, Vorläufer der Postkarten.

Die Lagunenstadt faszinierte August den Starken auf seiner Prinzenreise – es war Karneval und er hatte sich in eine Venezianerin verliebt. Seither sah er in der Elbe bei Dresden und in der Weichsel bei Warschau den Canal Grande.

Erfinder der Vedutenmalerei waren Niederländer. Gaspar van Wittel führte Canaletto d. Ä. in die Kunst sinnfällig gemalter Stadtansichten ein. Und sein Neffe Bernardo Bellotto begriff schnell, dass damit ungeahnte Wirkungen zu erzielen waren – lieferte von Wien, München, Rom, Lucca, Verona, Florenz, Dresden, Pirna (wo er eine Freundin hatte), Königstein und Warschau „Canalettoblicke", aber auch aus der Lombardei und dem Piemont.

Seine erste Ansicht von Dresden *Vom rechten Elbufer unterhalb der Augustusbrücke* 1748 wurde gleich die berühmteste – übrigens noch dreimal wiederholt, heute im Dienstzimmer des Bundespräsidenten im Schloss Bellevue in Berlin, in Sankt Petersburg und Dublin. Ganz klein zeigt sich der Maler mitten im Bild am Elbufer selbst – hier bin ich, Dresden! Er hatte es nicht weit zu seiner Wohnung in der Salzgasse, gleich hinter der im Bild dargestellten Frauenkirche.

Von „oberhalb der Augustusbrücke" gab es auch eine Dresden-Ansicht – mit der Brühlschen Terrasse, wie sie vom namensgebenden damaligen Premierminister und Kunstliebhaber Graf Heinrich von Brühl bebaut und gestaltet worden war. Zu ihm hatte Bellotto ein besonderes Verhältnis wie auch zu Graf Francesco Algarotti, seinem venezianischem Landsmann, der ihn empfohlen hatte. Heute finden sich 36 Gemälde Bernardo Bellottos, des Dresdner Canalettos, im Bestand der Gemäldegalerie Alte Meister.

Das Winckelmann-Forum im Westflügel des Erdgeschosses ist der Ort großer, wechselnder Präsentationen von im Depot verwahrten und frisch restaurierten Werken sowie Leihgaben und Themenausstellungen. Im ersten Obergeschoss wurde – wie schon beschrieben – ein Raum für etwas kleinere Sonderausstellungen hinzugewonnen, das Semper-Kabinett.

Nur zögernd verlässt man die Gemäldegalerie – eine der faszinierendsten und bewegendsten der Welt. Eine vielgestaltige Galerielandschaft: Kein Saal gleicht dem anderen. Die generelle Hängung nach Schulen, jede Präsentationsentscheidung dient dem Ziel, die Stärken der Sammlung zu akzentuieren. Die wichtigste ist dabei die enorme Fülle an hochkarätigen Kunstwerken. Vier Altarbilder von Correggio und 16 Veduten von Bellotto hängen in Folge. Im Cranach-Saal brillieren 40 Bilder des Renaissancemeisters. Die Tapisserien von Pieter van Aelst gehen einem in ihrer stimmungsvollen Präsentation nicht mehr aus dem Sinn. Allein für Raffaels *Sixtinische Madonna* – eines der berühmtesten Gemälde der italienischen Renaissance und Publikumsliebling – lohnt jede Reise nach Dresden.

Giovanni Antonio Canal, **Der Canal Grande in Venedig mit der Rialtobrücke**, 1724 ←

Canaletto, **Dresden vom rechten Elbufer unterhalb der Augustusbrücke**, 1748

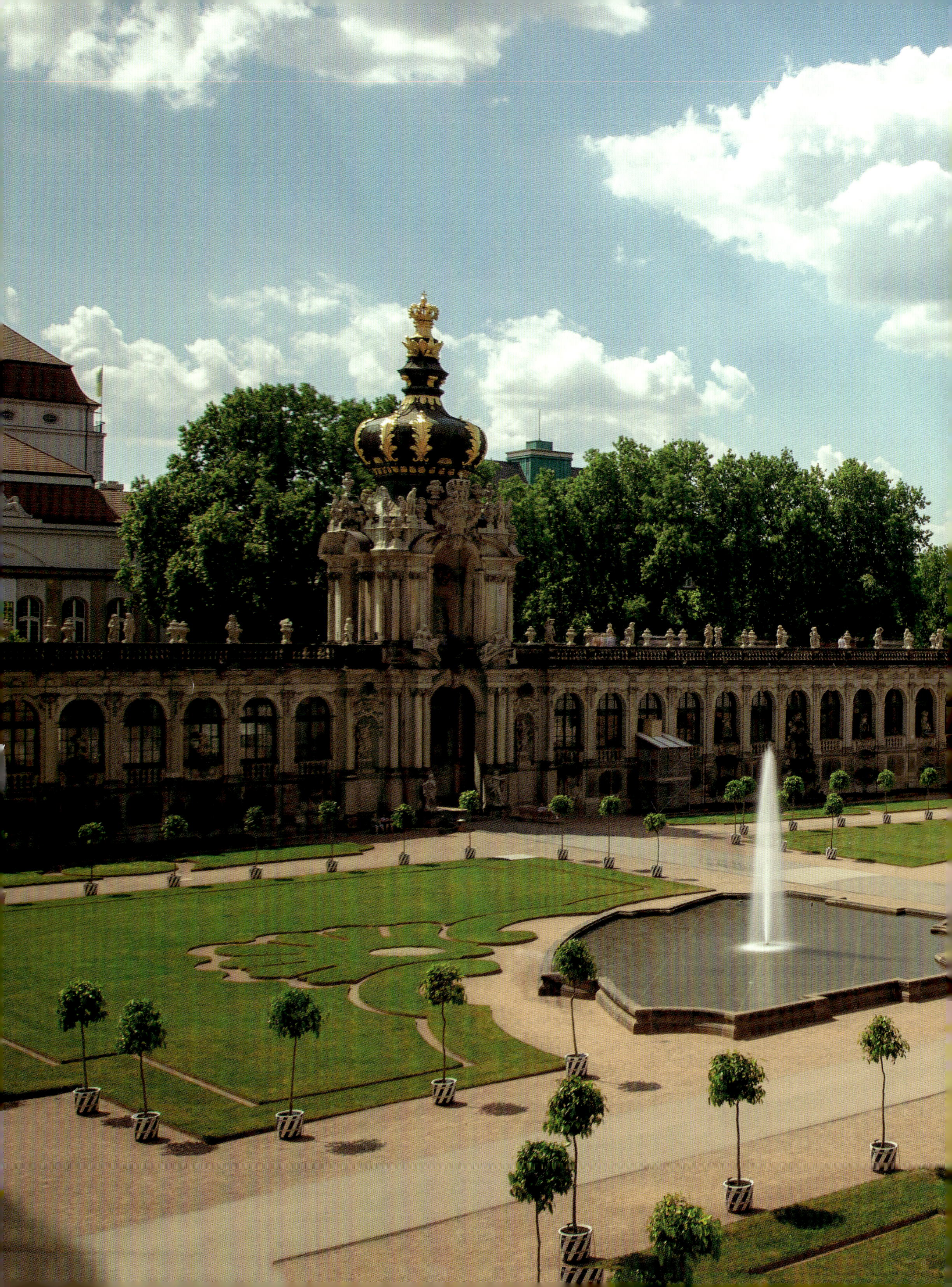

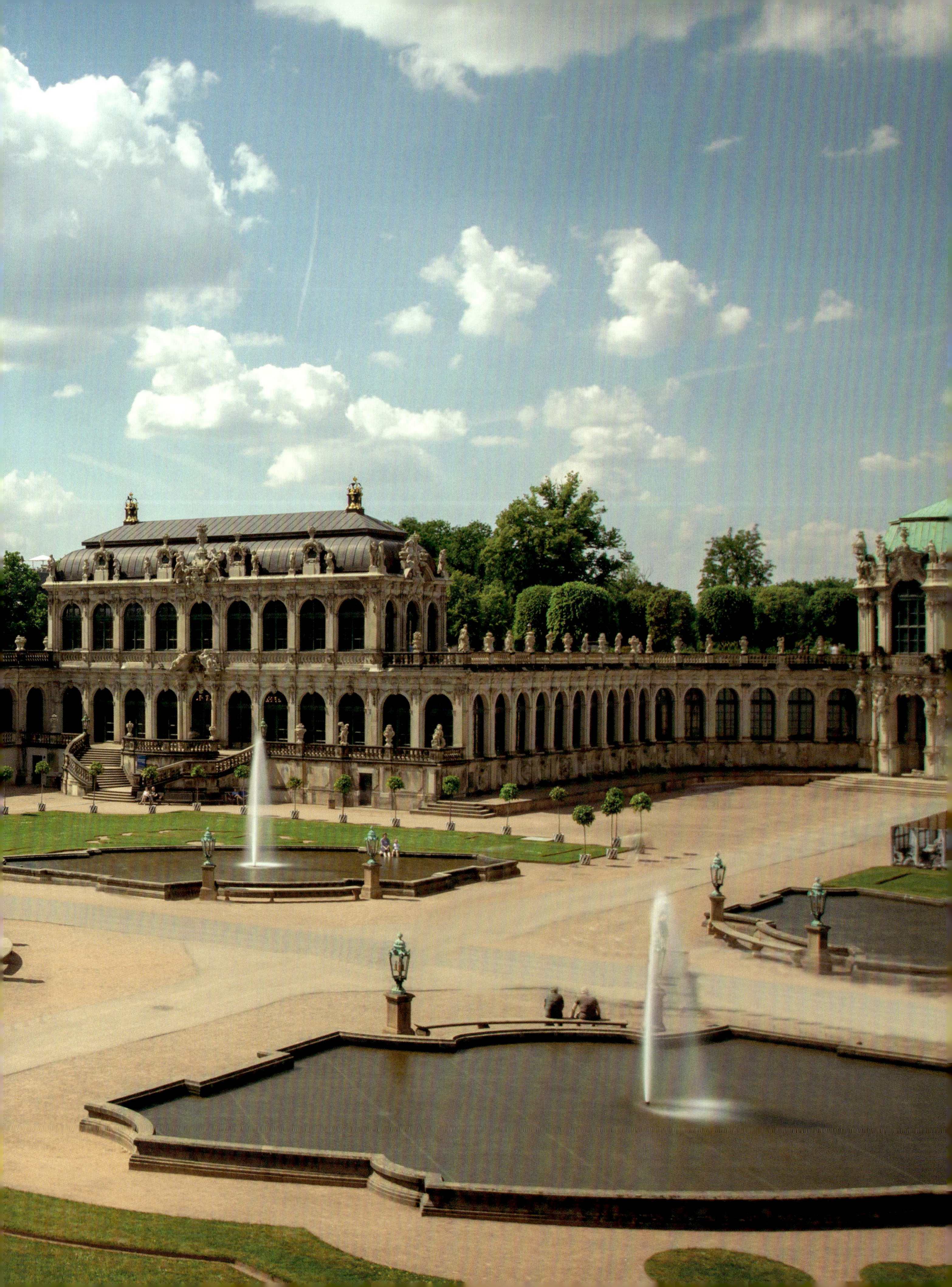

LITERATUR

Alvensleben, Udo von: Dresden und das Augusteische Zeitalter. In: Besuche vor dem Untergang, Adelssitze zwischen Altmark und Masuren. Aus Tagebuchaufzeichnungen von Udo von Alvensleben, zusammengestellt und herausgegeben von Harald von Koenigswald, Frankfurt am Main, Berlin, 1968

Archer, Jeffrey Howard: Es ist nicht alles Gold, was glänzt, München, 1976

Bahr, Eckhard: Dresdner Miniaturen. Geschichte und Geschichten Dresdner Kunstwerke, Neuausgabe, Heidenau, 1997

Bahr, Eckhard: Dresden, Berlin, ²2013

Bahr, Eckhard: Felszeichnungen und Megalithkulturen. Von den Anfängen der Künste, Berlin, 2014

Bahr, Eckhard: Die Swaziprinzessin. Lebenswelten im Land und am Hof Mswati III. In: Chrisanze und der Tischler ohne Hände. Erzählungen, Dresden, 2007

Dehio, Georg: Handbuch der Deutschen Kunstdenkmäler. Dresden, bearbeitet von Barbara Bechter, München und Berlin, 2005

Donath, Günter: Der Übergang zwischen dem Schloss und der Hofkirche in Dresden. In: Sächsische Heimatblätter, Bd. 66, Nr. 3/2020, S. 237–249

Donath, Matthias und Dirk Welich: Der Zwinger, Leipzig, 2011

Ermisch, Hubert Georg: Der Dresdner Zwinger, Dresden, 1953

Giovanni Dolfin, Dankschreiben vom 6.5.1577 des venezianischen Nuntius am päpstlichen Hof an den abwesenden Kurfürst von Sachsen, August, Sächsisches Haupt-Staats-Archiv, Loc.8517.6

Gurlitt, Cornelius: Beschreibende Darstellung der Bau- und Kunstdenkmäler des Königreich Sachsen, Heft 22, Dresden, 1901, S. 355–358

Heckmann, Hermann (Hg.): Sachsen. Historische Landeskunde Mitteldeutschlands, Würzburg, 1991

Helfricht, Jürgen: Astronomiegeschichte Dresdens, Dresden, 2001

Hempel, Eberhard: Der Zwinger zu Dresden. Grundzüge und Schicksale seiner künstlerischen Gestaltung, Berlin, 1961

Johannes Vermeer. Bei der Kupplerin, Ausst.-Kat. Dresden, Gemäldegalerie Alte Meister, Staatliche Kunstsammlungen Dresden, 3.12.2004–27.2.2005, hg. v. Uta Neidhardt und Marlies Giebe, Dresden, 2004

Kirsten, Michael: Der Dresdner Zwinger, DKV-Kunstführer Nr. 576, München, Berlin, 2000

Landesamt für Denkmalpflege Sachsen (Hg.): Das Residenzschloss zu Dresden, 3 Bde., Petersberg, 2018–2020

Löffler, Fritz: Das alte Dresden. Geschichte seiner Bauten, Leipzig, 1986

Löffler, Fritz: Der Zwinger in Dresden, Leipzig, 1976

Marx, Harald (Hg.): Matthäus Daniel Pöppelmann. Der Architekt des Dresdner Zwingers, Leipzig, 1990

Mields, Martin: Die Erfindung des europäischen Porzellans. In: Sprechsaal, Bd. 115, 1/1982, S. 64–66

Mields, Martin: Eine Versuchsaufzeichnung von Johann Friedrich Böttger zur Porzellanerfindung aus dem Jahr 1708. In: Berichte der Deutschen Keramischen Gesellschaft, Jg. 44, 10/1967, S. 513–517

Plaßmeyer, Peter: Der Mathematisch-Physikalische Salon im Dresdner Zwinger. In: Sächsische Heimatblätter, Bd. 59, 4/2013, S. 302–309

Plaßmeyer, Peter (Hg.): Die Luftpumpe am Himmel. Wissenschaft in Sachsen zur Zeit Augusts des Starken und Augusts III., Dresden, 2007

Schulle, W.; Goder, W.: Die Erfindung des europäischen Porzellans durch Böttger. Eine systematische schöpferische Entwicklung. In: Keramische Zeitschrift, Jg. 34, 10/1982, S. 598–600

Schwarz, Henrike: Schlossgärten im 16. und 17. Jahrhundert. In: Landesamt für Denkmalpflege Sachsen (Hg.): Das Residenzschloss zu Dresden, Bd. 2, Petersberg, 2019, S. 345–354

Spehr, Reinhard: Frühe Kirchen in Sachsen, Stuttgart, 1994

Spehr, Reinhard: Archäologie im Dresdner Schloss. Die Ausgrabungen 1982 bis 1990. In: Veröffentlichungen des Landesamtes für Archäologie mit Landesmuseum für Vorgeschichte, Band 50, Dresden, 2006

Spehr, Reinhard: Rätsel um Schloss Osterlant. Ein archäologisches Bilderbuch, Dresden, 2012

Spehr, Reinhard und Herbert Boswank: Dresden. Stadtgründung im Dunkel der Geschichte, Dresden, 2000

Sponsel, Jean Louis: Der Zwinger, die Hoffeste und die Schlossbaupläne zu Dresden, 2 Bde., Dresden, 1924

Syndram, Dirk: Das Schloss zu Dresden. Von der Residenz zum Museum, Leipzig, 2011

Syndram, Dirk: Das Schloss zu Dresden, Leipzig, 2015

Syndram, Dirk: Die Schatzkammer August des Starken, Leipzig, 1999

Tzschimmer, Gabriel: Die durchlauchtigste Zusammenkunft (...) des 1678. Jahres in Dresden, Nürnberg, 1680

Volke, Klaus: 300 Jahre Meißener Porzellanmanufaktur. In: Auf den Spuren alter Kulturen, hg. v. Andreas Müller, Bd. 2 Freiberg, 2013, S. 372–423

Weber, Julia: Meißener Porzellane mit Dekoren nach ostasiatischen Vorbildern. Stiftung Ernst Schneider in Schloss Lustheim, hg. v. Renate Eikelmann, 2 Bde., München, 2013

REGISTER

BILDNACHWEIS

Cover: o. li.: Eckhard Bahr • o. Mi. li.: Wikimedia Commons • o. Mi., o. re.: bpk/Staatliche Kunstsammlungen Dresden/Jürgen Karpinski • o. Mi. re.: bpk/Staatliche Kunstsammlungen Dresden/Hans Christian Krass • u.: shutterstock

8, 10 o., 10 u., 14, 32 li., 32 re., 33 li., 33 re., 35, 52, 72, 79, 82, 83, 85, 86/87, 88, 92/93, 98/99, 100, 101, 102, 108 li., 108 re., 109, 111, 113, 116, 117, 118, 120 o., 120 u.: Wikimedia Commons • 6: SLUB/Deutsche Fotothek/André Rous • 12, 15, 104/105, 115: akg-images • 14: © CEphoto Uwe Aranas • 17: SLUB Dresden, Public Domain Mark 1.0, http://digital.slub-dresden.de/id406517975 • 18: Library of Congress, Public Domain, http://hdl.loc.gov/loc.pnp/ppmsca.00942 • 21: Library of Congress, Public Domain, http://hdl.loc.gov/loc.pnp/ppmsca.00950 • 23, 25, 28, 29, 31, 36, 37, 42: © Eckhard Bahr • 24: depositphotos/Maugli (Leonid Muhli) • 26: Andreas Praefcke via Wikimedia Commons, CC BY-SA 4.0 • 27: SLUB/Deutsche Fotothek/Richard Peter sen. • 27: © Frank Höhler, Dresden • 29: Bert Kaufmann via Wikimedia Commons, CC BY-SA 3.0 • 34: Aidas U. via Wikimedia Commons • 39, 44 o., 47 li., 69, 72, 74/75, 77, 78, 96, 107, 114: SchiDD via Wikimedia Commons, CC BY-SA 4.0 • 44 u.: Elrond via Wikimedia Commons, CC BY-SA 4.0 • 45: Ad Meskens via Wikimedia Commons, CC BY-SA 4.0 • 46 o., 50 o., 50 u.: Daderot via Wikimedia Commons, CC 1.0 • 48: bpk/Staatliche Kunstsammlungen Dresden/Hans Christian Krass • 51: bpk/Staatliche Kunstsammlungen Dresden/Peter Müller • 53: Jorge Royan/http://www.royan.com.ar, CC BY-SA 3.0 • 54, 56, 59, 60, 64 o., 65, 67: bpk/Staatliche Kunstsammlungen Dresden/Jürgen Karpinski • 55, 61: bpk/Staatliche Kunstsammlungen Dresden/Jürgen Lösel • 57 o.: bpk/Staatliche Kunstsammlungen Dresden/Paul Kuchel • 57 u.: Dr. Meierhofer via Wikimedia Commons, CC BY-SA 3.0 • 58: bpk/Staatliche Kunstsammlungen Dresden/Adrian Sauer • 62/63: bpk/Staatliche Kunstsammlungen Dresden/David Brandt • 64 u.: bpk/Staatliche Kunstsammlungen Dresden/Herbert Jäger • 70: Marcus Hebel via Wikimedia Commons, CC BY-SA 4.0 • 76 o., 76 u.: © Stefan Nährlich/http://www.naehrlich.de/daserberoms • 81: picture alliance/Heritage Images|Fine Art Images • 122/123: depositphotos/Wirestock (Mikayel Khachatryan)

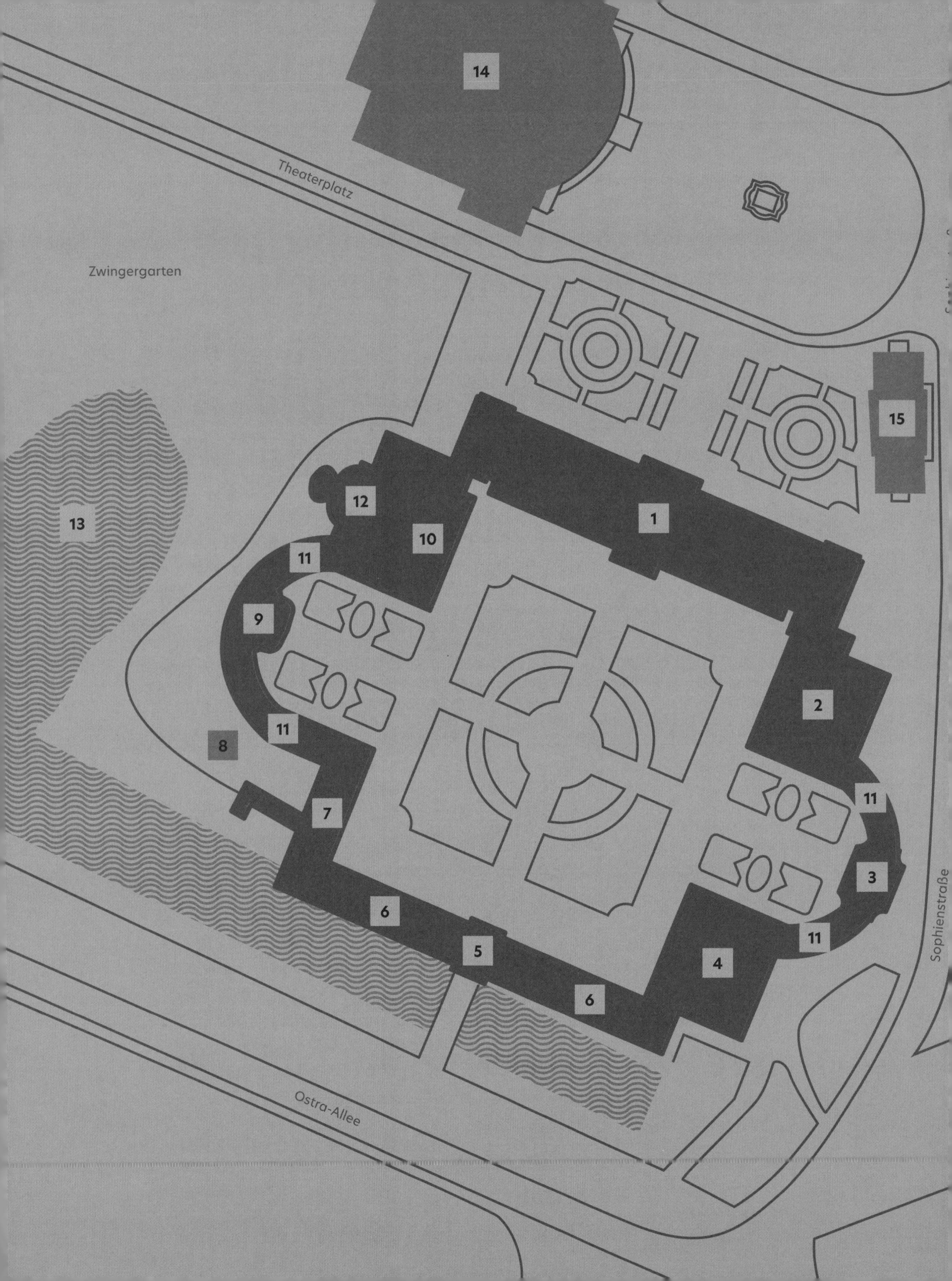

14

Theaterplatz

Zwingergarten

15

12

13

1

10

11

9

2

11

8

11

7

3

6

11

5

4

6

Sophienstraße

Ostra-Allee